웃음수업

웃음수업

삶에서 기쁨, 긍정, 회복력을 높이는 방법

웃음 수업

로스 벤-모셰 지음 • 서미나 옮김

The

Laughter

Effect

상상스퀘어

내게 삶과 웃음이라는 선물을 준,
사랑하는 나의 부모님 브리짓과 시릴에게
이 책을 바칩니다.

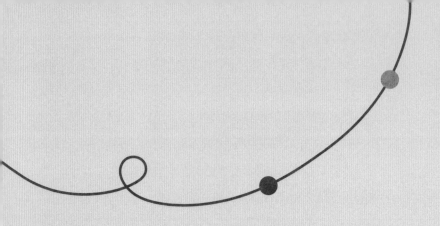

로스 벤-모셰
Ros Ben-Moshe

세계적으로 유명한 웃음 웰니스와 긍정심리 전문가로, 라 트로브대학교에서 긍정심리학과 건강 증진을 가르치는 겸임 교수로 재직 중이다. 글로벌 웃음 대사인 벤-모셰는 호주 미디어에 정기적으로 평론을 기고하고 있으며, 첫 저서 《암을 향해 웃어라: 사랑, 웃음, 마음챙김으로 치유하는 방법》으로 격찬을 받았다. 사람들의 삶을 변화시키고 즐거움을 되찾아주기 위해, 지난 20년간 의도적 웃음 연습 지도에 헌신해왔다.

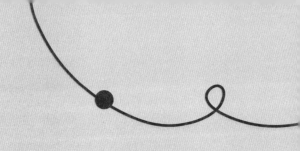

옮긴이

서미나

대학에서 철학을 전공한 뒤 교육계에 몸담았다. 글밥아카
데미를 수료하고 현재 바른번역에서 전문 번역가로 활동
중이다. 옮긴 책으로 《컬러의 일》, 《소셜 미디어 프리즘》,
《죽은 자 곁의 산 자들》, 《생각하는 사람을 빛나게 도와주
는 할아버지들》, 《사랑은 널 바꾸려 들지 않아》, 《실패에
대하여》 등이 있다.

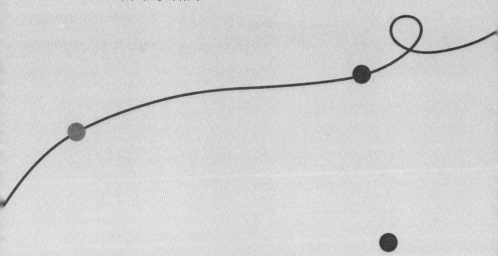

차례

비누는 몸을 깨끗이 하고 웃음은 정신을 맑게 한다.

-이디시어 속담

'웃음은 최고의 명약이다'라는 말은 누구나 들어봤을 것이다. 그러나 말처럼 그렇게 쉬울까? 웃는다고 외로움과 우울증 그리고 현대인들이 겪는 수많은 질병이 치료될까? 당장 웃을 기분이 나지 않는다면? 당신도 재미있는 사람이 아니고, 가까운 가족과 친구도 딱히 유머 감각이 있는 사람들이 아니라면? 그렇다면 어떻게 이 명약을 손에 넣을 수 있을까?

내면의 코미디 본능을 끄집어내기가 쉽지 않거나 힘든 상황을 겪고 있다 해도 걱정 마시라. 내가 '웃음 효과'라고 이름 붙인 방법을 호출하면 될 테니. 성경 시대와 고대 문명부터 그 원리가 시작된, 과학에 기반을 둔 이 심신 철학은 놀랍게도 웃긴 이야기나 재미있는 상황에 좌우되는 수행이 아니다. 전인적인 유머 기반과 비유머 기반 기술로, 기분을 밝고 좋게 하는 방법을 그저 운에 맡기는 것이 아니라 의도적으로 규칙적인 연습을 통해 마음을 가볍게 유지하는 상태다. 그 순간에는 웃을 기분이 들지 않더라도 일단 몸을 긍정적인 상태에 두면 마음은 따라온다. 웃음 효과는 기쁨을 북돋우고 삶의 고난에 무너지지 않는 단단한 방패를 형성하도록 '느끼는' 신체와 '생각하는' 마음을 대비시켜 정신을 건강하게 하는 다양한 요소로 구성된다.

웃음 효과는 좋은 감정, 별로인 감정, 아주 안 좋은 감정을 비롯한 모든 감정을 경험해야 한다는 사실을 인정한다. 그것이 우리를 인간답게 만든다. 그러나 의도적으로 웃음 에너지(즐거움의 정수)를 소환해 스트레스 호르몬에 대응할 수 있고, 긍정적 웰빙에 필요한 영양제들을 꼬박꼬박 섭취할 수는 있다. 우리 뇌에서 보상을 주관하는 도파민, 사랑 호르몬이라 알려진 옥시토신, 몸에서 분비되는 우울증 치료제인 세로토닌, 행복 호르몬인 엔도르핀까지. 지금부터 웃음 효과를 제대로 체험할 방법을 배우며 이 네 가지 물질을 더욱 자주 만나게 될 것이다. 이 책에서 배운 기술과 전략을 날마다 삶에 적용하면 신체적, 정신적, 감정적 건강은 물론 사회생활까지 완전히 달라질 것이다. 나는 수년간 개인적, 직업적 경험에서 얻은 영감으로 다양한 원리를 차곡차곡 모아 웃음 효과를 완성했다. 광범위한 연구와 조사를 거쳤고, 웃음과 유머를 몸소 실천하는 다른 연구자들에게서 도움도 받았다. 웃음 치료법, 긍정심리학, 마음챙김 철학, 신경과학 지식과 지혜까지 동원했다. 또 전 세계 수많은 사람이 변화한 이야기와 과학 연구 내용도 담았기에 흥미진진한 읽을거리를 제공하리라 본다.*

● 개인정보 보호를 위해 일부 등장인물의 이름과 세부 내용은 바꿨다.

1 당신을 웃게 하는 다섯 가지를 적어보자.

2. 웃고 싶을 때 찾는 사람들은? 그들을 보면 어떤 감정이 드는가?

3. 기억나는 최초의 웃음은 언제였는가? 누구와 무엇을 하고 있었는 가? 그 즐거움을 떠올리며 웃음소리와 감정을 한껏 느껴보자.

지금쯤 당신은 내가 어떤 사람인지 추측하고 있을지도 모르 겠다. 순진하다 못해 극단적인 낙천주의자? 슬픔이나 아픔을 겪 어보지 못한 사람? 그러나 나라고 왜 그런 경험이 없었겠는가? 지금부터 내가 어쩌다 웃음 효과의 여정에 오르게 되었는지 이 야기보따리를 풀어보겠다.

약 20년 전에 나는 글루텐과 유제품을 함유하지 않은, 채식 식단 위주로 구성된 요리책 제안서를 여러 출판사에 투고했으 나 모두 거절당하고 기가 죽어 있었다. '그렇게 전문화된 요리책 을 내는 데 필요한 높은 제작비를 정당화하기에는 시장이 너무 작다'라는 반응이 대부분이었다. (미래를 보지 못한 거지!) 나는 오 래도록 만성피로 증후군에 시달렸기에 웰빙에 대단히 관심이 많았고, 그래서 다시 학업에 뛰어들기로 마음먹었다. 그러나 대 학원에 진학하려면 해당 분야 경험이 있어야 했다. 마침 세계보 건기구WHO가 주최하는 건강 증진 관련 국제회의가 멜버른에서 열렸고, 다행히도 나는 매일 회의 내용을 기록하는 조사 위원을 맡게 되었다. 그때 여러 '진지한' 회의 가운데 내 눈에 띈 것이 바로 웃음 요가Laughter Yoga에 관한 회의였다.

노련한 진행자인 필리파 찰리스Phillipa Challis가 핵심 내용을 설명한 뒤 이 신기한 수행에 함께 참여하자고 청중에게 권유했다. 나는 다른 참가자들과 함께 웃는 그 순간 행복한 에너지를 느끼며 신체적, 감정적 변화를 경험했다. 삶에서 가장 활기 있고 에너지가 넘치는 경험이었다. 만성피로 증후군에 시달린 20년이란 긴 시간 동안 여러 전문의와 의료 전문가를 찾아다녔지만, 웃음 요가에서 받은 활력은 그때까지 시도한 그 무엇보다 즉각적이고 강렬했다. 드디어 내 사명을 만났음을 직감했다.

그렇게 건강 증진에 관한 공부를 시작했고, 얼마 지나지 않아 웃음 요가 지도자 훈련도 받으며 웃음의 미덕을 격찬하는 전문가가 되었다. 그러다 42세에 대장암 진단을 받게 되어 전혀 즐겁지 않은 시기를 맞았다. 암에 걸리고 어떻게 웃을 수 있겠냐마는 마음 깊은 곳에선 이 경험이 웃음과 뗄 수 없는 관계가 되리라 직감했다. 지금껏 남들에게 강연하고 가르친 내용을 내 삶에 직접 적용할 순간이 온 것이다. 아는 지식들을 연결할 시간과 한두 번의 대수술이 필요하긴 했지만.

첫 번째 계기는 어느 기업에서 주최한 웃음 요가 잠옷 파티였다. 몇 달 전 그 파티에 지도자로 초청을 수락했을 때는 매우 기뻤지만, 수술 4일 전이 되자 정말 가고 싶지 않았다. 고급 잠옷을 입고 호들갑을 떠는 스무 명의 여자들에게 둘러싸일 생각을 하니 더욱 그랬다. 강연 당일, 늘 하던 대로 웃음이 건강에 주는 유익한 점들을 한번 훑고는 웃음 강연을 시작했다. 얼마 지나지 않아 마음이 점점 가벼워졌고, 끝날 무렵에는 짐을 모두 내려놓은 기분이었다. 엔도르핀이 분비되며 삶의 기쁨과 흥분이 몸을 감쌌다. 이 치료법이 필요한 사람은 참가자들이 아니라 나였다는 사실을 처음으로 인정한 때였다. 그렇게 실컷 웃고 나자 다섯 시간짜리 긴 수술을 받을 마음의 준비가 단단히 되었다.

나는 이론을 실천에 옮기기로 결심했다. 건강에 강력한 모터를 달아주려면 웃을 기분이 날 때까지 기다릴 수만은 없었다. 그래서 수술이 끝나자 웃음을 유도했다. 하지만 예상치 못한 점이 있었다. 조심스럽게 숨을 쉬는 것도 힘들어 몇 주간은 웃지 못하는 상황에 처한 것이다! 대장 30센티미터를 잘라내버린 것으로도 모자라 평생 당연했던 웃음마저 빼앗아버리다니.

수술 후 몸이 트럭에 쾅 부딪힌 것마냥 아팠다. 너무나 침울해 모르핀과 더불어 긍정의 힘이 필요했다. 어느 날, 입도 대지 않은 아침 식사 옆에 놓인 연필과 흰 종이에 자석처럼 손이 이끌렸다. 나는 현재 상황에서 감사한 점을 모두 적기 시작했다. 자의는 아니었지만, 삶의 속도를 늦추게 된 점부터 내 몸의 기적적인 치유 능력까지. 살아 있음에 감사한 마음이 나를 감싸 안았고, 계속 글을 쓰게 만들었다.

얼마 지나지 않아 환한 웃음을 되찾았다. 모든 세포, 조직, 근육이 미소 짓는 기분이었다. 어둠에서 빛이 쏟아졌고, 슬픔은 감사로 바뀌었다. 그렇게 나는 고통조차 완전히 잊었다. 모르핀 주사를 놓으러 온 간호사는 꼿꼿이 앉아 조용히 미소 짓는 내 모습에 병실을 착각한 줄 알고 나가버렸다. 몸에서 자연 모르핀이 분비되었기 때문이다. 그때가 바로 웃음 효과를 온몸으로 체험한 깨달음의 순간이었다.

웃음 효과에 관한 내 연구는 단순히 물리적인 웃음을 넘어 여러 관련 영역으로 범위를 넓혀나갔다. 기분이 좋아지기를 기다리는 대신 의도적으로 기분을 강화하는 기회를 적극적으로 찾았다. 나는 진심 어린 미소를 짓고, 감사하고, 문제 대신 가능성을 보도록 마음을 가다듬는 행동 등을 통해 긍정을 실천하고 싶었다. 슬픔을 감사와 재미로 재구성하고, 기쁜 순간의 '마이크로 모멘트Micro-Moment'(긍정심리학 교수인 바버라 프레드릭슨Barbara Fredrickson이 제시한 용어)를 확장하기 위해 긍정 일기를 쓰기도 했다.

●

이후로 나는 웃음 치료법을 연구하고, 웰빙 프로그램 웃음 강연에서 개인과 단체를 수없이 많이 지도했다. 집단 특성에 상관없이 변화를 이끌어내는 데다 교통 체증, 배우자와의 다툼, 심지어 팬데믹 상황에 이르기까지 일상에 두루 적용 가능한 웃음 효과를 목격하며 입을 다물지 못할 때가 많다. 삶의 스트레스를 좀더 가볍게 해결하기 위한 신경 경로를 형성하려면 근육을 키우듯 시간과 연습이 필요하다. 웃음 효과는 마음과 정신 운동이며, 그 운동량은 전적으로 당신에게 달려 있다.

나는 삶의 변화를 고무하고 긍정적인 웰빙을 증진하는 습관을 키우는 데 도움을 주고자 이 책을 집필했다. 내적, 외적 웃음을 일깨우고 유머의 힘을 촉발하여 긍정적인 감정을 진정으로 강화하기 위해서다. 또한 건강하고 행복한 삶을 위해 마음챙김, 감사, 자기 이해를 비롯한 자기 관리와 웰빙 전략에 차원을 더하고, 세상을 새롭게 보도록 웃음 렌즈를 제공한다.

앞으로 함께 웃음의 역사를 더듬어보고 인간 생존('잘되다 Thrive'와 '생존Survival'을 합한 '잘생존Thrival'이라고 해도 좋지 않을까)에 필요한 웃음의 역할을 진단해, 삶에서 긍정적인 것을 성취하도록 뼈대를 만들어보자. 이와 더불어 '웃음은 최고의 명약이다'라는 속담도 더 깊이 파헤쳐보자. 책을 덮을 무렵이면 의도적 웃음 연습을 활용한 삶과 웃음의 핵심 기술을 모두 익히게 될 것이다. 이 책은 웃음 요가와 웃음 웰빙(단순히 유머 때문이 아니라 건강을 위해 웃기), 이 두 기둥을 중심으로 한다. 또한 웃음의 신경과학 측면을 자세히 공부하고, 삶을 향한 관점을 바꾸기 위해 감사하는 마음을 갖고, 자신에게 관대하고 상냥한 마음이 내적인 힘을 얻는 데 얼마나 중요한지도 알아볼 것이다.

지금부터 '웃음 사고방식'을 몸에 익히기 위해 웃음과 미소 활동, 마음챙김 연습, 긍정 일기 쓰기 기술을 배울 것이다. 또 〈애비 선생님께Dear Abby〉(1956년부터 미국에서 연재된 인생 상담 칼럼-옮긴이)의 유쾌한 버전인, '세로토닌 언니에게 물어봐'라는 고민 해결 코너도 볼 수 있다. 세로토닌 언니는 흔히 맞닥뜨리는 딜레마에 관한 희망적이고 명백한 해결책을 제시하며, 스스로의 장난스러운 면을 만날 기회와 반성의 시간도 제공한다. 페이지를 넘기거나 새로운 장으로 들어가기 전에 잠시 멈춰서 읽은 내용을 곱씹어보길 바란다. 이해의 폭이 넓어지면서 긍정적인 감정과 좋은 기분이 여러분을 감쌀 것이다.

뒤편에 수록된 '웃음 효과 직접 해보기'에는 실용적인 조언들이 담겨 있다. 삶 전반에서 웃음을 찾는 데 유용할 것이다.

이 책은 삶에서 무슨 일이 일어나든 웃음 효과를 도구 삼아 침착하게 대응할 수 있도록 자신에게 투자하라는 메시지를 전한다. 실천하다 보면 더 웃음을 터뜨리고 미소 짓게 되면서, 새로운 삶이 열리는 변화를 마주할 것이다. 스트레스에서 회복되는 능력도 강화되어, 유머와 감사로 역경을 털고 번쩍 일어나게 될 것이다.

웃음에는 허락이 필요 없다. 이제 내면의 반짝임을 일깨우고 삶의 양지를 가꿀 시간이다.

사랑과 웃음을 담아, 로스

웃음의 역사

The Laughter Effect

주님의 얼굴에 웃음이 번졌으니

● 시편 42편 5절,《메시지 성경》

삶의 필수 요소인 웃음과 유머, 기쁨은 한낱 인간인 우리가 돌림병, 기후 변화로 일어나는 홍수, 자아 조절에 실패한 독재자들이 일으킨 파괴를 모두 견디게끔 이끌어주었다. 지금부터 유머와 웃음의 치유적 가치가 히피 문화나 뉴에이지에서 나왔다는 근거 없는 믿음을 깨뜨려보겠다. 아담과 이브가 히피족이었다고 믿는 독자에게는 미안하지만. 유대-그리스도교 전통에서 웃음 효과의 기원은 구약성경의 창세기만 펼쳐도 쉽게 찾을 수 있다.

성경이 '좋은 책'이라는 데는 이유가 있다. 지옥불과 진노가 들끓는 가운데에도 행복이야말로 진정한 부의 근원이라는 내용이 수차례 언급된다. 구약성경은 웃음의 치유적 가치를 암시하는, SNS에 올리고 싶은 귀한 문구들이 가득 쌓인 창고다. "즐거운 마음은 병을 낫게 하지만, 근심하는 마음은 뼈를 마르게 한다."(잠언 17:22, 새번역판 인용) 시편의 저자는 "그때에 우리의 입은 웃음으로 가득 찼고"(시편 126:2)라고 말하며 즐거운 마음으로 하나님에게 구원과 기쁨, 감사를 표현했다. "너희 지금 슬피 우는 사람들은 복이 있다. 너희가 웃게 될 것이다!"(누가 6:21) 명상 스승인 디팩 초프라Deepak Chopra나 달라이 라마Dalai Lama가 한 말이라고 생각하기 쉽지만, 이런 구절들은 사실 인류만큼이나 오랜 역사를 간직하고 있다.

웃음 효과를 보여주는 이야기들은 성경 곳곳에 녹아 있다. 예를 들어 90세까지 자식이 없던 사라는 임신 사실을 알고 "하나님이 나에게 웃음을 주셨구나. 나와 같은 늙은이가 아들을 낳았다고 하면, 듣는 사람마다 나처럼 웃지 않을 수 없겠지"(창세기 21:6)라고 말했다. 하나님의 분부대로 사라가 낳은 아들은 이츠하크(이삭)라는 이름을 얻었는데, 히브리어로 '웃는다'라는 의미다. 이삭은 불운의 벼랑 끝을 걷는, 웃음과는 거리가 먼 삶을 살았지만 역경에서 살아남아 생각지도 못한 기쁨을 맛보았다.

이슬람 문화권으로 눈을 돌리면 무함마드가 다른 사람을 웃게 하고 자신도 자주 웃었다는 여러 이야기가 전해 내려온다. 무함마드가 세상을 떠날 때까지 그의 종이었던 아나스 이븐 말릭 Anas ibn Mālik은 "예언자 무함마드는 가장 농담을 많이 하는 사람이었다"라고 증언했다.[1] 그는 늘 미소를 보였고, 서로 웃는 행동은 관용이라고 가르쳤다. 서로에게 즐거움을 주고 마음의 짐을 덜며 불안을 안정시키는 웃음, 즐거움, 절제는 순나(무함마드의 언행록)에서도 강조하는 미덕이다.

웃음 효과는 유대-그리스도교-이슬람 전통뿐 아니라 여러 고대 문명과 원주민 문화에서도 매우 중시했다. 호주 원주민과 토레스 해협인에게도 유머와 웃음은 삶의 일부였고, 최소 6만 5000년 전으로 거슬러 올라가는 창조에 관한 '꿈의 시대Dreaming Stories'(호주 원주민 문화와 종교의 바탕이 되는 세계관-옮긴이)에도 깊이 뿌리내리고 있다. 뉴사우스웨일스주 북쪽과 퀸즐랜드주 남쪽에 걸쳐 거주하는 카밀라로이Kamilaroi 부족은 하늘에서 깜빡이는 금성을, 짓궂게 농담하며 웃음을 멈추지 못하는 늙은 남자라고 믿는다. 20세기 퍼스트 네이션스First Nations(미국, 캐나다, 호주 등의 원주민-옮긴이) 운동가이자 시인이며 캐스 워커Kath Walker라고도 알려진 우드게루 누누칼Oodgeroo Noonuccal은 원주민의 웃음과 호주의 연결성을 다음과 같이 표현했다. "부족의 전설이 전했다. 우리는 꿈의 시대에서 말하는 경이로운 이야기라고. (…) 우리는 과거이고 사냥꾼이고 웃기 놀이다."

물놀이부터 원주민 풋볼에 이르기까지 호주 원주민 문화의 여러 활동은 웃음을 장려했다. '횡설수설'하기, 간지럼 태우기, 키득키득 웃는 놀이를 비롯한 장난스러운 의사소통 방법도 있었다. 의식을 행하는 광대들은 묵은 갈등을 해소하고 사회적 통제가 가능하게끔 도와주었는데, 주로 동물 분장을 하고 춤을 추거나 공연으로 가슴 아픈 사연을 풀어냈다. 또한 그들은 다투는 사람들을 진정시키는 과정에서 가해자에게 찌르는 흉내를 내며 부족 사람들로부터 재미있는 반응을 이끌어내는 역할을 했다. 그리하여 한바탕 큰 웃음이 터지면, 다투던 사람들이 공개적으로 적대 행위를 하거나 더 심한 문제를 일으키는 것을 막는 예방 효과가 있었다.[2] 웃음과 농담이 부적절하게 간주되는 의식 절차는 없었으나 안타깝게도 식민지화 이후 전통적인 원주민 놀이는 거의 사라졌다.

웃음은 세계 곳곳에 있는 여러 원주민 부족의 사회구조에서 필수적인 요소였다. 거의 모든 아메리카 원주민 부족 이야기에는 전설적인 '트릭스터trickster'들이 등장한다. 그들은 부족 내에서 허용되는 행동과 그렇지 않은 행동을 이야기로 알려주었는데, 장난을 잘 치는 동시에 초자연적인 힘을 지닌 존재로 생각되었다. 또한 유머가 변화와 치유를 일으킨다는 굳건한 믿음을 활용함으로써 의식적인 행사에서 영적인 역할을 맡았다.[3] 그들은 사람들에게 웃음을 더 주기 위해 일부러 주술을 잘못 걸기도 하며 웃음 효과를 높였다.

트릭스터와 더불어 대부분 부족에는 광대가 한둘씩 있었다. 부족 사람들을 치료하는 의원과 마찬가지로, 광대는 조직에서 세 번째로 계급이 높았다. 홍크파파 수족Hunkpapa Sioux은 '행복'과 '슬픔' 광대를 따로 두었는데, 그들은 신성한 의식에서 춤을 춤으로써 부족민 개개인의 감정적 웰빙에 이바지했다. '슬픔' 광대는 우울한 감정이 줄어들도록 도와주었고, '행복' 광대는 기쁨이 더욱 넘치게끔 북돋아주었다. 부족민은 이 두 광대가 공동체의 영적 균형을 맞춘다고 믿었다. 광대는 공동체의 다수가 드러낼 수 없는 감정들을 표현할 자유가 있었다. 지위가 높은 사람들을 흉내 내고 풍자하는 사회 비판은 위선과 오만함을 표현해 부적절한 행동을 가라앉히고 사회의 건강한 역동성을 유지시켰다.

'그래니Granny'로 알려진 아메리카 원주민 노파는 다음과 같이 말했다.

침략자들이 오기 전… 우리에게는 광대가 있었어. 지금 너희들이 아는 동그랗고 빨간 코에 펑퍼짐한 옷을 입은, 가끔 나타나서 우스꽝스러운 공연을 하며 사람들을 웃기는 그런 광대가 아니야. 우리 광대들은 온갖 것을 다 걸쳤어. 때에 따라 그네들이 입어야겠다 싶은 것을 입었지. 그리고 우리와 늘 함께했어. 족장, 주술사, 춤꾼, 시인만큼이나 부족에서 중요했지.[4]

호주의 퍼스트 네이션스 문화처럼 웃음은 북극 지방에 있는 캐나다 원주민인 이누이트족에게도 어색한 분위기를 푸는 최고의 방법이었다. 그들은 길고도 암울한 겨울 동안 흥을 돋우려고 웃기 놀이를 했다. 가장 많은 사랑을 받은 놀이는 애니멀 머크 Animal Muk로, 원을 이룬 참여자들 중간에 한 사람이 서서 동물의 소리나 행동만을 흉내 내어 다른 사람들을 웃게 하는 놀이였다. 웃거나 웃음소리를 내거나 눈을 맞춘 사람이 가운데로 나가 사람들을 웃겨야 했다.[5] 대부분 놀이와 마찬가지로 이 놀이도 즐기려는 마음이 이기는 것만큼이나 중요했다.

웃음은 감정을 조절하고 침착한 태도를 유지하는 능력을 보여주기 위해 의도적으로 권장되었다. 또한 웃음은 이누이트족의 목노래 창법인 **카타짜크**Katajjaq의 주된 특징인데, 이는 두 여성이 악기 반주 없이 얼굴을 가까이 맞대고 노래하는 방식이다. 터져 나오는 웃음과 노래는 기분 좋은 분위기를 보여주는 자연스러운 표현 방법인 동시에 상대방 노래에 감사하는 표시이기도 하다. 기독교 선교사들이 오래도록 억누른 이 방법이 다시 부흥하고 있다. 이누이트 문화는 웃음을 사회의 **이글루**Igloo라고 여긴다. 그들의 오랜 속담 가운데 이런 말이 있다. '놀 줄 아는 사람은 삶의 역경을 쉽게 뛰어넘는다. 웃고 노래할 줄 아는 사람은 나쁜

웃음 전통

세대를 걸쳐 내려오는 웃음 전통이 있다.

매년 유대인 가족들이 모여 유월절 의식을 치르는 저녁에는 '어린 염소 한 마리'라는 뜻의 〈하드 가드야Chad Gadya〉라는 노래를 마지막으로 부른다. 참가자 모두가 무작위로 지정돼 효과음을 내야 하므로 언제든 한바탕 웃음을 제조하는 확실한 방법이다. 반복되는 소절에 고양이, 염소, 개, 막대기, 불, 물, 황소, 죽음의 천사, 하나님이 등장해 다양한 목소리로 유대 역사의 성쇠를 노래한다. 친구 집에서 유월절을 기념한 어느 해가 생각난다. 내가 낸 고양이 소리가 진짜 같았는지, 작은 강아지가 짖으며 식탁으로 뛰어 올라와 고양이를 찾아다녔다(내 공이 크다!). 식탁 위가 얼마나 난장판이 되었을지 상상이 가는가? 고양이 때문에 얼마나 분위기가 '고양'되던지!

웃음 수업

짓을 부추기지 않는다.'[6]

이글루에서 피라미드로 주제를 바꿔, 파라오와 여왕이 어릿 광대들의 극을 보고 즐거워하던 고대 이집트로 가보자. 그곳은 세계에서 가장 오래된 재미있는 이야기의 고향으로 여겨진다.[7] 기원전 1900년경 수메르 문명의 파피루스에도 실린 바로 그 방귀 이야기다(정말이다). '태초부터 단 한 번도 일어나지 않은 사건은? 새색시가 남편의 무릎에 방귀 뀌는 사건.'

나도 한 가지 보태보려 한다.

자신이 이집트 여왕이라는 사실을 알았을 때 클레오파트라의 반응은?

설마 나일깡? (이집트에 나일강이 있으니까. 이해했는지?)

고대 동아시아 문명도 웃음 효과를 적극 활용했다. 중국, 한국, 일본 모두에 광대나 곡예사 같은 사람들을 일컫는 말이 있었다. 중국의 웃음 의식 기록은 상나라(기원전 1600~1050년)부터 시작된다. 화지 Huaji는 미끄러움을 의미하는 '화', 위아래로 움직이는 동작을 뜻하는 '지'를 합한 단어로, 붉은색과 검은색으로 된 비대칭 의상을 입고 열정적인 활동으로 분위기를 살리며 기쁨을 준 재주꾼들이었다. 그들은 땅의 황제와 하늘 사이를 중재하고 죽은 자들과 좋은 관계를 맺게끔 도와주는 역할을 하는, 없어서는 안 되는 존재였다.

　한국에서는 재주 부리는 호랑이가 민간 전승 이야기에서 아주 중요한 존재였고 축제에서도 흔히 볼 수 있었는데, 재주 부리는 데 실패해 아수라장이 되면 오히려 웃음을 선사하는 효과를 냈다. 술 게임이 요즘 생긴 문화라고 생각하면 큰 오산이다. 한국에는 세계에서 가장 오래되었다고 알려진 술 놀이인 주령구가 있다. 1970년대에 출토된 이 14면체 주사위는 서기 7세기에 만들어졌으리라 추정되는데, '술을 다 마시고 크게 웃기'라는 규칙이 새겨진 면도 있다. 그야말로 기분을 고조시키는 옛사람들의 남다른 지혜가 아닌가.

　가라오케, 닌텐도, 애니메이션, 초밥을 비롯한 여러 문화를 전 세계에 소개한 일본을 살펴보자. 와라이 마쓰리(와카야마현의 히다카가와 마을에서 오늘날까지도 열리고 있는 축제)에서는 스즈후리라는 광대가 종을 든 채 사람들을 즐겁게 하며 "웃어요! 웃어!"라고 외친다. 웃음이 악령을 쫓아낸다고 믿었기 때문이다.

　이제 고대 그리스로 넘어가보자. 2800년 전 서사 시인 호메로스는 올림포스산이 신들의 웃음으로 울려 퍼지며 "매일 열리는 연회가 끝나면 천상의 기쁨이 넘친다"라고 《일리아스》와 《오디세이》를 통해 표현했다. 《오디세이》에서 오디세우스는 괴물 키클롭스에게 자신의 원래 이름이 '아무도 아님Nobody'이라고 알려주고는 부하들에게 키클롭스를 공격하라고 한다. 그러자 키클롭스는 "도와주십시오! 나를 공격하는 사람은 아무도 아닙니다!"라고 소리친다. 그러니 도와주러 오는 사람이 있을 리가. 애벗과 코스텔로Abbot and Costello(1940~50년대에 활약한 코미디언 콤비-옮긴이)가 속사포 말솜씨를 자랑하는 〈일루수가 누구야Who's on First〉 만담의 대사로 나올 법한 말이다.

고대 그리스 의사들은 치유법의 일환으로 희극 공연을 보러 가라는 처방을 내리기도 했다. 오늘날 의사가 그런 처방을 내린 다면 어떤 상황이 벌어질까? 그 시대에는 심지어 인간의 어리석음을 비웃었다고 알려진, '웃는 철학자' 데모크리토스도 있었다. 그는 고대 원자론을 창시한 업적과 더불어, 모든 사람의 가장 고결한 목표는 행복과 기쁨이라고 주장하며 행복의 조건을 알아내려 했다. 데모크리토스, 그보다 더 반짝이고 생기 넘치는 눈을 지녔던 사람은 없으리라. 궁금하면 구글에서 이미지를 검색해보길. 그러나 활발한 기질로 인해, 그의 고향 압데라에서는 고개를 갸우뚱하며 그를 쳐다보는 사람들이 있었다. 히포크라테스(유명한 히포크라테스 선서의 그 의사가 맞다)를 불러 그의 웃음이 병적인지 광기인지 진단해달라고 부탁하기도 했단다. 많이 웃는 사람이 그렇게 이상하게 보였을까?

다음은 고대 로마로 가서 재치와 위트로도 유명한 변호사이자 정치인이며 작가인 키케로를 살펴보자. 재판장은 그에게 "자기 자신에게 해가 될 만큼 재미있다"라는 판결을 내렸다. 실제로 그는 '웃음 중독자'라고 불릴 정도였고, 유머가 관계를 끈끈하게 만들고 공동체 규범을 공유하게 하며 개인 명성까지 높인다고 믿었다. 로마인들이 우리에게 남긴 유산은 무엇일까? 수로, 하수 처리 시설, 교육, 도로, 의학, 포도주 외에도 세계 최초 유머집이자 4~5세기 농담 전서인 《필로겔로스》('웃음을 향한 사랑'이라는 뜻)를 남겼다. 이 책에는 심지어 오늘날까지 코미디언들이 되풀이하는 이야기가 있는데, 헤롯 아르켈라오스의 유명한 응수에 관한 것이다. 수다스럽기로 소문난 어느 궁중 이발사가 헤롯에게 물었다. "대왕이시여, 어떻게 잘라드려야 좋으시겠습니까?" "조용히 잘라주게."

이 로마 황제가 세상을 떠난 지 수백 년 후에도 유머와 웃음은 계속되었는데, 즐거움을 말살하는 정책을 펴던 로마 가톨릭교회 측에서는 이런 문화를 도전으로 받아들였다. 그런데 흥미로운 점은 《필로겔로스》의 260여 가지 이야기를 기록한 사람이 다름 아닌 중세 수도승이었다는 사실이다. 참으로 아이러니하지 않은가.

로마인들은 죽음 따위를 주제로 한 어둡고 기분 나쁜 유머를 좋아해, 십자가에 못 박는 형벌을 비롯한 당시 여러 사회 문제를 두고도 왁자지껄하게 웃어댔다. 로마 시대부터 시작된 또 다른 웃음 전설은 고대 축제 힐라리아Hilaria('아주 재미있는'이라는 뜻의 영어 형용사 hilarious는 그리스어 hilaros에 뿌리를 둔다-옮긴이)에서 유래되었다고 알려진, 우리도 잘 아는 만우절이다. 유머의 신이 있었다면 그 이름은 분명 힐라리오스일 것이다. 로마인들은 늘 삶의 긍정적인 면을 본 듯하다.

아리스토텔레스의 영향을 받은 13세기 성인 토마스 아퀴나스는 특정한 종교적 조건 아래에서는 그리스도교인들에게 웃음이 허락된다고 판단했다. 웃음이 짐승에게는 없는, 인간만의 독특한 행동이라고 믿는 학자들이 많았기 때문이다. 수 세기 후 모든 생명체가 심지어 쥐마저도 웃는다는 획기적인 사실을 발견하리라고는 상상도 못 했으리라.

심지어 왕족도 웃음을 좋아했다. 영국 엘리자베스 1세의 건강에 의사보다 궁중 배우이자 광대였던 리처드 탈턴Richard Tarlton이 더 큰 도움을 주었다고 전해진다. 여왕의 심기가 불편할 때면 기분을 풀어주어 우울감을 떨치게 해주었기 때문이다.[8] 여왕 메리 1세도 어린 시절부터 웃음을 치유법으로 활용했다. 건강이 좋지 않던 메리 1세가 어머니인 캐서린에게서 받은 편지에는 "위로와 웃음이 건강의 반이다. 나도 비슷한 병을 겪어서 웃음이 얼마나 큰 효과가 있는지 안다"라고 적혀 있었다.[9] 광대인 제인 풀Jane Foole은 20여 년간 메리 여왕의 신임을 받았던 측근으로, 여왕의 건강을 지키는 중요한 역할을 했다. 그래서 여왕은 신하들에게 내리는 옷보다 더 좋은 옷을 그녀에게 선물하기도 했다.

광대들은 셰익스피어 연극에 종종 중요한 역할로 등장하면서 좋은 시절을 맞았다. 대단한 과학 지식 없이도, 그들은 자기도 모르는 사이에 도파민, 옥시토신, 세로토닌, 엔도르핀을 만들어냈다. 그 유명한 예로, 왕의 내적 양심으로 작용한 리어 왕의 광대는 "가장 훌륭한 상상과 끝없는 농담으로 가득한 녀석"이라고 묘사되었다. 주로 현명하고 지적으로 그려진 셰익스피어의 광대는 중요한 문제를 조명하는, 그의 대변자로 보인다. '셰익스피어 농담집'으로도 알려진 《백 가지 재미있는 이야기 A Hundred Merry Tales》는 1526년에 처음 출간된 영국 유머집이다. 어리석고 위선적인 성직자, 천박한 여성, 어수룩한 웨일스 사람에 관한 도발적이고도 재미있는 이야기로 가득한 이 책은 엘리자베스 1세가 임종하기 직전에도 낭송되었다고 전해진다. 세상을 떠나는 여왕의 얼굴에 미소가 가득했길.

영국에서 산업혁명이 일어나기 전, 콘월 지방 출신 화학자 험프리 데이비 Humphry Davy와 그의 상사인 영국 의사 토머스 베도스 Thomas Beddoes가 응접실에서 마주했다. 폐 건강에 중요한 기체를 연구하던 그들이 특히 논의한 가스는 바로 아산화질소였다. 놀랍게도 데이비의 실험실은 인기 있는 장소가 되어 시인, 극작가, 의사, 과학자 등이 아산화질소 파티에 모여들었다. 녹색 비단 주머니에 든, '웃음 가스'라고 알려진 아산화질소 한 모금을 마시기 위해. 믿기지 않겠지만 정말이다. 이런 과학적 실험들은 아산화질소가 뇌에 미치는 영향에 관한 초기 연구의 토대를 마련했고, 19세기 중요한 의학적 발전인 마취 발명으로 이어지기도 했다. 손님들은 저도 모르게 웃음을 터뜨리며 황홀감에 이르러 "더 줘요, 더! 이렇게 기분 좋았던 적은 없어요"라고 소리를 질렀다고 한다. 어떤 사람들은 계단을 오르내리고 집 안을 뛰어다니며 이상한 소리를 내고는 이후에 그 일을 기억하지 못했

다.[10]

이는 유도된 효과를 보여주는 사례일 뿐이니 마음 놓길 바란다. 다음 장부터는 아산화질소에 취하지 않고도 자연스럽게 웃음 혜택을 누릴 수 있는 여러 도구를 소개하겠다.

19세기 영국의 박물학자 찰스 다윈은 웃음 효과 연구에 상당히 오랜 시간을 들였다. 미소와 웃음의 진화론적 관점으로 유명해지지 않았다는 점이 놀라울 따름이다. 그는 웃는 행위가 일어나는 순간을 시각적으로 묘사하고 싶었지만 셔터만 누르면 되는 간단한 사진술이 아직 발명되지 않은 시기였기에 동작 포착에 시간이 오래 걸렸고, 그 결과 사진들이 모두 희미했다. 그래서 그는 사람이 웃는 순간을 순서대로 촬영한 사진을 방대하게 수집한, 동시대 프랑스 신경학자 기욤 뒤셴Guillaume Duchenne의 도움을 받았다(뒤셴의 끔찍한 실험 방법에 관해서는 뒤에 더 자세히 다루겠다). 애완 원숭이를 키운 뒤셴은 원숭이가 웃는 모습을 자주 본다고 친구인 다윈에게 말했다. 잠시 애완 원숭이를 빌려 직접 관찰한 다윈은 미소와 웃음을 보고 대단히 기뻐했다.

어린 침팬지를 간지럽히면(어린아이처럼 특히 겨드랑이가 민감하다) 더 확실하게 낄낄거리며 웃는 소리를 낸다. 소리 없이 웃을 때도 있는데, 그럴 때면 입꼬리가 뒤로 올라가고 눈꺼풀이 조금 주름지기도 한다. (…) 소리 내어 웃을 때 침팬지 위턱에 있는 이빨이 드러나지 않는다는 점은 인간과 다르지만, 그래도 눈빛은 더 빛나고 환해진다.

다윈은 이런 사실을 발견함으로써 웃는 생명체는 오직 인간 뿐이라고 주장한 아리스토텔레스와 의견을 달리하게 되었다. 인간의 웃음에 매료된 다윈은 이 행위가 몸과 마음에 미치는 강한 영향을 세심하게 기록했다.

심하게 웃으면 몸 전체가 뒤로 젖혀지며 흔들리거나 부들부들 떨리기도 한다. 호흡이 방해받아 혈관이 팽창하고 머리와 얼굴에 피가 가득 차면, 눈을 보호하려고 눈둘레근이 갑자기 수축한다. 따라서 (…) 눈물이 흐른다. (…) 얼굴만 보면 격하게 웃어서인지, 슬퍼서 울어서인지 구분하기가 거의 불가능하다.[11]

침팬지 관찰을 통해 우리에게 웃음 효과라고 알려진 사실들을 기록한 다윈은, 적당한 웃음을 지을 때는 눈 주위 근육 수축이 거의 일어나지 않는다는 사실을 알게 되었다. 또한 유인원은 웃을 때 눈물을 흘리지 않으므로, 눈물은 인간의 독특한 특성이라고 결론지었다. 그는 보거나 듣지 못하는, 즉 눈이나 귀가 먼 사람들조차 웃는 모습을 보고 이 행위가 선천적인 행동임을 증명했다. 또한 열정적 즐거움의 표현인 춤추는 동작, 손뼉 치기, 발 구르기, 큰 소리로 웃기 등이 의미 없이 서로 이어진다는 사실을 관찰을 통해 알게 되었다. 이렇듯 춤은 성관계뿐 아니라 웃음으로도 번질 수 있다(무서운가? 놀라운가?). 그러니 수많은 제도와 관습이 웃음을 덮어버리려고 했겠지.

그의 연구는 영장류에서 더 고등동물로 발전한 진화 과정과 웃음이 본질적으로 연관된다는 사실을 보여준다. 진화의 막바지에 도달한 인간들이여, 마음껏 웃자! 웃음은 유전적 의무다.

●

소아마비가 기승을 부리던 1930~40년대에 미국의 몇몇 병원은 2주 이상 '철로 된 폐Iron Lung'라는 장치에 갇혀 있어야 하는 아동 환자들을 즐겁게 해주려고 마술사, 서커스 광대, 가수를 여럿 초청했다. 덕분에 그 아이들의 얼굴 근육과 폐는 운동한 셈이 되었다. 암울한 현실에 스며든 한 줄기 희망이었달까.

진격의 1960년대Swinging Sixties 흐름을 타면서, 1964년 3월에 사회언어학자 이디스 트레이거Edith Trager 박사가 웃음 과학을 정립해 웃음학Gelotology이라는 이름을 붙였다. 그 후 캘리포니아주 스탠퍼드대학교의 윌리엄 프라이William Fry 박사가 바통을 넘겨받았다. 웃음학의 아버지라고 알려진 프라이 박사는 1970년대에 몇 가지 획기적인 웃음 심리학 연구를 발표했다. 그는 웃음을 '내적 조깅Internal Jogging'이라고 일컬으며, 1분의 웃음이 10분 동안 노를 젓는 운동과 같다고 밝혔다. 이에 관해서는 3장에서 자세히 살펴보겠지만, 날씬해지고 싶으면 일단 웃자.

진격의 흐름을 타지 못하고, 웃음 운동 효과도 모른 채 독자적으로 웃음을 연구한 사람이 있다. 바로 노먼 커즌스Norman Cousins 박사다. 1964년에 그는 척추까지 퍼지는 관절염의 일종인 강직척추염이라는 심각한 병에 걸려 병실에서 꼼짝하지 못하게 되었다. 병세가 심각한 날이면 턱을 움직이기도 힘들었다. 의사의 불치병 선고를 거부하고 그는 직접 병을 고치기로 결심했다. 좌절이나 억눌린 분노 같은 부정적 감정이 부신 피로Adrenal Exhaustion와 연관이 있다고 설명한 책에서 영감을 받았으며, 희망과 사랑, 믿음 같은 긍정적 감정은 건강에 유익할 것이라고 생각했다. 뇌 화학을 공부한 경험도 있기에 웃음 치료법이 효과가 있으리라는 확신이 들었다.

담당 주치의의 응원에 힘입어 퇴원한 커즌스는 자신을 돌봐줄 간호사를 고용하고 호텔에 방을 예약했다. 그러고는 비타민 C를 듬뿍 섭취하면서 E. B. 화이트White의 《미국 유머 금고

A Subtreasury of American Humor》, 〈몰래 카메라Candid Camera〉, 마크스 형제Marx Brothers(형제들로 구성된 코미디언들-옮긴이)와 로럴과 하디Laurel and Hardy(무성영화 시대의 코미디언 콤비-옮긴이)의 코미디물 등을 읽고 보기 시작했다. 그는 후에 "배꼽을 잡고 10분 동안 깔깔 웃으면 마취 효과가 생겨 적어도 두 시간은 통증 없이 푹 잘 수 있다는 멋진 사실을 발견했다"라고 적었다. 담당 의사와 기존 의학계를 놀라게 하며 그는 기적적으로 회복했고, 그 후 20여 년 동안 캘리포니아대학교 로스앤젤레스 캠퍼스UCLA에서 유머와 웃음의 치유 효과를 가르쳤다. 또한 암 환자들을 연구하며 그들의 웰빙 감각이 암과 싸우는 T세포와 면역 체계 기능에 긍정적 영향을 미친다는 사실도 발견했다. 이런 경험을 토대로 집필한 《웃음의 치유력》은 오늘날 급성장한 유머와 웃음 연구의 기초를 마련해주었다.

2021년에 광대 의사로 유명한 헌터 도허티 '패치' 애덤스Hunter Doherty 'Patch' Adams가 노벨 평화상 후보로 지명되었다. 전설적인 코미디언 고故 로빈 윌리엄스가 주연이었던 1998년 작 영화 〈패치 아담스〉는 애덤스 본인의 정신 질환 경험과 극복 과정 그리고 그의 코미디 철학에서 영감을 받은 작품이다.(애덤스가 맞는 표기법이지만, 국내에서는 〈패치 아담스〉로 개봉되었다-옮긴이) 그는 다른 의사들이 가지 않은 길로 들어섰고, 그 여정에서 '환자도 의사다'라는 결론을 내렸다. 서커스 광대를 병실로 들이는 그의 색다른 방법은 기존 의학계와 충돌을 일으켰기에, 1971년에 그는 웃음 치료법을 실행하고자 웨스트버지니아주에 게준트하이트 기관Gesundheit! Institute('Gesundheit'는 보통 재채기한 사람에게 건강을 빌며 하는 말이다-옮긴이)을 설립했다. 그는 사랑과 웃음을 나눔으로써 치유와 웰빙을 증진해 수천 명의 생명을 변화시켰다. 1984년에 재정 지원 부족으로 문을 닫을 위기에 봉착했을 때도 꿈이 있던 그는 포기하지 않았다.

알록달록한 의상을 입고 따뜻한 마음씨와 커다란 풍선을 장착한 패치는 '게준트하이트 글로벌 아웃리치 광대Gesundheit Global Outreach Clowns' 팀을 꾸렸다. 그런 후 1985년 구소련을 시작으로 '빨간 광대 코 외교'를 활용해 병원, 보육원, 낙후한 보호시설, 길거리를 돌아다니며 웃음 효과를 전달했다. 그는 광대 의료진과 함께 가장 어려운 지역에 의료 시설을 세워 인도주의적 의료 서비스를 제공했고, 70여 개 나라에서 공연을 펼치기도 했다. 그런데 이 공연은 90퍼센트의 사람들에게는 멋진 경험이었겠지만, 광대공포증이 있는 소수에게는 그리 좋지 않았을 것이다.

광대공포증은 '막대기에 올라가는 사람'을 뜻하는 고대 그리스어 coulro에서 유래했는데 광대를 만나면 땀을 흘리거나, 메스꺼움을 느끼거나, 심박수가 빨라지거나, 울면서 소리를 지르거나, 분노하는 증상을 보인다.

커다란 신발과 슬랩스틱(과장된 연기와 동작으로 웃음을 끌어내는 코미디-옮긴이)을 비롯한 웃음 치료의 코미디적 면모는 옆으로 제쳐두고, 이제 새롭게 떠오르는 웃음 요가를 살펴보자. 유머에 기반을 둔 웃음이 아닌 이 현대식 웃음 수행은 외부 요인이나 재미있는 상황을 설정해 웃음을 유도해야 한다는 가정과 상충한다. 이 접근법은 신체가 웃으면 마음에도 영향을 미치고 그 과정에서 몸의 생리가 바뀐다는 원리에 입각하며, 건강을 위한 웃음에 집중한다. 앞으로 더 자세히 살펴보겠지만 이는 몸, 마음, 정신에 긍정적인 영향을 미친다.

1995년 마단 카타리아Madan Kataria 박사에 의해 인도에서 대중화된 웃음 요가에는 동양철학 요소가 깊이 배어 있다. 프라나야마 호흡 기술(호흡기관을 의도적으로 움직이고 확대하는 기술-옮긴이), 박수, **호호 하하하** 구호 외치기, 모의 웃음 연습을 비롯해 다양한 방법이 있다. 물론 웃으려고 인도까지 갈 필요는 없다. 웃음 요가는 그 인기가 세계로 퍼지고 있어 모임과 온라인 수업이 아주 많다. 스트레스로 찌든 삶 또는 몸이 아프거나 힘들어 웃을 기분이 전혀 나지 않는 상황에서 최고의 해결책이 될 것이다.

고대로부터 현대까지, 신비주의에서 서구 문명에 이르기까지, 웃음은 두루 파급 효과를 미쳐왔다. 인류 역사에서 기쁨과 흥을 깨는 일이 없었다는 말은 아니지만, 웃음이라는 타고난 선물은 개인과 문화가 굴하지 않도록 힘을 실어주었다. 웃음 효과가 없었다면 세상은 분명 다른 모습이었을 것이다. 시편 작가는 "하늘에 계신 자는 웃으신다"라고 했다. 나는 "웃음은 지상 천국의 궁극적 모습이다"라고 감히 말하고 싶다.

우리는 생존하기 잘 살기 위해 웃는다

The

Laughter

Effect

웃는 자가 승자일지니

● 메리 페티본 풀 Mary Pettibone Poole

겸허한 미소를 비롯해 웃음 효과는 인간 발달의 초기 단계부터 나타난다. 우리는 '엄마'나 '아빠'보다 **'하하'** 하는 웃음소리를 먼저 낸다. 성장 배경, 나이, 사는 곳에 상관없이 웃음과 미소는 공통된 언어로 통한다. 진화에서 생존 역할을 담당한 웃음을 공유하고 미소 짓는 행위는 우리 모두에게 주어진 중요한 내적 자원이다. 사랑의 시각적 증거인 미소는 보호자와의 유대감을 결속하고 관심을 끌 가능성을 높임으로써 생존율을 최대화한다. 그러니 웃음과 유머가 인간 진화의 기본 원리였다는 사실은 당연한 이치다.

어린 시절 가까운 보호자들과 긍정적인 웃음을 많이 주고받을수록 아이는 더욱 안전하고 사랑받는 공간에 있다고 느낀다. 이 경험은 삶에서 감정적인 반응을 조절하는 능력의 중요한 토대를 다진다. 웃음/미소 '스캐폴딩(기초 또는 발판-옮긴이)'이 튼튼할수록 젠가 게임에서 탑이 무너지듯 몇 번의 나쁜 경험으로 자신이 우르르 무너질 가능성도 적어진다. 어릴 때 웃음을 많이 경험하지 못하면 두려움 없이 자유롭게 웃는 자신감이 떨어져 무의식적으로 웃음을 억누르게 된다. 분노나 무관심이 지배적인 가정에서는 아이들이 '노닥거리며 웃고 놀' 기회가 거의 없다. 웃음은 더 평화롭고 사랑이 넘치는 가정 분위기를 조성하며, 그 속에서 자란 아이들은 훗날 타인과 건강한 관계를 맺을 확률이 높다.[1]

나는 어린 시절에 다른 사람들에게서 느낀 감정적 애착, 그리고 내 자녀에게 느끼는 사랑에서 웃음이 미친 막대한 역할에 감사함을 느낀다. 특히 둘째 아들이 트럼펫을 불 정도로 튼튼한 폐를 달고 이 세상에 태어났을 때(실제로 나중에 트럼펫을 연주했다) 더욱 절실히 깨달은 사실이다. 처음으로 병원에 둘만 남은 날 밤, 이 조그마한 기적을 사랑으로 바라보며 어떤 이름을 지어줄지 곰곰이 생각했다. 양막에 싸인 채 이 세상에 태어났다는 사실에 감동하던 찰나에 아기가 웃었고(바람 때문에 웃는 것처럼 보였을 수도 있지만), 순간 머릿속에 이름이 떠올랐다. 성경에 나오는 인물인 이차크Yitzchak(한국 성경에서는 '이삭'으로 표기된다-옮긴이)의 줄임말 잭Zak으로, 양쪽 증조부의 이름이기도 하다. 이차크는 '웃다'라는 의미를 지녔다. 웃는 모습을 보았으니 다행이지, 보지 못했다면 이름을 짓느라 머리를 싸맸을 것이다.

아기가 잇몸이 드러나도록 활짝 웃거나 키득거릴 때면 모든 것이 잊혔다. 잠 못 이룬 수많은 밤이, 끝없는 기저귀 세례가, 혼을 빼놓던 울음이. 웃음으로 사랑의 마법에 걸린 나는 언제 어디든 달려갈 준비가 되었다. 그 조그만 녀석이 원동력이었다. 잭의 환한 웃음으로 내 몸은 도파민, 옥시토신, 세로토닌, 엔도르핀을 마구 뿜어냈다.

아기를 행동적인 관점에서 들여다보면, 미소가 먼저 나오고 그 후 첫 웃음이 뒤따른다. 행복하고 건강하며 모든 것이 괜찮다는 기쁜 신호다. 유대감과 애착을 끈끈하게 하는 즐거운 피드백 순환으로, 후대를 위해 육아 일기에 남길 만한 순간이다(오늘날의 젊은 부모라면 그런 순간을 트위터나 인스타그램, 틱톡 또는 그 모두에 올릴 것이다). 하지만 그 어떤 축복 의식도 아메리카 원주민 나바호족의 첫 번째 웃음 의식인 아위 치디드로A'wee Chi'deedloh에 비할 바는 못 된다. 나바호족에게 첫 웃음은 아기가 영적 실존을 뛰어넘어 가족과 공동체의 삶으로 들어올 준비가 되었다는 신호다. 보호자와 친족은 아기가 생후 3개월쯤이 되면 신성한 첫 웃음을 유도하려고 경쟁적으로 간지럽히거나 까꿍 놀이를 하거나 재미있는 표정을 짓는다. 이 경쟁의 승자는 첫 웃음 의식을 주관함으로써 아기가 이 세상에 성공적으로 들어온 것을 축복하는 영광을 누린다. 아기 가족에 대한 존중과 영적인 세계에 대한 감사의 의미로, 아기는 의식의 주인으로 간주된다. 손님들은 각각 음식한 접시와 돌소금(슬픔과 상실로 흘린 눈물, 대지와의 연결을 상징) 그리고 선물이 든 봉투를 받는다. 아기가 사는 내내 늘 가족과 친구 사이에서 단란함을 경험하기를 바라는 염원을 담은 의식이다.

웃음은 사회적 야수로, 늘 사람들과 함께 있기를 갈망한다. 유치원생을 관찰한 한 연구에서는, 아이들이 만화를 혼자 볼 때보다 다른 사람과 함께 볼 때 여덟 배나 더 웃음을 터뜨리고 세 배나 더 미소 짓는다고 밝혔다.[2] 사회적 유대감을 결속하는 웃음은 어른과 아이 사이를 돈독하게 해주고, 함께 있는 순간에 서로 충실하게끔 도와준다. 물론 보호자가 전자기기 화면이 아니라 생동감 있게 움직이는 아기 얼굴에 집중할 때 말이다. 아기가 자신에게 집중하지 않는 보호자를 무관심하다고 여기게 되는 것은 한순간이다. 어느 연구에 따르면, 아기는 자신의 감정 상태가 3초 이상 인식되지 않으면 '일단 중지' 상태로 바뀐다.[3] 고작 3초라니! 하지만 아기의 관점에서 3초는 오랜 시간이다. 우리는 문자메시지, 이메일 알람, 스냅챗을 확인하느라 아기에게서 눈을 떼지만 그동안 그 꼬마는 어떻게 느낄까? 디지털 시대에 멀티태스크 육아를 할 수 있을까? 아기와 유아의 사회적 발달 과정에서 눈 맞춤과 전적인 관심은 매우 중요하다. 그러나 오늘날 놀이터에서는 놀이기구 타는 아이들을 내버려둔 채, 핸드폰에서 눈을 떼지 못하는 부모와 보호자가 점점 늘어난다. 아이에게 늘 100퍼센트 집중할 수는 없지만 유대감을 형성할 중요한 순간은 눈 깜박할 새에 지나가버린다는 사실에 유의해야 한다.

웃음 인상 개발하기

아이들은 타인의 행동을 따라 하며 배운다. 웃는 방법도 마찬가지다. 우리는 자기만의 목소리와 말투뿐 아니라 독특한 '웃음 인상'을 지닌다. 웃음 인상은 각자 환경에 따라 다르게 형성된다. 시끌벅적한 가정에서는 주의를 끌기 위해 큰 소리로 웃어야 했을 것이며, 조용한 가정에서는 속삭이듯 웃어도 원하는 주목을 받았을 것이다. 사람들은 지금껏 자기에게 익숙한 웃음 인상을 내게 알려주었다. 가장 재미있는 사례는 한 여성이 들려준, 남편 형제 셋과 시아버지가 똑같이 웃는다는 말이었다(오래된 만화에 나오는 개, 프레셔스 퍼프와 머틀리의 숨넘어갈 듯한 웃음과 똑 닮았단다). 또 다른 여성은 놀랍게도 자기 딸이 몇 번 만나보지 못한 외할아버지와 똑같은 너털웃음을 친다고 말해주었다.

문화를 막론하고 사람들은 너털웃음을 치고, 껄껄거리고, 키득키득하고, 큰 소리로 웃고, 울부짖듯 웃고, 킬킬거리고, 왁자지껄하게 웃고, 코를 씨근거리며 웃고, 소리 죽여 웃고, 깔깔대며 웃는다. 그러나 문화적 배경은 개개인의 웃음 인상을 형성하는 주된 요소다. 아시아의 여러 문화권에는 내성적인 웃음 인상이 많았다. 특히 여성들은 소리 죽여 웃어야 예의가 바르며, 치아를 환하게 보이면 '여성스럽지 못하다'고 생각되었다. 몇몇 아

시아 국가에서는 여성들이 치아를 검게 물들이는 관습(일본어로
는 '오하구로'라고 알려져 있다)이 흔했는데, 이가 상하지 않도록 막
으면서 사회적 신분도 나타내는 방법이었다. 물론 이런 관습은
이제 사라졌지만 어쩌면 진화론적으로 이를 드러내는 웃음을
멈추는 데 한몫했을지도 모른다. 공적으로 감정을 드러내면 '체
면'이 손상된다고 가르친 유교는 한국의 예의범절에 큰 영향을
끼쳤다. 한국에는 웃거나 미소 지을 때 손으로 입을 가리는 여성
이 많았다고 한다.

이는 콩고공화국 이투리 숲에 사는 음부티족Mbuti과 극명히
대조적이다. 그들의 웃음 인상은 신체면에서 극단적이다. 음부
티족의 웃음을 목격한 유일한 서구 작가로 알려진, 미국으로 귀
화한 영국 인류학자이자 작가 콜린 턴불Colin Turnbull에 따르면, 그
들은 누워서 천장으로 다리를 차면서 환희에 못 이겨 숨을 헐떡
이고 몸을 떨며 웃는다. 다소 열광적으로 보일 수 있지만 이 부
족민에게는 정상적인 행동이다.

살아가며 우리는 온갖 웃음을 짓지만 가장 자주 보이는 웃음
을 한 가지씩 가지고 있다. 나는 어린 시절부터 늘 키득키득 웃
었다. 물론 상황에 따라 웃음도 달라진다. 부끄러운 웃음, 조용
한 웃음, 설레는 웃음, 날카로운 웃음, 안도의 웃음, 불안한 웃음,
쩌렁쩌렁 울리는 웃음, 이 외에도 아주 다양하다. 너무 심하게
웃어서 코를 씩씩거리고, 그 소리가 재미있어 더 웃는 사람도 있
다. 이런 행동을 '코로 웃기'라고 한다. 나는 이렇게 웃는 사람들

을 만날 때마다 정말 신이 난다!

자기도 모르게 웃는 웃음

웃음은 의식적으로 제어하는 행동이 아닐 때가 대부분이므로, 웃음을 당연시하며 단순하게만 본다.

그러나 웃음은 우리 몸이 처리하는 아주 복잡한 행동이다. 뇌가 완전히 발달하지 않은 아기도 웃고, 인지 능력이 쇠퇴해 삶의 막을 내리는 순간에도 웃지 않는가. 보고 듣는 것에 따라 우리 뇌가 웃을 기분일지 결정하는, 대체로 무의식적인 신경학적 과정이다. 사고 과정과 일일이 의논하지도 않기에 회식 자리에서 누군가가 격에 맞지 않거나 웃긴 이야기를 하면 조금 곤란해질 수도 있다. 인식하기도 전에 웃음이 입에서, 심지어 코에서 터져 나오기 때문이다. 동료 말고 해마를 비난하라. 인간 뇌의 다섯 가지 영역 중 웃음을 만들어내고 유머를 판단하는 해마는 감정 반응을 결정하는 막대한 역할을 한다. 해마, 편도체, 시상, 시상 하부로 구성된 뇌의 전두엽과 변연계도 매우 중요하다. 전두엽은 왼쪽 반구와 오른쪽 반구로 나뉘는데 왼쪽은 어떤 소리, 이미지, 경험이 재미있는지 결정하고 창의력을 담당하는 오른쪽은 상황이나 농담이 재미있는지 결정한다.

두려움, 분노, 기쁨과 같은 기본적인 감정을 책임지는 변연계는 원시 인류 뇌의 유산으로, 인간 생존에 꼭 필요한 먹기, 싸우기, 달아나기, 번식 같은 본능적 신체 반응과 관련이 있다. 전두엽에서 신호를 받으면 (셰익스피어의 말을 빌려) '웃느냐, 웃지 않느냐, 그것이 문제로다'를 판단하고 신체에 웃음을 드러낼지 말지를 결정한다. 더 많이 웃을수록 변연계는 운동을 더 많이 하는 셈이다.

웃음, 내가 직접 책임지자

성숙의 시대인 성인기로 들어서면 웃음 문제를 직접 책임져야 한다. 구글에서 '어른과 아이가 하루에 웃는 횟수'를 검색해보면 아이는 300~400번 웃고 어른은 10~12번 정도 웃는다는 주장이 있지만 아직 이를 뒷받침할 증거는 찾지 못했다. 아이와 어른의 웃음 횟수를 조사한 몇몇 연구는 결과가 상당히 달랐다.

매일 웃는 횟수를 알아내기 위해, 나는 많은 사람에게 하루에 평균 몇 번 웃느냐는 질문을 자주 한다. 한 번 '허' 하고 소리만 내거나 속으로 웃는 웃음이 아닌, 진정한 웃음 말이다. 그러나 자신이 얼마나 자주 웃는지 생각하는 사람은 거의 없었다.

웃음 수업

하루에 평균 몇 번 웃는가?
평일과 주말에 횟수 차이가 있는가?
어떤 상황에서 많이 웃게 되는가?

하루에 꾸준히 10~12번 웃거나 심지어 더 많이 웃기도 하는 두 직업군이 있다. 바로 보육교사와 실버타운의 라이프스타일 강사다. 이 두 직업군에서 유쾌함은 필수 요소다. 특히 아이들이 있는 환경에서는 대체로 웃음이 많이 터지고 눈 맞춤이 자주 일어나며, 교실 바닥에 무릎을 맞대고 앉거나 옹기종기 모인 책상에서 활동하므로 친밀도도 높았다.

그렇다면 일반적으로 왜 아이가 어른보다 많이 웃을까? 수년간 수백 가지 이유를 읽고 들었는데 내용은 다음과 같았다. 아이들은 집세 걱정도, 짊어질 책임도, 스트레스도 없다. 시선 의식을 덜하고, 무엇이든 처음 접하며, 순간을 사는 데다 거리낌이 없다. 한편 어른은 일과 삶에 치여 모든 일에 너무 심각하다.

방금 열거한 이유들 대부분은 어느 정도 맞는 말이지만, 아이들이 스트레스를 받지 않는다는 것은 잘못된 생각이다. 어른 스트레스와는 다른 '아이 스트레스'를 받기 때문이다. 이를테면 반 친구가 점심을 빼앗아 먹을 때, 자신을 괴롭히는 아이가 있을 때, 사랑보다는 다툼이 많은 환경에서 살 때, 보호자나 부모님이 집을 비우는 경우가 많아 함께 놀기, 동화책 읽기, 목욕하기와 같은 유대감을 결속하는 활동이 부족할 때다. 따라서 스트레스는 삶의 모든 단계에 존재한다.

아이에게 아직 발달되지 않은 한 가지는 비판적 분석 능력인데, 이 능력을 훈련할수록 취약성 감정도 높아진다. 마음을 조금 풀고 유치해지기라도 하면 왠지 벌거벗은 느낌이 드는 감정이다. 결과적으로 남의 시선과 판단을 신경 쓰지 않고 자유롭게 행동하기보다는 두려움으로 인해 스스로 생각과 행동을 수정하게 된다.

아이는 진심으로 웃는다. 생각하지 않고 그냥 웃는다. 어른은 머리를 굴린 다음 웃는다. 웃음은 잠재의식에서 나오는 선천적 행동이지만 나이가 듦에 따라 사회적 관습 같은 외부 신호에 반응하는 법을 배우면서, 의식적인 마음이 웃음의 거침없는 본질을 앞지르게 된다. 우리는 **생각하고** 웃지, **그냥** 웃지 않는다. 부적절한 상황에서 웃었을 때 득과 실을 계산한다. '지금 웃어도 될까?' '사람들이 어떻게 생각할까?' '분명 나를 비웃을 거야.' '중요한 일을 하는데 너무 즐거워 보이면 상사가 나를 좋지 않게 볼 거야.' 시간이 갈수록 소리 내어 신나게 웃는 반응은 점점 수그러들고 억눌린다. 그러다 어느 날 재미있는 일이 생기면 어떤 반응이 나올까? 웃을까? 그렇지 않다. 심각함의 굴로 너무 깊게 빠진 나머지 웃음을 터뜨리지 않고 '재밌네!' 정도에 그칠 뿐이다.

웃음 수업

더 재미있는 일이 생겨도 '정말 재미있군!' 하는 게 전부다. 우리는 점심 도시락뿐만 아니라, 기쁨의 자연스러운 상태를 표현하는 솔직한 능력까지 빼앗기고 말았다.

●

지금껏 지도한 수백 차례의 웃음 프로그램에서 나는 참가자들에게 하루에 평균 몇 번 웃는지, 나아가 웃음을 좋아하는 이유와 웃음이 가져다주는 느낌을 물어보곤 했다. 공무원, 은행 간부, 선생님, 환경미화원, 아이와 노인, 아픈 사람과 건강한 사람 등 다양한 사람이 다양한 이유를 말해주었다. '웃으면 재미있고 스트레스가 풀린다, 살아 있는 에너지가 느껴진다, 기분이 좋아진다, 어린 시절 생각이 나서 세상 걱정에서 벗어날 수 있다, 문제를 잊는 데 도움이 된다, 집중력과 수면 질이 향상되고 다른 사람과의 유대감이 높아진다, 울 때보다 나아지는 경우가 있다.' 어느 참가자는 심지어 진심 어린 웃음을 '정신적 오르가슴'이라고 표현하기도 했다.

한 가지 반응이 유독 눈에 띄었다. "웃으면 행복해지니까요."

지금부터가 정말 흥미진진하다. 웃음이 행복의 지름길이라면 왜 더 웃지 않을까? 우리는 행복을 원하고 또 원하지 않는가. 심지어 미국 독립선언문에는 '생명, 자유, 행복 추구권'이라는 내용이 포함되어 있다. 그런데 왜 웃음을 그저 운에 맡기거나 아예 잊고 말았을까? 몸에 좋은 줄 알기에 한동안은 열심히 하다가 결국 포기하게 되는 다이어트와 비슷할까? 사회가 '우리 중심'이 아닌 '나 중심'으로 변하면서 사람들과 어울리고 부대낄 기회가 줄어들어서일까? 우리는 점점 사회적으로 고립되고 있다. 스마트폰, 노트북, 태블릿이 영화관을 대신하고, 함께 텔레비전 보는 거실을 밀어내는 시대다. 칸막이가 있는 사무실에서는 사람들 얼굴이 컴퓨터 모니터 뒤에 가려져 최소한의 소통만 이루어지고 있으며, 최근 더 많은 사람이 재택근무를 시작하면서 온라인으로 동료와 소통하니, 어쩌다 정수기 옆에 모여 이야기하고 웃을 기회조차 줄어들었다. 사람들은 제약 회사가 만들어내는 하얀 알약을 점점 더 많이 찾는다. 고통을 마비시키고 평정을 찾기 위해.

•

삶이 늘 웃음보따리일 수는 없다. 그렇게 만들어지지도 않았다. 신나 보일지는 몰라도 항상 웃기만 한다면 삶의 높낮이를 구분하는 경계가 없어질 뿐더러 피곤해질 것이다. 더 행복한 감정을 느끼기 위해 더 많이 웃어야 하는 이상한 상황이 벌어질 수도 있다. 이는 심리학 교수 소냐 류보머스키Sonja Lyubomirsky가 제시한 개념 '행복의 설정값Happiness Set Point'으로 설명할 수 있다. 좋은 일이 일어나면 행복감이 커지고 나쁜 일이 일어나면 행복감이 줄어들지만, 시간이 지나면 당신이 정한 설정값으로 정상화된다는 것이다.[4]

나는 이를 '얼룩말 반응식'이라고 설명하기를 즐긴다. 어린 시절 아버지를 따라 남아프리카공화국에서 열리는 의학 학회에 간 적이 있다. 그때 평생 가보기 힘든 사파리에도 갔다. 처음 얼룩말을 봤을 때 너무 재밌어서 폭소를 터뜨리며 찰칵, 찰칵, 카메라로 열심히 사진을 찍었다. 그러나 얼마 지나지 않아 얼룩말이 보여도 '에계, 또 얼룩말이네' 하는 기분이라 사진을 찍지 않게 되었다. 그러고는 도파민을 분비하게 해줄 다른 광경을 찾으려고 두리번거렸다. 우리 뇌는 무엇에든 익숙해져 시간이 지나면 무뎌지게 마련이다. 유머도 마찬가지다. 같은 농담이나 자극적인 말을 여러 번 들으면 웃지 않게 된다. 우리가 유머에 반응하는 현상에 관해서는 다른 장에서 살펴보도록 하자.

웃음 연대표

웃음 연대표(웃음표)는 삶에서 일어나는 일(내면의 기분, 외적 영향)에 따라 크게 달라진다. 문제는 웃음 침체기를 계속 무시할 때 일어난다. 한바탕 크게 웃고 나면 그제야 웃음 사이에 오랜 가뭄이 있었다는 사실을 분명히 깨닫게 된다.

모든 사람의 삶이 다르듯, 웃음 연대표도 다르다. 내 연대표를 공개하겠다.

웃음 약자

웃보 말 그대로 웃음보따리
많 많이 웃음
가 가끔 웃음
침 침체기

→ **초등학교**: 웃보
→ **중학교**: 가, 많
→ **갭 이어**Gap Year(대학 진학 전 1년 동안 여행이나 여러 체험을 하는 기간—옮긴이): 웃보

- → **대학교**: 가, 많
- → **사회 초년기**: 가
- → **결혼 후 출산 전**: 웃보
- → **출산 후**: 침, 가, 많
- → **대학원 및 시간제 직장 기간**(게다가 7세 미만 아이 두 명 육아): 가, 침, 가
- → **웃음 요가 지도자 훈련 및 활동 기간**: 웃보
- → **연구 활동 기간**: 가, 많
- → **만성질환 및 대장암 투병 기간**: 침, 가
- → **나이 드신 부모님 및 자녀 돌봄 기간**: 가
- → **의도적인 웃음 연습으로 긍정적 영향을 받는 요즘**: 웃보

이 단순한 웃음 연대표가 분명히 보여주는 점이 있다. 웃음은 카멜레온 같아서 삶에서 어떤 일이 일어나든 그에 맞게 적응한다는 사실이다.

사람들과 만나는 정도, 특히 대화의 질과 양은 웃음 연대표에 매우 중요한 요소다. 메릴랜드대학교 심리학 및 신경생물학 교수였던 고故 로버트 프로바인Robert Provine에 따르면, 우리는 혼자 있을 때보다 다른 사람과 있을 때 30배 더 많이 웃는다고 한다.[5] 대체로 재미있는 친구나 코미디언, 장난꾼이 웃게 한다는 일반적인 생각과 달리, 프로바인 연구팀은 10~20퍼센트의 웃음만 농담으로 유발된다는 사실을 발견했다. '저도 만나서 반가웠어요' 같은 일상적인 말들이 오히려 더 자주 웃음을 유발한다고 한다.

웃음 연대표 작성하기

1. 펜과 종이나 아이패드를 준비하자. 그릴 수 있는 도구라면 무엇이든 좋다.

2. 웃음 연대표를 그려보자.

3. 어떤 패턴이 보이는가?

4. 삶에 더 많은 웃음을 불러와 웃음 연대표를 강화하도록 매일 실천할 방법을 모색하자. 재미있는 일이 생기면 속에만 두지 말고 마음껏 소리 내어 웃자. 또 10초 동안 '파워 웃음보'를 터뜨리거나 키득거릴 만한 재미있는 문구나 영상을 찾자. 자신을 웃게 하는 것이 무엇인지 아는 사람은 자신뿐이다.

혼자 있을 때도 행복하고 만족스러울 수 있지만, 사회적 소통은 웃음으로 꾸며진다. 웃음은 대화의 도구로써 언어학적 '구두점 효과'를 내므로 전혀 재미있지 않은 상황에도 등장하며, 다른 사람에게 참여해도 좋다는 환영 신호가 되기도 한다. 일반적으로 웃음은 단어를 대체할 때가 많아, 말하는 사람이 듣는 사람보다 46퍼센트 더 자주 웃는다.[6] 예를 들어 최근에 나는 건축업자에게 마룻장 공사에 드는 견적을 뽑아달라고 요청했는데, 그가 우리 집에 와서 준 견적서를 보고 웃음을 터뜨리고 말았다. 전화상으로 말한 값의 거의 두 배였기 때문이다. 나는 불쑥 웃으

웃음 수업

며 말했다. "하하하, 그 가격의 반이라고 말씀하신 줄 알았어요. 하하하하하." 대화 도중에 웃는 웃음은 분위기를 가볍게 만들고 어색한 침묵을 메우며, 대화가 적대적인 방향으로 흐르는 위험을 줄인다. 물론 터무니없는 견적서를 제시한 이 건축업자와는 다시 만나지 않았다.

웃음과 관계

웃음은 대화의 윤활유 역할을 하기도 하지만, 안전을 나타내고 재미를 끌어내며 스트레스와 부정적 흥분을 잠재우므로 번식과 생존에도 매우 중요하다. 배우자를 선택할 때 유머 감각은 '필수적인 자질'로 늘 손꼽힌다. 데이트 애플리케이션이 나오기 전인 1996년에 프로바인 교수는 8종의 지역 신문에 실린 배우자를 구하는 광고 3745건을 분석해 배우자 선택에 유머 감각과 웃음이 얼마나 중요한지 조사했다. 여성은 웃음을 언급하는 빈도수가 62퍼센트나 높고 유머 감각이 있는 남성을 찾는 경우가 많은 반면, 남성은 자신이 유머 감각이 있다고 내세우는 사람이 많았다.[7]

성별로 비교했을 때 어느 쪽이 더 많이 웃을까?

남성과 여성 모두 많이 웃지만, 여성이 더 많이 웃는 것으로 나타났다.[8] 프로바인 교수의 연구는 이성 간 대화에서 여성이 상대방보다 126퍼센트 더 많이 웃는다는 사실을 발견했다. 다른 연구는 처음으로 자연스럽게 만난 자리에서 여성이 많이 웃을수록 상대 남성에게 호감이 있음을 자각한다는 사실을 밝혔다. 남성은 함께 있을 때 진심으로 웃어주는 여성에게 더 호감을 느꼈다.[9] 자신을 좋아하게 만들기 위해 여성이 웃음을 활짝 짓는 것은 관계 형성에 매우 중요한 행동으로 나타났다. 마치 암컷이 짝을 낚기 위해 깃털을 펴서 과시하는 것과 같은 의식적 절차랄까. 데이비드 애튼버러David Attenborough의 다큐멘터리에 나올 법한 이야기 아닌가.

여러 웃음 연구에서 남성의 웃음이 더 전염성이 강하다는 사실이 드러났다. 남성이 웃으면 배우자도 함께 웃을 확률이 1.73배 높았다.[10]

그렇다면 관계에서 웃음 효과는 어떤 역할을 할까? 더 오래 관계를 유지시킬 수 있을까? 노스캐롤라이나대학교 사회심리학자 로라 커츠Laura Kurtz에 따르면 많이 웃는 커플의 관계가 더 건강하고 질이 높다고 하며,[11] 이 원리는 모든 친밀한 관계에 적용할 수 있다. (서로에 대한 비웃음이 아니라) 함께 웃는 행위는 상대를 지지하는 행동임을 직관적으로 알 수 있다. 30년 이상 이 문제를 광범위하게 연구한 내 마음에 늘 머무는 주제로, 의심할 여지 없이 웃음의 힘은 엄청나다! 내 최고 협력자인 남편 대니도 동의하는 바다.

아무리 사이가 좋은 관계라도 갈등은 일어나기 마련이다. 몇 년 전 우리는 집을 새로 수리했는데, 4~6개월이면 끝난다던 공사가 9개월을 훌쩍 넘겼다. 이 기간에 지구 반대편에서 다큐멘터리를 촬영하느라 집을 비울 때가 많던 대니는, 집으로 돌아오면 꼭 이건 왜 이렇고 저건 왜 저러냐고 물었다. 나는 (속으로는 욕했지만) 침착하게 "당신 의견을 물었을 때, 생각할 여유도 없고 크게 신경 쓰지 않으니 마음대로 해도 된다고 했잖아요"라고 대답했다.

겉으로는 재량권이 내게 있으니 더할 나위 없어 보였지만 한 가지 문제가 있었다. 집수리와 디자인은 내 강점이 아니었다. 그러니 곤란한 일들이 수개월간 줄지어 생기고(의견을 잘 굽히지 않는 건축업자와의 충돌), 일어나지 않아도 될 일까지 일어났다. 내가 고용한 목수가 문제를 일으킨 것이다. 목까지 문신이 잔뜩 있는 갱 단원 스타일의 그는 발목을 가린 운동화를 신고 있었다. 예전 우리 집 부엌 가구를 제작해준 친절한 사람이 바로 그의 아버지였기에 나는 그를 걱정하지 않았고, 가족에게 그의 깡패 같은 외모를 두고 농담하기도 했다. 안타깝게도 내가 재밌자고 한 농담이 점차 사실이 되었다. 발목을 가린 운동화는 패션인 동시에 교묘히 전자 발찌를 가리는 수단이었다. 그는 우리 부엌 공사 보증금을 받아 달아났고, 경찰에 따르면 그 돈으로 그의 늙은 아버지는 은퇴 후 그리스에 있는 예전 집에서 멋진 노년을 보냈다고 한다. 나는 돈만 날린 것이 아니라, 한겨울 몇 달 동안 밖에서 찬물로 설거지를 해야 했다.

대니가 촬영 여행에서 돌아온 어느 날, 나는 울화가 터지기 직전이었다. 대니의 첫마디 "조명 부품이 왜 저기 있어?"라는 말에 이성을 놓아버릴 뻔했다.

당장 뒷문 밖으로 그를 쫓아내고 자물쇠를 바꿔버리고 싶은 경솔하고 잘못된 마음이 솟구쳤다. 그러나 문이라고는 현관문밖에 없었기에 아무리 유능한 열쇠공이라도 내 상상 속에만 존재하는 뒷문을 걸어 잠글 자물쇠를 만들어주지는 못할 터였다. 나는 대니가 시차에 적응해 눈을 붙일 때까지 일단 참기로 했다. 아들들도 돌아온 아빠를 보면 좋아할 것이기에 내 감정으로 분위기를 망치고 싶지 않았다. 화를 누그러뜨리고 평정심을 찾으려고 무작정 집을 나서 걷다가 넓게 가지를 뻗은 나무 밑에 앉으려고 공원에서 잠시 멈추었다. 대니의 질문 공세를 마주할 준비가 되지 않아 핸드폰에 있는 기억 창고를 훑으며 꼴도 보기 싫은 저 양반을 반길 마음이 들 만한 사진을 찾아보았다. 혀를 쑥 내밀고 얼굴을 잡아당기는 수천 장의 아이들 사진 사이에, 우리 부부만 다녀온 누메아Noumea 여행 사진이 눈에 들어왔다. 무알코올 칵테일을 들고 한껏 웃음에 취한 모습. 재미있던 순간을 떠올리니 관계를 파괴로 몰고 갈 부정적 감정이 잠잠해졌고, 행복한 기억을 안고 가벼운 발걸음으로 집으로 향했다.

재미있는 기억에 나 자신을 밀어 넣은 건 현명한 처사였다.

연구에 따르면 함께 웃은 순간을 회상하는 것이 일반적인 회상보다 관계에 더 긍정적인 영향을 미친다고 한다.[12] 스탠퍼드 경영대학원의 제니퍼 에이커Jennifer Aaker는 함께 웃은 경험을 회상하는 커플이 그저 행복했던 순간을 회상하는 커플보다 관계 만족도가 20퍼센트나 높다는 사실을 발견했다. 배우자와 함께 웃고 키득거리는 행동은 긴장감을 풀고 친밀감을 높이며 의사소통을 개선한다. 회상은 나 혼자 시작했지만, 잠시 후 우리는 〈그랜드 디자인스Grand Designs〉(건물이나 집을 짓는 과정을 담은 영국의 텔레비전 프로그램-옮긴이)에 나가도 되겠다고 농담하며 함께 웃었다. 의견 차이가 있을 때도 웃음은 관계를 수리할 방법을 보여준다.

당신이 재미있는 사람이라면 더 유리하다. 우리 부부 중에서는 내가 더 재미있는 쪽이므로 나로서는 조건이 좋다. 물론 웃음에 경쟁은 없지만 독자들에게 내가 농담한 장면들을 보여줄 수만 있다면. 캔자스대학교 커뮤니케이션학과 부교수인 제프리홀Jeffrey Hall은 다음과 같이 말했다. "유머 감각이 있으면 좋습니다. 상대에게서 유머 감각을 찾을 수 있으면 더 좋고요. 그리고 가장 좋은 것은 함께 공유하는 것입니다." 유머야말로 관계를 지지하는 요소이며, 함께 웃는 순간순간은 더욱 소중하다. 〈배철러렛The Bachelorette〉(미혼 여성이 배우자를 찾는 리얼리티 프로그램-옮긴이)이든, 〈폴티 타워스Fawlty Towers〉(1975~79년에 방영된 영국 시트콤-옮긴이)든, 〈오피스The Office〉(영국에서 방영하고 후에 동명으로 미국에서 리메이크한 시트콤-옮긴이)든, 무언가를 보며 웃을 때도 공통된 유머 감각을 공유하는 것이 중요하다. 이는 '잘 살기'와 '생존'을 합한 '잘생존' 관계 기술로, 함께 있을 때 재미와 장난스러움을 불러와 서로 편안함을 느끼게 된다. 우리 모두 이것이 무엇을 낳는지 잘 알리라.

바로 웃음의 전염이다. 전염성 있는 웃음을 경험한 유일한 종은 호모사피엔스라고 전해지며, 어쩌면 교회와 여러 제도가 수세기 동안 웃음을 금한 이유일지도 모른다. 성적 열망과 비슷하게, 통제하지 못하는 행위라면 이로울 수 없다는 믿음 때문이다. 특히 어릴수록 웃음에 전염되기 쉽다. 웃으면 안 되는 상황에서 완전히 '자지러지듯' 웃은 적이 있을 것이다.

생생하게 기억하는 날이 있다. 율법 아래에서 성인 여성 즉 바트 미츠바Bat Mitzvah가 되기 위한 유대교 의식을 치르는 날이었다(여자는 보통 만 12세가 될 때 이 의식을 치른다-옮긴이). 드디어 정당하게 공동체의 기도를 이끌 수 있다는 생각에, 몇 달 동안 신나게 그 의식을 준비했다. 의식이 시작되자 나는 당당하고 자신감 있게 축복 기도를 읽고, 또랑또랑한 목소리로 기도서 내용을 읽었다. 그러다가 '송축하리라' 대신 "똥축하리라"라고 말해버렸다. 친구가 내 의도적 실수를 알아차릴지 궁금한 나머지 유혹을 뿌리치지 못하고 친구 얼굴을 힐끗 본 순간, 나부터 웃음보가 터지려 했다. 나도, 친구도 참으려고 안간힘을 썼지만 소용없었다. 그러자 여기저기서 킥킥거리는 소리가 새어 나왔다. 다행히 랍비가 개입해 신자들에게 함께 기도하자고 손짓했고, 그동안 나는 웃음을 추스르며 기도서에 집중했다. 성인이 되는 거사를 재미있게도 치렀다.

웃음의 전염성은 이미 잘 알려져 있다. 1950년대에 〈행크 매쿤 쇼The Hank McCune Show〉는 방청객 없는 TV 프로그램에 처음으로 웃음소리를 집어넣어 혁신을 일으켰고, 그 후 웃음소리는 많은 시트콤에서 고정적으로 사용되고 있다. 녹음된 웃음소리는 다소 인위적으로 들리긴 하나 시청자들이 관객석에서 함께 웃는 듯한 기분을 느끼게 한다. 나는 이 웃음소리와 방청객 소리에 너무 익숙해져 있어서 그것들이 TV 프로그램 분위기에 얼마나 영향을 미치는지 몰랐다. 그러다 팬데믹 동안 스튜디오 방청객도, 웃음소리도 없이 방영된 숀 미칼레프Shaun Micallef의 〈매드 애즈 헬Mad As Hell〉이라는 코미디 프로그램을 보며 깨달았다. 전에는 배꼽을 잡고 웃었을 텐데 이상하게 웃기 힘들었고, 그제야 웃음소리가 웃음 유도에 얼마나 중요한지 알게 된 것이다.

우리 스스로 웃음을 유도할 수도 있다. 실질적인 웃음 처방을 원하는 의료계에 부응하여, 영국 볼턴대학교의 프리다 고넛-슈핀스키Freda Gonot-Schoupinsky는 하루에 최소 1분 동안 웃게 하는 '라피Laughie'를 개발해냈다. 라피는 셀피(셀프 카메라)와 비슷한 개념이지만 자기 사진을 찍는 대신, 1분 동안 자신의 웃음소리를 핸드폰에 녹음한 후 재생해 들으며 또 웃음을 터뜨리는 방법으로 선순환을 불러온다. 이 연구에 따르면 420명의 실험자 중 89퍼센트가 1분 내내 웃는 결과를 보였다. 참가자의 반이 자기 웃음

이 '자가 중독성'이 있다고 말했고, 그보다 더 많은 사람이 라피가 도움이 된다고 말했다.[13]

많이 웃을수록 더 많은 웃음을 불러온다. 탄자니아의 어느 여학교에서 벌어진 '웃음 전염'에 관한 믿기지 않는 이야기가 있다. 1962년의 일이다. 여학생 세 명이 킥킥 웃기 시작했는데 웃음을 멈출 수가 없었고, 이 웃음은 곧 95명의 학생에게 퍼졌다. 눈물까지 쏙 빼는 주체하기 힘든 웃음 때문에 한두 달 뒤 학교가 잠시 문을 닫아야 할 정도였다. 그 시기 웃음이 널리 퍼지는 증상이 다른 학교와 다른 지역에도 나타났고, 2년 반 뒤에는 이 영향을 받은 사람이 거의 1000명에 달했다. 끝없이 웃는 이 집단 히스테리는 새 공화국이 들어서면서 생긴 스트레스(탕가니카는 1962년 탕가니카공화국이 되었으나 1964년 잔지바르와 합병하며 탄자니아합중국이 되었다-옮긴이)와 관련이 있었다고 전해진다.

거울 신경세포 작동시키기

거울 신경세포가 작동하도록 연습해보자. 파트너와 마주 보고 앉아, 과학 실험이라는 사실은 말하지 않은 채 자연스럽게 대화를 시작한다. 신체에서 어떤 변화가 일어나는지 관찰하자. 서로 움직임을 따라 하게 되는가? 미소를 짓거나 웃을 때 파트너는 어떤 반응을 보이는가? 행동에 전염성이 있는가? 그렇다면 거울 신경세포가 잘 활성화되고 있다는 신호다.

웃음 수업

'웃음 전염'이 일어나려면 웃음소리를 들어야 할 뿐 아니라, 거울 신경세포가 작동하게끔 웃는 모습을 봐야 한다. 이를테면 다른 사람의 웃는 모습을 보면 덩달아 웃음을 떠올린다. 그 사람이 왜 웃는지 생각조차 하지 않아도 즉각적으로 자연스럽게 일어나는 현상이다.

 나는 거울 신경세포의 웃음 효과를 직접 보았다. 몇 해 전, 나는 멜버른의 큰 병원에서 투석 치료를 받는 환자들을 상대로 세계 최초 웃음 요가 연구 프로젝트를 진행하는 팀의 일원이 되는 행운을 거머쥐었다. 처음 투석 병동에 발을 딛는 순간, 축 가라앉은 분위기에 사뭇 놀랐다. 옛날 컴퓨터만 한 혈액 여과 기계가 환자들 시야를 가렸기에 웃음 요가의 효과에 매우 중요한 눈 맞춤은 거의 불가능했다. 환자들의 한쪽 팔은 대부분 기계에 묶여 있었고, 몇몇은 사지가 절단되어 있거나 신장 질환 관련 장애를 안고 있었다. 나는 웃음 치료 효과를 의심한 적이 없었지만 그때만큼은 성공을 장담하기 힘들었다.

 하지만 다른 웃음 치료사들과 훌륭한 간호사들의 지원으로, 웃음과 빛이 순식간에 병동을 바꿔놓았다. 프로그램이 끝날 무렵 어느 남성 환자의 웃음 요가 체험 후기가 궁금해졌다. 프로그램 초반에 슬픔에 가려 어둡고 칙칙했던 그의 눈이 시간이 지나면서 반짝이기 시작했기 때문이다. 그의 얼굴을 내리비추는 환한 조명이 있는 줄 알고 이리저리 둘러보기도 했지만, 내 눈에 보이는 것은 평범한 병원 조명뿐이었다. 여전히 기계와 연결되어 있었는데도 그의 거울 신경세포는 활성화되어 기쁨과 함께 빛이 났다.

웃음은 대화에서 주로 발생하고 전염성이 있는데, 이런 특징은 황혼기에 웃음이 줄어드는 이유를 잘 설명한다. 웃음을 듣고 볼 기회가 줄기 때문이다. 웃음이 구두점 효과를 내려면 대화를 해야 한다. 따라서 굳이 광대를 부를 필요 없이 수다를 떨 약속만 잡아도 외로움과 사회적 고립을 줄이고 싱긋 웃을 가능성을 높인다. 개인적, 직업적 이유로 실버타운에서 오랜 시간을 보내면서 나는 외로움을 아주 가까이서 관찰해왔다. 그 와중에 재미있는 '노인들의 채팅' 은어도 많이 배웠다. 베프기(베스트 프렌드가 기절했어), 자이자가(자기 이는 자기가 가져오기), 틀빠웃(틀니가 빠지도록 웃다), 바심배충간(바이, 심장 박동기 배터리 충전하러 간다). 재미있지 않은가?

원래 우리 어머니는 실버타운에 들어갈 계획이었지만, 알츠하이머로 건강이 급격하게 나빠지며 결국 무산되었다. 어머니는 아버지와 시간제 간병인의 따뜻한 보살핌을 받다가, 6주 정도의 짧은 기간 동안 병원에서 의식을 잃었다 차리기를 반복했다. 의사는 마지막이 다가오고 있으니 마음의 준비를 하라고 조언했고, 미국에 사는 여동생도 귀국하기로 했다. 의식이 또렷하게 돌아온 어머니를 보고 우리는 어머니날의 기적이라고 생각했지만 이는 오래 지속되지 않았다.

태평양을 건너 내 동생 내털리가 도착했을 때 어머니는 의식을 잃은 상태였기에, 딸이 당신 곁을 지키기 위해 지구 반 바퀴를 돌아온 것도 알지 못했을 것이다. 부랴부랴 오느라 갈아입을 브래지어를 챙기지 못했다고 동생은 한숨을 쉬었다. "어떡하니. 지금처럼 힘든 시기에 지지대가 필요하겠네"라고 내가 대꾸했다. 1초간의 정적 후, 상심에 빠진 아버지를 비롯해 농담을 이해한 가족 모두가 갑자기 웃음을 터뜨렸다. 그리고 놀랍게도 어머니 얼굴에 잔잔한 미소가 번졌다. 농담이 재미있어서였을까, 웃음의 전염성 때문이었을까? 무엇이 어머니의 무의식에 파고들었는지 모르지만, 어머니의 마지막 미소는 실로 마지막 축복이었다. 유머에 둘러싸인 채 우리는 기쁨과 안도의 눈물로 슬픔을 진정시킬 수 있었다.

●

요람에서 무덤까지, 그리고 지구 곳곳 어디가 되었든, 웃음 효과는 우리가 잘 살 수 있도록 도와준다. 우리는 평생 미소 짓고 웃도록 만들어졌다. 인간이 외부 세계와 유대감을 형성해 타인과 있는 순간에 집중하게 해주는 유전 법칙으로, 나이가 들수록 정신은 망각할지 모르나 몸은 잊지 않는다. 웃음의 힘은 기쁨, 사랑, 유대감의 정수에 우리를 붙들어둔다. 미국 수필가 애그니스 레플리어Agnes Repplier는 "우리는 함께 웃지 못하는 사람을 진정으로 사랑하지 못한다"라고 했다. 나는 '웃지 않으면 자신을 진정으로 사랑하지 못한다'라고 덧붙이고 싶다.

웃음 초상화 그리기

예술가인 척해볼 시간이다. 가지고 다닐 수 있는 작은 카드나 종이를 준비하자. 웃음에 흠뻑 빠진 느낌, 다시 말해 기쁨을 시각적으로 대변하는 그림을 그려 자기의 웃는 모습을 찾아보자. 세상 위에 서 있는 기분, 한껏 웃은 뒤의 기분, 또는 단순히 행복감을 불러일으키는 색이나 패턴을 그려도 된다.

그림이 완성되면 지갑이나 가방에 넣어 늘 가지고 다니자. 그럼 기분 전환이 필요할 때 의식적으로 꺼내어 볼 수 있고, 우연히 발견하여 예상치 못한 즐거움을 느낄 수도 있다. 아니면 냉장고나 책상 등 자주 눈길이 가는 곳에 붙여둬도 좋다. 사진을 찍어 핸드폰이나 컴퓨터의 바탕화면으로 설정해도 된다.

미소와 웃음이 일으키는 긍정적 감정을 의식적으로 상기하게 하는 좋은 도구가 될 것이다.

웃음 수업

비웃음당한 적이 있습니다. 당시 굉장히 언짢았던 마음이 생생히 기억납니다. 이런 일이 또 일어나면 어떻게 대처할까요?

우리 대부분은 살면서 이런 일을 겪는답니다. 부정적인 경험에 집중하지 말고, 한순간이었다는 사실을 기억하세요. 나를 판단하지 않는 편안한 상대와 있을 때 마음껏 웃음으로써 웃는 모습(자유롭게 웃고 가볍게 생각하는 면모)을 천천히 되찾으면 돼요. 언젠가는 비웃음당한 기억조차 우습거나 황당한 일이었다고 느끼는 날이 올 거예요.

예전에는 많이 웃곤 했는데 이제는 거의 웃지 않아요. 제 웃는 모습을 어떻게 되찾을 수 있을까요?

제가 아주 자주 받는 질문이에요. 스트레스가 쌓이면 일상적인 웃음 지수(소리 내어 웃는 정도)에도 영향을 미치지요. 어른은 웃음을 지나치게 깊이 생각하는 경향이 있답니다. 일부러 웃어도 좋다고 스스로 허락해주세요. 웃는 시간을 정하고 거울 앞에서 자신에게 따뜻한 웃음을 지으면 하루가 웃음 모드가 될 수 있답니다. 웃음요가 클럽에 가입하거나 재미있는 영화를 보며 키득키득 웃거나 큰 소리로 웃는 기회를 적극적으로 찾으면 어떨까요? (3장을 참고하세요.) 그러면 머리에서 가슴으로 웃음을 이동하고자 할 때 도움이 될 거예요. 또 책 뒤 '웃음 효과 직접 해보기'에 웃는 모습을 되찾는 여러 방법을 수록했으니 꼭 살펴보세요.

3
장

최고의
명약

The Laughter Effect

웃을 수 있을 때마다 웃어라.

공짜 보약이니.

● 바이런 경 Lord Byron

웃음을 약으로 정량화할 수 있을까? 그렇다면 무엇부터 시작해야 할까? 웃음은 병에 담을 수도 없고, 내용물을 실험실에서 분석하거나 측정할 수도 없지 않은가. (그래도 웃음을 담는 유리 시험관이 있다면 귀여울 것이다!) 웃음 연구를 하지 않는다는 말은 아니다. 오히려 급성장하는 분야이며, 스트레스가 심한 현대인의 삶에 해결책은 계속 필요하므로 웃음 연구의 인기가 높아지는 것은 당연한 결과다. 제약회사들은 21세기식 문제의 치료법을 찾기 위해 경쟁하고 있다. 2019년 7월부터 2020년 6월까지, 호주에서는 440만 명이 정신 건강 관련 의약품을 처방받았는데 인구의 17.2퍼센트에 달하는 수치다.[1] 전 세계를 강타한 팬데믹도 정신 건강에 엄청난 타격을 입혔으나, 다행히도 웃음은 이를 보완하는 접근법을 제시했다.

20세기 후반에 이르기 전까지 웃음은 몇몇 예외를 제외하고는 대체로 철학자와 박물학자의 연구 영역이었다. '웃음은 최고의 명약이다'라는 금언은 1300년대 프랑스 왕 필리프 4세의 주치의였던 앙리 드 몽드빌Henri de Mondeville이 한 말로 전해지며, 그는 수술이 끝나고 농담을 즐겨 했다고 한다. 또 "환자를 응원할 소중한 친구와 가족을 부르고, 재미있는 이야기를 하는 사람을 오게 함으로써 환자가 기쁨과 행복을 찾을 수 있도록 모든 치료 계획을 의사가 제어하게 하자"라고 설명하기도 했다. 웃음과 관련된 것이라면 무엇이든 지지하는 나지만, 대장암 수술을 받을 때 내 주치의가 드 몽드빌의 접근법을 사용하지 않아서 참 다행으로 생각한다. 마취 기술이 발명되기 4세기나 전이었으니, 그의 웃음 요법은 구제라기보다는 구식이 아닌가.

통증 완화를 위해 웃음을 활용한 경험을 토대로, 노먼 커즌스 박사가 《웃음의 치유력》을 집필한 1979년 이후에야 의학계는 진지하게 웃음을 치료법으로 고려하기 시작했다.[2] 앞서 살펴보았듯, 강직척추염에 걸린 커즌스 박사는 세균, 전염병, 박테리아가 득실거리는 병원에서 나와야겠다고 결심하고 자신에게 코미디 요법을 처방했다. 그의 책은 치료법으로서의 웃음을 입증한 최초 사례 연구다.

초기 웃음 연구는 전적으로 유머에 기반을 둔다. 비유머Non-humor 기반 웃음(의도적 웃음이나 흉내 내는 웃음)은 인도에서 웃음 요가가 탄생하며 1995년에야 소개되기 시작했다.

치료법으로서의 웃음은 다섯 가지로 분류할 수 있다.

- 진정한 웃음이나 즉흥적 웃음
- 자기 주도적 웃음이나 흉내 내는 웃음
- 유도된 웃음
- 병적인 웃음(질병이나 뇌 손상이 원인)
- **합법적인 수단**(웃음 가스라고 알려진 아산화질소 또는 대마초)으로 유도된 웃음

즉흥적이든 흉내 내든 웃음은 **호호, 하하, 헤헤**처럼 반복적인 발성으로 인식된다. 유도된 웃음의 방법인 간지럽히기에 관한 내용도 어느 정도 다루겠지만, 이번 장에서는 즉흥적 웃음과 흉내 내는 웃음에 초점을 맞추고자 한다.

즉흥적 웃음

즉흥적 웃음은 재미있는 일, 웃긴 영상, 농담, 광대를 보거나 듣고 나서 일어나는 즐거운 반응이다. 일례로, 돌아가신 우리 아버지가 가장 좋아한 재미있는 이야기가 있다(참고로 아버지는 의사였다).

환자 의사 선생님, 이 수술을 받고서 제가 피아노를 칠 수 있을까요?

의사 못 칠 이유가 없지요.

환자 잘됐네요! 예전에는 못 쳤었거든요.

흉내 내는 웃음

이 웃음은 유머를 사용하지 않는다. 이것은 몸으로 먼저 웃음을 짓고 마음이 따라오게 하는 방법이다. 따라서 긍정적이고 재미있는 감정에 의존하지 않는다.

웃음 요가를 대표하는 비유머 기반 자기 주도적 웃음은 손뼉 치기와 프라나야마 호흡법, 웃음 운동을 포함하며, 보통 집단이 함께 연습한다. 이렇게 하여 짓는 웃음을 우리 뇌는 진짜라고 믿는다. 한 가지 유의할 점은 '반드시 웃어야 합니다' 식의 강압적인 환경이어서는 안 된다는 것이다. 흉내 내는 웃음은 재미있는 일을 보고 유발되는 웃음은 아니지만, 여러 명이 모인 환경에서 행해질 때 큰 기쁨과 즐거움을 불러온다.

궁극적 스트레스 해소법?

가장 자주 연구되는 분야는 스트레스, 불안, 우울증에 미치는 웃음 효과다(유머 기반이든 비유머 기반이든). 스트레스 그 자체는 적이 아니지만, 우리가 대응하는 방법이 문제다. 스트레스에 가볍게 반응하면 기차가 궤도를 바꾸듯 스트레스 호르몬과의 투쟁-도피 반응(뇌가 에피네프린이나 아드레날린을 생성해 몸 전체로 보낸다)에서 벗어나, 신경세포로 메시지를 보내는 내부 모르핀인 베타엔도르핀을 방출함으로써 육체적 고통과 심리적 스트레스 신호를 가라앉힌다.

저명한 유머 연구자 리 버크Lee Berk 교수는 웃는 동안 일어나는 생화학물질의 변화가 괴로워할 때 일어나는 반응과 정반대라는 점을 밝혔다. 또한 웃음의 강도보다는 빈도수가 일상의 스트레스 완화에 더 강력한 효과가 있는 듯하다. 대학생 45명에게 특별히 고안된 애플리케이션을 사용하게 한 스위스의 어느 연구는 웃음의 빈도수와 강도를 매일 무작위로 여러 번 확인했고, 그 사이사이에는 스트레스를 유발하는 사건과 증상도 조사했다. 3개월 후, 연구자들은 스트레스 완화 측면에서 한두 번의 호탕한 웃음보다 자주 **키득거리는** 웃음이 훨씬 효과적임을 발견했다.[3]

공동체를 대상으로 진행한 일본의 어느 연구에서는 웃음을 빈도수, 기회, 사람들 사이의 상호작용, 이 세 가지 관점으로 평가했다. (우울증 증세, 사회인구학적 요인, 사회 참여도를 고려해 결과를 산출한) 이 연구에 따르면, 거의 웃지 않는 사람들의 주관적 건강 수치는 전반적으로 낮았다. 또한 스트레스가 원인인 심혈관 질환의 위험 수치는 자주 웃으면 낮아지고, 적게 웃을수록 높아질 가능성이 있다고 나타났다.[4]

흥내 내는 웃음과 즉흥적 웃음이 뇌와 몸에 미치는 영향

일본 연구자들은 흥내 내는 웃음과 즉흥적 웃음에 각각 다른 신경 경로가 있다는 점을 발견했다. 코미디 영화를 보는 참가자들을 대상으로 신경 영상을 촬영했는데, 즉흥적으로 웃을 때와 웃음/미소를 흥내 낼 때 각각 뇌의 다른 부분이 반응했다.[5]

오클랜드대학교에서는 즉흥적 미소와 흥내 내는 미소가 심혈관계에 미치는 영향을 연구했다.[6] 참가자 72명은 6분짜리 세 종류 실험 중 무작위로 한 가지를 지정받았다. 흥내 내는 웃음 집단은 가짜 웃음(자기 주도적 웃음)을 짓도록 지시받았고, 즉흥적 웃음 집단은 재미있는 영상을 보았고, 통제 집단은 유머가 없는 다큐멘터리를 시청했다. 실험이 끝난 후 스트레스 수치를 측정했다. 대부분 긍정적인 결과를 보여주었지만 가짜 웃음 집단이 심혈관에 확연히 좋은 영향을 받은 것으로 드러났다.

또 다른 연구는 적게 웃는 참가자들이 전반적인 사망률과 심혈관 질환에 걸릴 확률이 높다고 밝혔다.[7] **하하하**와 **아아**의 연관성을 보여주는 긍정적인 결과로, 웃음과 미소는 스트레스 호르몬을 낮추고 몸이 긴장을 풀도록 돕는다.

웃음과 면역 체계

장기간 스트레스에 노출되면 질병 및 감염과 싸우는 백혈구가 부족해지는 결과를 불러온다. 한편 많이 웃을수록 면역력을 높이는 새로운 백혈구가 만들어지고, 그 과정에서 림프아구 형성 Lymphocyte Blastogenesis이 증가한다. 림프아구는 종양과 바이러스를 파괴하는 자연 살해 세포Natural Killer Cell로, 외과 수술 없이 웃음 같은 방법으로 짧은 시간에 이것의 활동성을 높이면 감염이나 암에 대항하는 대단한 잠재력을 발휘한다.[8] 게다가 유머가 개입하면 병과 싸우는 단백질(인터페론 감마)이 만들어내는 유용한 항체와 T세포의 효과가 12시간 동안 지속된다. 더 많이 웃을수록 림프액 순환이 원활해져 질병과 싸우는 혈액이 더 잘 순환하도록 돕는다. 쉽게 말해, 박장대소가 면역 체계 모든 요소의 균형을 유지해 질병을 물리치도록 도와준다는 의미다.[9] 게다가 뇌에서 소화관까지 퍼져 있어, 부교감신경계를 활성화하도록 쌍방향 메시지를 전달하는 미주신경을 운동하게끔 하므로 우리를 차분하고 평안하게 만든다. 이 현상을 **긍정적 스트레스**Eustress라고 하는데, 우리가 감당할 수 있다고 느끼는 상황과 연관되므로 건강에 유익한 결과를 낸다.

통증 완화에 도움이 되는 건강한 유머와 황홀감

우리 기분을 좋게 만드는 신경전달물질인 엔도르핀은 기쁜 감정을 고조시키고 통증을 최소화하며, 일시적이지만 강력한 행복감을 유발한다. 유쾌한 감정을 높이는 웃음이 바로 그 엔도르핀을 분비시킨다.[10] 아이부터 성인을 대상으로, 한 번 낄낄 웃고 난 다음의 통증 내성을 조사하는 다양한 연구도 실행되고 있다.[11] 한 연구는 7~16세 아이들에게 재미있는 영화를 보여주며 시청 직전, 중간, 직후에 아주 차가운 물에 손을 넣게 했다. 그러

웃음 수업

고는 영화가 재미있다고 느낀 정도와 물에 손을 담그는 시간의 연관성을 측정했다. 재미있다고 느끼며 차가운 물에 손을 담근 아이들은 다른 아이들보다 손에 통증을 느끼는 정도가 덜했다. 그러니 입원으로 힘들어하는 어린아이, 청소년, 보호자를 즐겁게 해주는 광대 의사들이 소아 병동에서 인기가 많은 것은 당연하다.

플로리다 국제대학교의 제임스 로턴James Rotton 박사가 진행한 연구는 정형외과 수술을 받은 환자 중 코미디 영화를 본 집단이 일반 드라마를 본 집단보다 아스피린과 진정제를 요구한 횟수가 낮았다고 밝혔다. 웃으니 부러진 뼈도 철썩 붙어버린 것이 아닐까.

옥스퍼드대학교는 영국의 시트콤 〈미스터 빈〉을 이용해 유머가 통증을 완화하는지 아니면 단순히 혼란만 일으키는지를 연구했다. 1부 연구에서는 〈미스터 빈〉과 미국 시트콤 〈프렌즈〉, 그리고 골프 경기나 야생 관련 다큐멘터리처럼 유머가 아닌 프로그램도 시청하게 하여 지원자들이 약한 통증에 반응하는 정도를 측정했다. 통증 정도는 차갑게 얼린 와인 커버나 혈압 측정기를 참을 수 있을 때까지 팔에 조이는 수준이었다.[12] 진정한 고통은 와인 시음을 할 수 없다는 점이 아니었을까. 2부 연구는 에든버러 프린지 축제Edinburgh Fringe Festival에서 진행되었다. 실험 지원자들은 스탠드업 코미디나 연극 중 한 가지를 보았는데, 공연 직전과 직후에 그들은 등받이가 꼿꼿한 의자에 앉듯 다리를 모은 채 정자세로 벽에 등을 붙여 앉아야 했다. 혹시 모를까 봐 말하는데 나처럼 나이가 좀 있는 사람이 이런 자세를 하면 허벅지가 상당히 불편해진다. 이 연구에 따르면 15분 정도만 웃어도 엔도르핀이 분비되어 통증 내성이 10퍼센트 높아졌다. 하지만 엔도르핀은 속으로 웃는 웃음이 아닌, 소리 내어 웃을 때 눈에 띄게 많이 분비되었다. 한편 1부 실험에서 사용된 유머가 없는 일반 프로그램은 통증 완화 효과를 내지 못했고 프린지 축제의 연극도 마찬가지였다. 이 결과에 내 오랜 믿음이 확실해졌다. 첫째, 골프는 재미와 거리가 멀다. 둘째, 선택권이 있다면 연극 축제보다는 코미디 축제에 가자.

엔도르핀 분출은 숨을 연속으로 내쉴 때 근육이 격렬하게 운동하며 발생하는 자연스러운 반응이다. 웃을 때 갑자기 엔도르핀이 폭발적으로 많이 분비되는 이유가 납득이 된다. 숨을 쉬지 않은 채 웃어본 적이 있는가? 나는 아직 그런 사람을 본 적이 없다. 근육의 반복적인 활동인 웃음은 가벼운 유산소운동이다. 한바탕 실컷 웃고 나면 어떤 느낌이 드는가? 배 근육이 조금 피곤하고 턱이 아프며 숨을 헐떡이지 않는가? 통증을 완화하려면 많이 웃어라. 단 통증의 원인이 복부와 치아만 아니라면!

웃으며 몸매 만들기

몸매 만들기에 관심이 많은 독자라면 웃음 운동을 해보면 어떨까? 헬스장 회원권에 쏟아부을 돈을 절약할 수도 있다. 많이 웃을수록 호흡도 많이 한다. 그러면 혈액에 산소가 더 많이 공급되고 뇌와 몸에도 충분히 전달돼 통증과 근육 긴장도가 낮아진다. 또 신나는 호흡 연습은 횡격막과 호흡계, 복부와 얼굴 근육까지 탄력을 높인다.

내 말이 믿기지 않는가? 알람을 60초로 맞추고, 재미있는 일을 생각하며 웃거나 그냥 웃어라. 알람이 울릴 때까지. 그럼 약 120번 정도 하하하 웃는 셈이고 얼굴 근육과 복근에 피로감이 느껴질 것이다.

웃음학의 창시자 고故 윌리엄 프라이는 "웃음은 폐까지 내려가 깨끗하게 청소한다"라고 말했다. 단순히 호흡할 때보다 웃을 때, 폐는 이산화탄소 찌꺼기를 비롯해 신선하지 못한 공기를 내뱉는다. 천식 환자만 아니라면 더 많이 캑캑거리며 웃을수록 좋다. 웃음이 타액 내 면역글로불린A 농도를 높여 기도를 타고 들어오는 전염성 미생물을 막을 가능성도 커지고, 기침으로 이어져 점액을 청소하도록 도와주기도 한다(그래도 끈적한 세균을 다른 사람에게 퍼붓지 않도록 입을 가리도록 하자).

웃음으로 열량을 태우자

체중 감량 사업은 그 규모가 엄청나다. 2021년 호주 시장만 해도 자그마치 4억 5800만 달러에 달했다. 심지어 헬스장, 개인 트레이너, 운동 관련 기업만 평가한 수치다.

밴더빌트대학교 의료 센터에서 실시한 연구는 10~15분의 웃음이 10~40칼로리를 태운다고 밝혔다.[13] 웃음이 심박수를 10~20퍼센트 높이기 때문이다. 웃으면 신진대사가 활발해지므로, 웃음을 멈춘 뒤에도 열량이 소비된다. 웃음이 끊이지 않는 한 해를 보낼 때, 매일 웃음이 소비하는 열량을 계산하면 약 1.8킬로그램 감량이라는 결과가 나온다. 그러니 날씬해지고 싶으면 마음껏 웃자!

웃음 인터벌 훈련

일반적인 인터벌 훈련이 건강에 유익하다는 말은 들어본 적이 있을 것이다. 웃음 인터벌 훈련은 달리기 같은 육체적 활동을 웃음으로 대체한다. 이 훈련을 한 후 정신적, 감정적, 육체적 변화를 느끼는지 관찰하는 과학 실험을 하나 해보자. 혹시 어지럽거나 숨쉬기가 힘들어지면 정상 호흡으로 돌아가길 바란다.

1. 시작하기 전, 기분이 어떤지 머릿속으로 메모를 남기자. 피곤한가, 불안한가, 평온한가? 체온은 어떤가? 뜨거운가, 차가운가, 적당한 가? 심장은 얼마나 빨리 뛰는가? 몸 안에서 어떤 느낌이 드는가?

2. 타이머를 10초로 맞추자. 숨을 깊게 쉬고 나서 최대한 힘껏 소리 내어 웃자. 그리고 10초 동안 다시 깊이 숨을 들이쉬고 내쉬자.

3. 다시 숨을 깊게 들이마시고 20초 동안 힘껏 웃자. (20초라는 시간 이 짧아 보이지만 일단 시작하면 자꾸만 알람 시계를 보게 될 것이다.) 이제 20초 동안 다시 숨을 깊게 들이쉬고 내쉬자.

4. 마지막으로 한 번 더 웃을 준비를 하자. 타이머를 10초로 맞추고 최대한 신나게 웃은 다음 10초 동안 깊은숨을 들이쉬고 내쉬자. 자, 웃음 인터벌 훈련 한 세트가 모두 끝났다. 축하한다! 또 한차례 할 준비가 되었는가?

5. 정신적, 감정적, 육체적 변화를 느꼈는가?

이 실험으로 긍정적 결과를 경험했다면, 매일 잠깐이라도 시간을 정해 웃어라. 얼마나 큰 열매를 거두게 될지 상상이 되는가?
필요할 때마다 이 파워 웃음 훈련으로 스트레스를 날려버리자. 정신 건강에 좋을 뿐 아니라 유산소운동 효과도 볼 수 있다!

노인학과 웃음학

가벼운 유산소운동인 웃음 치료법은 몸을 많이 움직이지 않는 사람이나 노인에게 아주 적합하다. 스도쿠(숫자 게임)는 이제 넣어둬라. 미국 로마린다대학교에서 실시한 유머 기반 연구에 따르면, 웃음은 코르티솔 수치를 낮추므로 단기 기억력을 향상하고 수면과 기분에도 긍정적인 영향을 미쳐 삶의 만족도를 높이고 통증을 완화한다.[14]

정신과 육체 건강이 쇠퇴하는 인생의 황혼기는 감상적이고 슬프게 다가오기 마련이다. 사회적 고립이 만연하며, 심지어 노인 시설에서도 상황은 별반 다르지 않다. 모든 노인이 그렇다는 말은 아니다. 세상을 떠나는 날까지 건강하게, 자기 집에서 사랑하는 사람들과 웃으며 사는 축복받은 사람도 있지만 안타깝게도 소수에 불과하다.

이런 상황을 개선하기 위해 노인 광대Elder Clowns, 웃음 요가 수행자, 웃음 보스 역할을 하는 다양한 사람과 여러 전문가가 웃음 효과를 직접 실천하고 있다. 캐나다 연구자들은 치매 노인 센터에서 활동하는 광대들이 환자, 가족, 의료진의 삶의 질을 높이는 데 도움을 준다고 밝혔다. '웃음 감각'을 연결해줌으로써 오래 잊고 있던 기억을 되찾아주고 인지 기능과 소통 능력을 향상시키기 때문이다.[15] 웃음 보스와 노인 광대의 시드니 복합 지역 개입 연구Sydney Multisite Intervention of Laughter Bosses and Elder Clowns study, SMILE에서는 노인 시설 직원들이 웃음 보스가 되는 훈련을 받은 후, 전문 유머 치료사인 노인 광대와 함께 일한다.[16] 이 연구에 따르면 웃음 활동과 유머를 적극 받아들여 더 많이 웃는 노인들은 우울감을 경험하는 정도가 낮았다고 한다. 또한 사회 참여도와 삶의 질에 관한 주관적 평가 점수가 높았으며, 행동 장애나 불안감은 감소했다.

라트로브대학교에서 함께 근무한 줄리 엘리스Julie Ellis와 나는 '신나게 웃자Laugh Out Loud'라는 시험용 프로그램을 노인 거주 시설 (우리나라의 실버타운과 비슷한 개념-옮긴이)에서 실시해보았다.[17] 우리는 6주간 빅토리아주의 여러 노인 거주 시설에서 일주일에 한 번씩 8~12명을 대상으로 30분짜리 웃음 요가 모임을 진행했다. 매주 모임 전후로 혈압을 쟀고, 자기 보고 설문지를 사용해 긍정적, 부정적 영향과 행복도를 조사했다.[18] 설문지에 스스로 글을 쓰지 못하는 노인들은 직원의 도움을 받았다. 첫 모임이 끝나고 참가자들의 혈압을 재던 젊은 간호사의 놀란 표정을 나는 잊지 못한다. 참가자 대부분 혈압이 상당히 내려갔기 때문이다. 웃음 요가는 다른 유산소 활동과 마찬가지로 처음에는 혈압이 올라가지만, 몸이 서서히 적응하며 다시 내려간다고 간호사에게 설명해주었다.

연구 결과는 참가자들이 긍정적인 기분을 느끼고 주변 환경과 더 즐겁게 소통한다는 사실도 보여주었다. 열의와 민첩성은 높아지고 무기력감과 슬픔은 줄어들어, 전반적인 행복도가 상승했다.[19] 내 마음이 느끼고 내 눈이 직접 보았기에 설문 결과를 기다릴 필요도 없었다. 모임이 끝나면 나를 안고서 언제 또 오는지 물으며, 웃게 해줘서 고맙다고 감사를 표하는 이들도 있었다. 슬픔의 눈물이 기쁨의 눈물로 바뀌는 순간이었다. 웃음은 몸에 좋은 약일 뿐 아니라, 그들의 기운을 돋우고 영혼을 어루만졌다.

콜롬비아에서는 노인 요양 시설 거주자를 대상으로 병원 광대Hospital Clowns의 웃음 치료 프로그램이 우울함과 외로움에 미치는 영향을 연구했다. 그러자 거주자들의 우울감은 현저히 줄어들었지만 외로움 정도에는 큰 변화가 없었다. 우울감과 외로움의 차이를 보여주는 중요한 발견이었다. 웃음은 인간관계를 개선하고 우울감을 줄이지만, 공허함을 모두 채워주지는 못했다.[20]

우울감을 느끼는 노인 여성을 대상으로 한 이란의 어느 연구에서, 웃음 요가가 우울감 개선과 삶의 질 상승에 단체 운동만큼이나 효과가 있음이 밝혀졌다.[21] 유산소운동 형태인 두 방법 모두 도움이 되었지만, 웃음 요가를 실행한 집단이 단체 운동 집단보다 삶의 질 상승 측면에서는 결과가 더 좋았다. 이란에서 진행된 또다른 연구는 8주 동안 일주일에 두 번씩 웃음 요가 수업을 받는 은퇴 여성 집단과 그렇지 않은 통제 집단을 조사했다. 그 결과, 두 집단 사이에 불안감과 우울감 차이가 드러났다.[22] 통제 집단의 불안감은 증가한 반면 웃음 요가 집단의 불안감은 감소했으며, 우울감도 4주 차부터는 웃음 요가 집단이 통제 집단보다 낮아졌다.

우울감과 불안감을 완화하고 싶다면 유머 기반보다 비유머 기반 요법을 선택하라. 놀랍게도 비유머 기반 요법이 두 배나 효과적이다.[23]

'웃음 줄이기 효과'

웃음 효과의 반대를 생각해보자. 웃음 빈도수를 줄이면 우울증 증세가 나타날까? '웃음 줄이기 효과'라고 할 수 있겠다.

디킨대학교에서 투석 환자를 대상으로 몇 가지 가설을 실험했는데, 나는 제한된 웃음 관련 연구에 참여했다.[24] 투석을 받는 환자들은 통계상 다른 만성질환 환자들보다 장애 보정 생존 연수Disability-Adjusted Life Years(어떤 질병으로 인해 건강하게 사는 기간이 사라진 정도를 수치화한 것-옮긴이)가 훨씬 높다. 신장은 몸의 독성을 제거하는 데 중요한 역할을 하므로, 신장이 제 기능을 하지 못하면 몸에 온갖 문제가 생긴다. 몸이 자연 해독을 하지 못하므로 투석 치료를 꼭 해야 한다. 환자는 죽을 때까지 일주일에 세 번, 하루에 최대 다섯 시간 동안 혈액 필터기와 연결되어 있어야 한다. 여행은 투석 병실이 있는 곳으로만 갈 수 있으니 사교 생활에 지장을 주고, 정규직 근무도 하기 어렵다. 그러니 우울증이 흔할 수밖에 없다.

비유머 기반 웃음 치료법을 사용하는 이유는 재미있는 상황에 의존할 필요가 없다는 점 때문이다. 모내시 공공병원Monash Health public hospital에서 4주 동안 30분짜리 웃음 요가 수업이 일주일에 세 번 진행되었고, 참가자들의 삶의 질, 주관적(자기 평가) 웰빙 지수, 혈압, 근 경련, 폐 기능을 측정했다.

병실에 웃음소리가 울렸다. 무슨 영문인지 궁금해 고개를 쑥 들이미는 사람들도 있었다. 간호사, 의사, 환자 모두 웃음에 푹 빠졌고, 웃음 활동에 참여하고자 했다. 전염성이 강한 이 긍정적인 분위기는 병원에 있는 모두에게 널리 퍼져도 좋은 유일한 것이었다. 연구 결과가 보여주듯, 환자들은 말 그대로 행복을 향해 웃었다. 이렇게 엔도르핀, 도파민 같은 기분 좋은 신경 화학물질이 분비되도록 자극하면 행복도를 높이고 평온함을 되찾을 수 있다.

초조함을 가라앉히는 웃음

속이 울렁거리는 불안감을 가라앉히는 데 배꼽 웃음만큼 좋은 것도 없다. 대장 수술 후 12개월이 지난 시점에 나는 모든 것이 정상인지 확인하는 CT 촬영을 해야 했다. 주치의는 전부 정상이지만 전에는 보지 못했던 작은 반점이 하나 보인다고 했다. 뭐라고? 반점? 위장 전문의에게 진료받아야 한다는 말에 가슴이 철렁 내려앉았다. 위장 전문의는 스캔 결과를 훑어보더니 괜찮아 보인다고 했다. 그러나 예전에 직장에서 떼어낸 조직을 보고도 괜찮을 거라고 말했던 의사여서 믿음이 가지 않았다. 의사는 제대로 확인하기 위해 MRI 촬영을 하자고 권하면서도, 지난해에 내가 이미 방사선에 많이 노출되었으니 3개월 정도 지켜보자면서 너무 걱정하지 말라고 다독였다. 좋은 의도로 한 말이었겠지만, 쿵쾅대는 내 심장을 가라앉히지는 못했다. 더 심해지지 않기만을 바랄 뿐이었다.

그 후 보이지 않는 곳으로 밀어버리고 싶었던 지난해 끔찍한 기억들이 홍수처럼 나를 덮치곤 했다. 그럴 때 두려움을 가라앉히고 감정 상태 통제에 도움이 된 두 가지 훈련법이 바로 의도적 웃음과 깊은 호흡이었다. 혼자 운전하다 신호등 앞에서 멈추면 초록불로 바뀔 때까지 소리 내어 웃었다. 자동차 창문 밖에서 나

스트레스가 아니라 웃음 느끼기

1. 목에 손을 살포시 얹고 **헤헤헤** 하고 가볍게 웃으며 진동을 느껴보자.

2. 이제 숨을 들이쉬며 산소를 보충하고 웃음을 가슴 깊은 곳으로 보내자. 그다음 한 손을 가슴에 얹고 **하하하** 웃자. 가슴 안에 있는 웃음이 느껴지는가?

3. 마지막으로 이 웃음을 더 깊이, 복부로 보내자. 숨을 들이쉬며 두 손을 배에 얹고, **호호호** 소리 내며 웃음을 내뱉자.

4. 스트레스로 억눌리는 기분이 들 때마다 이 연습을 여러 번 되풀이하자.

를 본 사람은 분명 스피커폰으로 친한 친구와 이야기하며 웃는 줄 알았을 것이다. 매일 하는 명상 중에도 웃음을 추가했다. 규칙적으로 더 많이 웃음을 터뜨릴수록 가슴을 조이는 불안감도 줄어들었다. '모두 정상'이라는 감사한 결과를 받는 순간까지 긴장감이 완전히 사라지지는 않았지만, 그래도 마음속에서 우르르 쾅쾅 몰아치는 천둥만큼은 몰아낼 수 있었다.

만성질환은 신체적, 감정적, 정신적으로 우리에게 큰 타격을 준다. 암을 비롯한 만성질환 환자에 관한 여러 연구 결과는 자주 불안감에 시달린 내 경험을 그대로 반영한다. 한국에서 진행된 한 연구는 유방암 환자들에게 웃음 치료법을 실행했다. 그들은 손뼉 치며 리듬에 맞춰 웃기, 오래 웃기, 온몸으로 웃기, 가볍게 춤을 추며 웃기(차차차 동작과 **하하하** 웃음의 결합)를 하도록 지시받았다. 웃음은 스트레스, 우울감, 불안감을 줄여줬는데 심지어 단 한 번의 수업으로 그 효과가 확연히 드러났다.[25] 이 연구는 수많은 웃음 방법이 사용되고 있는데도 웃음 효과에 관해 총체적인 결론을 내야 하는, 웃음학자들이 직면한 도전 과제를 더욱 여실히 보여준다.

✦ ✦ ✦ 장에 좋은 웃음 ✦ ✦ ✦

불안감은 길들이기 어려운 야수다. 머릿속에서 시작되지만 몸 전체가 장악되고 만다. 불안은 감정, 기분, 식욕, 소화를 주관하는 데 중요한 역할을 하는 세로토닌을 감소시킨다. 세로토닌 수용체는 뇌보다 소화기관에서 더욱 많이 발견되는데, 바로 그래서 과민대장증후군에 시달리는 사람들이 불안과 우울감을 자주 느끼는 것이다. 이란의 어느 연구는 배꼽을 잡는 웃음이(폭소) 배에 좋으며, 웃음 요가는 위장 내 증상을 줄이는 데 항불안제보다 더 효과적이라는 사실을 발견했다.[26]

웃음 유전자

웃음은 웰빙과 연관 있는 신경전달물질을 자극해, 침울해 있는 소화기관을 변화시킬 뿐 아니라 유전자마저 바꾸기도 한다.[27] 일본에서 진행한 한 연구는 인슐린에 의존해야 하는 이형당뇨병 환자들을 두 집단으로 나눠, 마음 상태가 병세에 미치는 영향을 조사했다. 한 집단은 지루한 60분짜리 강연을, (운이 좋은) 다른 집단은 코미디를 시청하기로 하고 시청 전후로 혈당을 측정했다. 강연을 본 집단에 비해 코미디를 본 집단은 인슐린 주사를 맞아야 할 필요성이 크게 감소한 것으로 나타났다.

유익한 점이 또 있다. 연구자들은 웃음만으로 23개 유전자 발현이 달라졌다는 사실을 발견했다! 고조된 기분 덕분에 뇌가 세포에 새로운 신호를 보내, 혈당을 자연적으로 조절하게끔 유전자를 변화시킨 것으로 보인다.

웃음 빈도수는 임신을 원하는 여성에게도 아주 중요하다는 사실이 드러났다. 체외수정을 시도하는 이스라엘 여성들을 대상으로 한 연구에 따르면 시술 직후 15분 동안 병원 광대를 본 여성들은 그중 36퍼센트가 임신에 성공했고, 보지 않은 여성들은 20퍼센트만 성공했다.[28] 임신을 계획하고 있다면 생식능력까지 있는 웃음을 실컷 터뜨리자. 밑져야 본전이고, 운이 좋으면 생명까지 얻는 셈이니!

무기력에서 에너지 재충전으로

피로감은 진을 빼기 마련이다. 20대 내내 만성피로 증후군에 시달린 나로서는 너무나 익숙한 기분이다. 그러다 웃음 요가를 경험하며 활기를 되찾은 느낌을 받았고, 그렇게 웃음 요가 여정이 시작되었다. 라트로브대학교에서 건강 증진을 공부하는 한 학생이 찾아와 스트레스, 불안감, 피로감을 측정하는 웃음 요가 프로젝트를 지도해달라고 요청했을 때 나는 정말 신이 났다. 학년 말이 다가와 특히나 스트레스에 시달리며 흐리멍덩한 눈동자를 끔벅대던 학생들이 대상이었다. 학년 말 시험 4주 전부터 10~12명 학생들과 매주 40분 동안 웃음 요가 모임을 진행했고, 모임 직전과 직후에 스트레스, 불안감, 피로감에 관해 묻는 설문지를 완성하게 했다. 많은 학생이 모임 후 1~2일 동안 수면 질이 높아졌으며, 공부할 동기가 상승하고 정신이 더 맑아졌다고 답했다. 웰빙 수준이 높아지고 심리적 고민과 피로감은 낮아진 것이다. 이 프로젝트를 열심히 준비하고, 기획하고, 실행하고, 사후 평가한 학생도 무척이나 보람을 느꼈다고 한다.

우리 뇌를 바꾸는 웃음

덴마크 태생 미국 코미디언 빅터 보르게Victor Borge는 "웃음은 두 사람 사이 거리를 가장 좁히는 방법이다"라는 유명한 말을 남겼다. 지금껏 살펴보았듯, 웃음은 구두점 역할을 하므로 불편한 침묵과 어색한 만남을 부드럽게 메운다. 그런데 가상 웃음 렌즈를 끼면 세상을 보는 방법조차 완전히 달라진다는 사실을 아는가? 뇌가 착시를 처리하는 과정을 연구하던 호주의 신경과학자 잭 페티그루Jack Pettigrew는 신나게 웃을 때, 그림을 인식하는 방법도 바뀐다는 사실을 알아냈다.[29] 실험 도중 피험자 한 명에게 농담을 하다 우연히 발견한 결과였다. 신경과학자가 어떤 농담을 할지 상상이나 해보자. 아마 이런 것이 아닐까?

질문 뇌는 왜 목욕하기 싫어할까요?
답 머릿속이 백지장처럼 하얗게 변할까 봐요.

조금 썰렁했나. 다시 뇌로 돌아가서, 네커 큐브Necker Cube(단순한 선으로만 그린 정육면체를 실제 정육면체로 인식하는 현상) 같은 착시 현상은 다른 두 방향에서 동시에 정육면체를 본다고 느끼게 한다. 페티그루는 웃는 동안 뇌가 이미지들을 함께 섞으므로 착시 현상이 없어지고 2차원적인 그림만 본다는 사실을 발견했다. 그는 "만약 두 버전이 함께 보인다면, 좌뇌와 우뇌로 동시에 본다고 생각하면 됩니다"라고 결론지었다. 과학적으로는 '웃음이 양안 경합Binocular rivalry을 없앤다'라고 할 수 있는데, 인식 능력이 각 눈에 보이는 다른 이미지를 부드럽게 섞는다는 의미다. 웃음은 뇌 상태를 수정하고 우리 인식을 바꾼다. 직접 해봐도 좋다. 종이에 네커 큐브를 그려보자. 누군가에게 보여주며 농담을 하고 어떤 일이 일어나는지 관찰하자.

연구자들은 MRI를 사용해 신나게 웃는 동안 뇌 활동을 살펴보았다. 재미있는 것을 보고 웃는 피험자들은 양쪽 뇌에서 감마파가 발생했고, 웃는 행동 또는 단순히 유머를 즐기는 행동은 기쁨과 보상을 느끼게 하는 엔도르핀과 도파민을 생성했다. 이런 긍정적인 호르몬이 높아지면 뇌파, 특히 신경 진동Neural Oscillation이 증가한다. 다시 말해, 뇌 전체가 운동한다는 의미다. 리 버크 교수는 이 현상을 '몰입 상태'라고 이름 붙였다.[30] 웃음 효과는 깊은 명상 상태에 있는 사람들이 경험하는 뇌의 주파수를 즉각 생성한다.

웃음과 장수

이제 시급한 질문을 해보자. 웃음이 장수의 비결일까? 그럴 가능성이 높아 보인다. 히스패닉계 미국인과 유럽계 미국인 어머니를 대상으로 한 어느 연구에 따르면 미국 사회에서 사회경제적, 심리적으로 불리한 점이 있는데도 히스패닉계가 다른 집단보다 기대 수명이 높았다. 이 연구는 대화를 더 많이 하는 히스패닉계 어머니가 유럽계 백인 어머니보다 더 많이 웃으며, '라틴계 건강 역설The Latinx Health Paradox'로 알려진 현상을 낳는다고 밝혔다.[31] 히스패닉계 엄마들의 대화 솜씨가 더 많은 웃음으로 이어진다는 뜻이다. 이 연구는 적게 웃을수록 노년기에 기능장애를 겪을 확률이 높다는 사실도 밝혔다. 웃지 않는 노인일수록 통증이 심하고 거동이 어려우므로, 자물쇠를 채우거나 타자를 치거나 단추를 잠그는 등의 일상적인 일은 물론이고 섬세함이 필요한 일도 하지 못할 가능성이 더 크다.[32]

웃음 수업

최고의 명약?

웃음은 신체적, 감정적, 사회적, 정신적으로 매우 유용하다. 그러나 과연 웃음을 최고의 명약이라고 결론 내려도 좋을까? 치료법으로서의 웃음을 연구하는 과학은 상대적으로 새롭게 떠오르는 분야이며, 동일한 웃음 공식을 적용한 더 많은 자료와 연구가 필요하다. 일반적인 신체 운동을 하는 차차차 집단과 웃음 운동을 하는 **하하하** 집단으로 나누듯, 웃음 집단과 다른 집단을 분리하도록 실험에 통제 집단을 더 추가해야 할 것이다. 지금으로서는 여러 연구 방법론과 설계가 뒤죽박죽 섞여, 웃음 연구의 신뢰도를 떨어뜨리기도 한다.

그런데도 웃음 치료법은 분명 의학적으로 유익한 점이 있으며, 나이와 능력에 상관없이 모든 사람에게 적용할 수 있다. 말장난, 언어유희, 지적인 농담과 같은 말하기 능력에 의존하지 않는 비유머 기반 웃음은 특히 노인이나 인지능력이 약화된 사람에게 적합하다. 이 접근법은 대부분 사람에게 안전하며, 즐거운 보충 교육이기도 하다. 하지만 모든 약이 그렇듯 올바르게 복용해야 한다. 한번 '하' 하고 웃었다고 갑자기 병이 낫지는 않을 것이다.

치료법이 보여주는 긍정적인 결과가 웃음 자체 효과인지 다른 요인의 영향인지 분별해 정확한 답을 내리려면 기술의 도움을 받아야 할 수도 있다. 이를테면 스마트폰으로 얼굴이나 음성을 인식하거나, 근전도 측정기 같은 최신 기계로 호흡과 횡격막 기능을 평가해 웃음을 정확하게 측정할 수 있다.[33] 이런 기술은 적절한 '복용량'을 정하는 데 도움이 될 것이다. 현재 추천하는 정도는 하루 최소 15분으로, 온종일 조금씩 웃거나 한 번에 실컷 웃는 방법이 있다.

웃음의 힘을 믿지 않는 냉소적인 사람들에게 내리는 처방도 있다. 건강 관련 전문가들은 정원 가꾸기, (건강식) 요리 교실, 봉사 활동, 예술 활동, 다양한 수업과 운동 등 여러 사회 활동 처방을 내리고 있는데, 여기서 더 나아가 웃음 처방으로 확장해야 한다는 의견이 의료계 일부에서 지지를 받고 있다.[34] 이 일부 의료진은 다른 사람들과 웃을 수 있는 온라인 또는 오프라인 웃음 공동체(웃음 요가 공동체가 가장 인기가 많다)에 참여하기를 권한다. 마지막으로 웃음 요가 수행자이자 웰빙 교육가이며 《사랑, 웃음 그리고 장수Love, Laughter, and Longevity》의 저자인 재니 고스Janni Goss가 내린 웃음 처방을 공유하고자 한다.

미소를 나누세요.

나쁜 소식은 피하고 좋은 소식을 찾아보세요.

당신 삶에 있는 사람들, 특히 아이들과 함께 놀고 웃고 즐기세요.

텔레비전, 영화, 라디오, 팟캐스트, 인터넷으로 코미디를 더 많이 접

웃음 수업

하세요.

낙관적인 사람이 되어 삶에서 희망을 품으세요.

유머 감각을 키우도록 연습하세요.

스트레스를 푸는 데 유머를 활용하세요. 스스로를 놀려봐도 좋아요.

웃음 클럽을 찾고 웃음 요가를 경험해보세요.

웃음이 자꾸 달아나면 도움을 요청하세요.

웃음의 이로운 점에 감사한 마음을 표현해보세요.

웃음이 건강에 주는 이로움은 몇몇 의약품의 효험을 뛰어넘어(연구로 증명도 되었다) 의료계의 부러움을 사기도 한다. 웃음이 더 복잡한 행동이었다면 과학계에서 성공 증거를 기꺼이 받아들였을 것이고, 웃음으로 돈까지 벌어들이려고 했을 것이다. 언제든 웃을 수 있는데 알약에 굳이 웃음을 넣을 필요가 있을까. 어느 의사는 이렇게 말했다. "국거리 대신 웃음거리를 푹 끓이면 웃음국이 됩니다. 뼈에 좋아요." 웃음거리를 오래, 많이 고아 먹을수록 몸에 더욱 좋다. 웃음을 약으로 삼자. 마단 카타리아 박사가 말했듯 "약에는 웃음이 들어 있지 않지만, 웃음에는 약이 들어 있다."

웃음 요가와
웃음 웰니스

The
Laughter
Effect

행복해서 웃는 것이 아니라

웃어서 행복하다.

● 윌리엄 제임스 William James

궁하면 통한다. 웃음 치료법 세계의 빈자리를 메우기 위해 태어난 웃음 요가와 웃음 웰니스Laughter Wellness가 바로 그 사례다. 이 접근법들은 함께 손뼉 치기, 깊이 호흡하기, 의도적 웃음 같은 체계적인 방식을 사용해 웃음을 유도한다. 웃음 요가는 신체적, 정신적, 영적 건강에 유용하며, 어려운 시기를 겪을 때는 더욱 효과가 크다. 재미있는 무언가를 찾아 나서지 않아도 되기 때문이다. 웃음 요가는 매일 웰빙 영양제(도파민, 옥시토신, 세로토닌, 엔도르핀)를 섭취할 수 있는 아주 훌륭한 활동이다.

의도적 웃음은 평생 길든 습관을 뒤바꾸는 일이므로, 우리 이성은 아무런 이유 없이 웃는 행동에 처음에는 불평하기 마련이다. 그러나 뇌가 스스로 변화하는 능력인 신경 가소성의 도움을 받아 꾸준히 연습하면, 웃음 효과의 핵심 요소인 웃음 사고방식이 서서히 몸에 붙게 된다.

앞서 언급했듯, 웃음 요가는 구루Guru들의 땅 인도에서(정확하게는 뭄바이 어느 공원에서) 탄생했다. 1990년대에 건강 잡지 편집자였던 마단 카타리아는 점점 심해지는 스트레스를 해결할 방법을 찾고 있었기에, '웃음이 명약'이라는 주제로 특집 기사를 쓰기로 했다. 이 주장을 뒷받침할 여러 증거 자료를 보고 놀란 그는 웃음 요법이 일상에서 거의 사용되지 않고 있다는 점을 도저히 이해할 수 없었고, 이 약을 직접 맛보고 싶었다. 카타리아는 재미있는 이야깃거리를 잔뜩 준비해 친구 다섯 명과 함께 지역 공원에서 '웃음 클럽Laughter Club'을 시작했으나, 열흘 후 농담거리가 동나자 웃지 않는 사람이 많았고 친구들조차도 그만두고 싶어 했다. 그는 포기하지 않고 재미있는 이야기 없이도 웃는 방법을 찾겠다고 결심했다.

카타리아는 특히 엠리카 파두스Emrika Padus의 저서 《감정과 건강을 위한 완벽한 안내서The Complete Guide to Your Emotions and Your Health》를 읽고 깊은 감명을 받았기에, 이 책의 핵심인 '몸은 우리가 정말 행복한지, 아니면 행복한 척하는지 구분하지 못한다'라는 내용을 직접 실행에 옮겨보기로 했다. 그는 웃음 호흡과 요가 호흡법(프라나야마)의 유사성을 알아차린 노련한 요가 수행자인 자신의 아내 마두리Madhuri에게 자문을 구했다. 그리고 반복적 호흡, 손뼉 치기, **호호하하하** 노래 부르기, 농담이나 코미디가 아닌 삶에서 영감 받은 다양한 웃음 연습을 고안해냈다. '재미있으면 웃지'가 아니라 참가자들이 웃음을 선택하게 하는 방법이었다.

공원으로 돌아간 카타리아와 친구들은 이 새로운 방법으로

1분 동안 '가짜' 웃음을 터뜨리기 시작했다. 웃음의 전염성 덕분에 그들은 멈추지 못했다! 웃음 연습 방법은 점점 더 많아졌고 참가자들도 늘어났으며, 5년이 채 되지 않아 웃음 요가는 50개 국가로 퍼져나갔다. 이는 세계적인 현상이 되어 100개가 넘는 국가에서 5월 첫째 주 일요일을 '세계 웃음의 날'로 지정하기도 했다. 함께 웃기 위해 온라인과 오프라인에서 한마음으로 만나는 웃음 요가 클럽은 이제 세계적으로 수천 개에 달한다.

솔직히 말해 나는 '되는 척하면 언젠가는 된다'라는 말을 좋아하지 않는다. '척하는 것'은 누가 해도 보기 좋은 행동이 아니다. 나는 '하면 할 수 있다!'라는 말이 더 좋다. 즉흥적인 행동과 의도적인 행동을 구분하지 못하는 뇌에 관해 더 정확하게 말해 주기 때문이다. 또한 '행동이 감정을 만든다'라는 말과도 일맥상통한다.

기분이 침울한 날도 분명히 있다. 이럴 때 밖에 나서면 몸이 잘 움직이지 않고 어깨와 고개가 축 처지기 쉽다. 마주치는 사람들도 그 분위기를 느끼고 말을 건네지 않거나 심지어 미소조차 짓지 않을 가능성이 크다. '기분이 좋지 않으니 날 좀 내버려 둬요'라는 신호를 내뿜기 때문이다. 고개를 들고 가슴을 쫙 펴고 씩씩하게 팔을 흔들며 속도를 내면 어떨까? 그럼 긍정적인 분위기를 풍길 것이다. 우울한 기분이 땅으로 쿵쿵 떨어져 나가며 생기가 돌 것이다. 행동이 감정을 만드니까.

몸가짐을 바꾸면 기분도 변한다. 의도적 웃음도 마찬가지다.

직접 실험해보기

1. 먼저 주먹을 꽉 쥐고 자기 방식대로 스트레스 받은 모습을 표현하자.

2. 어깨 모양을 잘 살펴보자. 편안하고 느긋한가 아니면 귀 방향으로 움츠려져 있는가? 호흡은 부드러운가, 숨이 차는가? 스트레스 받은 상태에서 기분은 어떤가? 만족스러운가, 지치는가, 아무렇지 않은가?

3. 이 기분을 약 10초 동안 유지하자.

4. 이제 깊게 한숨을 내쉬자. 어깨를 느긋하게 내리고 손과 손가락을 펴자. 숨을 내쉴 때마다 스트레스도 조금씩 내뱉자. 깊게 호흡하든, 발을 구르거나 흔들든, 미소 짓거나 소리 내어 웃든 원하는 방식으로 스트레스를 풀자. 짧은 시간 동안 어떤 감정 변화를 느꼈는가? 조금 더 가볍고 신나지 않은가?

즉흥적이든 흉내 내는 웃음이든, 우리 몸은 웃음을 **느끼기** 위해 마음과 의논하지 않아도 된다. 웃음 연습이든 재미있는 이야기든 자극의 종류도 문제 되지 않는다. 따라서 비유머 기반 웃음은 몸과 마음 수행이라고 불릴 때가 많다. 특히 웃을 기분이 나지 않는다고 마음이 우길 때, 몸은 마음의 잘못된 우월 의식을 이기고 웃음을 풀어줄 수 있다. 그러면 의구심을 품었던 마음도 결국 진정하고 웰빙 화학물질을 온몸에 보낸다.

비유머 기반 웃음 방식의 주된 모델인 웃음 요가를 토대로 프

쉬운 활동으로 의도적 웃음을 시작해보기

1. 웃음의 지퍼를 열자.

입을 지퍼로 닫을 수 있다고 상상하자. 한 손으로 지퍼를 열며 웃음을 뽑아내자. 원하는 만큼 지퍼를 여닫으며 웃음을 마구 뽑아내자.

2. 머릿속을 치실질하자.

앞서 살펴보았듯, 스트레스는 웃음을 막는 주된 이유다. 매일 치아 사이에 낀 찌꺼기를 치실로 닦아내듯, 가상 치실을 꺼내 머릿속을 닦아내자. 한쪽 귀에서 다른 귀까지 원치 않는 부정적 생각들을 쓱쓱 닦아내며 웃자. 치실질이 끝나면 실을 버리며 마지막으로 크게 웃자.

랑스계 미국인 서배스천 젠드리Sebastian Gendry가 고안한 웃음 웰니스도 있다. 이 방법 또한 '흉내'를 내면 마음도 따라온다는 오래된 지혜와 연관이 있다. 이는 웃음 요가의 근본 원리에서 확장된 긍정적 행동 연습 방식을 제시하며, 네 가지 핵심 요소로 구성된다.

- 복장뼈 뒤에 위치한 가슴샘과 허벅지 두드리기 같은 박수 활동을 포함한 협응 동작 또는 브레인 짐 운동brain gym exercises
- 호흡, 스트레칭, 긴장 완화
- 좋은 감정을 촉진하는 긍정 강화

- 웃음소리 표현 (의도적 웃음, 노래, 춤, 게임을 통해)

인지 행동 치료와 자기 돌봄 연습은 미소뿐 아니라 즐거운 경험으로도 이어진다. 이런 프로그램은 믿음, 창의력, 활력, 영감, 배려, 소통 능력, 의식을 키우도록 고안되었으며 웰빙의 다양한 측면을 증진한다. 만약 빠른 시간 내에 긍정의 힘을 키우는 방법을 찾으려 한다면, 젠드리는 잘못된 접근이라고 꼬집을 것이다. 기쁨으로 가는 길에는 장애물이 있기 마련이다. **남에게 사과하기 싫은 날도 있고 두려움에 직면하기 싫은 날도 있다. 숨을 깊게 쉬고 할 일을 결정하기보다는 그저 불평하고 싶을 때도 있다.** 웃음 웰니스는 미소나 호흡으로 현재 순간에 집중함으로써 과거와 미래에서 한 걸음 물러나도록 마음챙김을 실천하는 방식이며, 행복은 쟁취하는 것이 아니라 스스로 주는 것임을 인정하는 연습이다.

긍정적이고 힘을 주는 행동을 연습해 기분이 좋아지면, 이 감정은 일상 속으로 흐르기 시작한다. 젠드리의 경험에 따르면 10분 정도 신체를 움직였을 때 마음, 몸 또는 호흡에 변화가 일어난다. 몸과 마음은 동시성이 있으므로 서로를 비추는 거울이며, 호흡은 그런 몸과 마음 사이를 연결하는 핵심 요소다. 따라서 마음 안에 갇혀 있을 때는 깊은숨을 쉬거나 웃음으로써 닫힌 문을 열고 나올 수 있다. 물론 처음에는 마음이 완고하게 굴며 당장 행동을 그만두라고 온갖 변명을 할 것이다. **'이럴 시간 없어. 대**

웃음 웰니스 연습 - 웃음 찾기

1. 눈을 감고 가만히 있자.

2. 소리 내지 않고 조용히 마음속으로 웃자.

3. 마음속에서 내는 웃음소리를 들어보자. 어떤 소리가 들리는가?

4. 숨을 들이쉬어라. 그리고 내쉴 때마다 미소 지어라.

5. 눈은 계속 감고 있자. 마음의 눈으로 웃음소리를 키워보자. 그리고 눈을 감은 채로 이제 소리 내어 웃자.

여러 웃음소리를 내며 실험해봐도 좋다. 입을 닫고도, 벌리고도 웃어보자. 배에서 내는 깊은 웃음, 가슴에서 내는 얕은 웃음, 마음이 가는 대로 무엇이든 좋다. 웃음이 잘 흘러나오는 방법을 찾자. 에너지가 넘치고 기분이 좋아질 때까지 여러 번 반복하자.

체 뭘 하는 거야? 정말 어처구니가 없구나.' 하지만 계속해서 신체를 자극하면 10분 내로 내부에서 화학변화가 일어난다.

반대되는 두 가지 마음가짐을 동시에 품을 수는 없다. 웃음이나 미소처럼 긍정적인 감정 상태에 있을 때는 스트레스나 슬픔을 느끼지 못한다. 이것은 웃음 효과를 태어나게 한 웃음 요가와 웃음 웰니스의 주된 원리로, '삶에서 기쁨을 더 느끼고 싶어' 같은 욕구가 마음에 응어리져 남지 않도록 행동 변화를 요구한다.

그러나 혼자 마음만으로 변화를 일으키기는 쉽지 않으므로, 다른 사람과 함께하면 훨씬 수월하다. 기쁨을 만드는 사람과 기쁨을 원하기만 하는 사람을 가르는 조건이 바로 행동이다. 젠드리는 "우리가 행동하면 웃음도 행동한다"라고 말했으며 이는 틀린 말이 아니다. 미소 짓기는 먼저 우리를 바꾸고, 나아가 세상의 반응까지 바꾸게 된다. 무섭고 쌀쌀맞던 세상이 갑자기 우리 미소에 화답한다.

젠드리는 자신의 방법론에 관해 부연했다. "재미있는 사람이 아니라, 재미를 경험하는 사람이 되는 것이 중요합니다. 강요가 아닌 선택이고, 그저 좋은 척하는 것이 아니라 다른 방식의 삶이 들어오도록 스스로 공간을 내어주는 것입니다." 이런 마음가짐은 그에게 심오한 영향을 끼쳤다. "웃음은 내 삶이 아니라 나 자신을 바꿔놓았습니다."

웃음이 세계 평화를 이룰 수 있을까?

웃음 요가 철학에는 '웃으면 내가 변하고, 내가 변하면 주변 세상도 변한다'라는, 카타리아가 지지하는 개념이 녹아들어 있다. 따라서 이 운동의 사명에는 웃음으로 세계인의 의식과 우정을 키우고 건강과 행복을 증진하며, 그 과정에서 세계 평화를 이룬다는 내용이 포함된다. 지나치게 큰 야망일까?^^

웃음 요가는 전혀 예상치 못했던 곳에서 큰 변화를 일으키고 있다. 르완다는 테러와 참사로 얼룩진 끔찍한 현대사를 지닌 나라다. 1994년, 후투족Hutu 극단주의자들은 불과 100여 일 만에 투치족Tutsi 70퍼센트와 후투족 중도파까지 약 80만 명을 학살했다. 희생자들은 자신의 동네나 마을에서 이웃에게 살해되었기에, 수십 년이 지난 지금도 가족과 우정이 갈기갈기 찢긴 상태라 치유가 절실히 필요하다. 앤젤 키미Angel Kimmy라고도 알려진 호주 서부 출신 킴 오메라Kim O'Meara는 2010년부터 바로 이 르완다 전역에서 웃음 요가를 전파하고 있다.

2000년에 오메라는 피부경화증의 특수형인 크레스트 증후군CREST Syndrome 진단을 받았다. 피부가 굳는 이 병은 여러 장기에도 영향을 미쳐 목숨을 위협하기도 하는데, 3년 정도 더 살 수 있다는 판명을 받았다. 오메라는 아주 재미있게 증상을 설명했다. "몸에서 탄성력과 물이 쫙 빠져나가 돌 조각상이 되지요. 비둘기들이 와서 앉아 있거나 똥을 쌀 수도 있다니까요. 나중에는 조각상 옆의 분수대가 될지도 몰라요." 진단을 받고 오메라는 웃기 시작했다. 이렇게 할 수 있는 사람은 거의 없으리라. 어릴 때 당한 학대를 비롯해 지금까지 일어난 모든 일을 향해 웃었기에 부적절하다고 보는 사람도 많았다. 그러나 오메라는 모든 일에는 의미와 타당성이 있다고 꼬집으며 다음과 같이 말했다. "다른 사람이 감히 미소 짓지도 못하는 일을 두고 배꼽을 잡으며 웃을 수 있다면 삶을 완전히 이해한 것이니 치유될 수 있어요. 모든 일에는 이유와 의미가 있습니다. 우리가 할 일은 재미를 찾을 때까지 계속 앞으로 나아가는 것이지요."

오메라는 자신이 웃지 않았다면 이미 세상을 떠났을 것이라고 확신한다. 진정한 낙관주의자인 오메라는 가장 좋아하는 영화 〈베스트 엑조틱 메리골드 호텔〉의 대사를 떠올렸다. "해피엔딩이 없으면 이야기가 끝난 것이 아니다. 드라마, 트라우마, 로맨스, 코미디를 거치고 이 모든 경험으로 진정한 자신을 받아들이는 기쁨을 느끼기 전까지 당신의 이야기는 끝나지 않았다." 크레스트 증후군을 겪은 자국이 뚜렷이 보이지만 오메라의 태도와 마음은 전혀 의기소침하지 않다. 장애에도 불구하고, 아니 어쩌면 장애 덕분에 목적의식이 있는 삶의 모습을 보여주는 산 증인이라 할 수 있다.

웃음을 가르치기로 한 오메라는 2010년, 두 가지 임무를 마음에 품고 짐을 싸 르완다로 날아갔다. 고릴라를 만나겠다는 것, 그리고 참사의 중심지에서 웃음 요가를 보여주겠다는 것. 웃음으로 세계 평화를 이룬다는 카타리아의 사명에 영감을 받은 오메라는 '르완다에서 할 수 있으면 전 세계 어디서도 할 수 있다'라고 믿었다.

첫 번째 임무는 마음 아프게 끝이 났다. 고릴라 한 마리가 오메라의 매력에 빠지는 바람에 오메라가 떠난 후 엄청나게 상심

웃음 수업

했기 때문이다. 두 번째 임무는 훨씬 성공적이어서, 퍼스에 있는 서호주 웃음 요가 클럽Western Australian Laughter Yoga Club과 르완다 회복과 교육 기구Rwanda Resilience and Grounding Organisation, RRGO가 파트너십을 맺고 웃음 요가를 활용해 공동체의 회복을 도왔다. 부게세라 지구에는 피해자와 생존자가 함께 살아갈 화해의 마을 Reconciliation Village도 조성되었다. 르완다 정부는 나라를 더 평화롭게 만들기 위한 치유법의 하나로 웃음 요가를 선택했고, 이것을 지역사회에 소개하라고 RRGO에 요청했다. RRGO의 사명 중 일부는 사랑, 감사, 친절, 낙관주의, 용서 같은 긍정적 감정을 키움으로써 르완다 지역사회 내의 정신 건강과 회복력을 개선하는 것이다. 웃음 요가 훈련은 트라우마 극복을 돕기 위해 점토를 이용하는 오메라의 미술 치료와 결합되었다. 이 훈련은 생존자들이 가족을 고문하거나 죽인 사람들과 함께 웃는 상상하기 힘든 결과를 낳았다. 트라우마를 보고 무례하게 웃거나 사악한 행동을 용납해 아픔을 깎아내리는 방법이 아닌, 웃음의 엔도르핀 효과를 활용한 치유법이다. 치료법 덕분에 바닥을 치는 '정상적인' 감정에서 벗어나 '사랑이 흐르는' 정신 상태에 이르러, 자신들이 경험한 참극을 웃음의 높이에서 바라보게 되었다.

르완다 정부와 여러 연구자가 정신 건강과 회복력 면에서 가해자와 피해자의 차이를 지속적으로 관찰하고 있다. 꾸준히 웃음 요가 프로그램에 나오는 어느 참가자는 말했다. "행복하고 평화로우며 편안함을 느낍니다. 우리 가족을 위해 평화의 촛불을 밝히고 싶습니다." 이곳의 참가자들은 세계 다른 지역에서 인기가 많은 웃음 활동을 따르기보다, 자신들의 생활 방식과 문화에 적합한 활동을 만들어냈다. 짚으로 만든 작은 빗자루로 바닥을 쓸면서 할 수 있는 활동, 돌로 빨래하는 관습에 어울리는 활동이 그 예다. 그들은 심지어 곱슬머리 빗질이 제대로 되지 않을 때 하는 다양한 웃음도 있는데, 오메라에 따르면 그 모두가 늘 배꼽 잡는 웃음을 보장한다고 한다.

RRGO는 2022년에 국제 로터리 클럽Rotary International(사회봉사와 세계 평화를 목적으로 하는 전문 직업인들의 사교 단체-옮긴이)의 재정 지원을 받아 15개 마을에서 230명의 지도자를 갖춘 웃음 요가 훈련 클럽을 시작했고, 웃음 요가 학교도 계획하고 있다. 한 웃음 요가 훈련 클럽은 오메라 덕분에 마을에 우유와 치즈를 제공할 수 있게 되어, 이제 그곳은 주민들이 와서 함께 웃으며 우유를 마시는 곳이 되었다. 오메라는 '일거양득'을 보여준 작은 승리라고 외쳤다. 학살 추모 행사에 1분 동안 웃는 시간을 포함하고 싶다는 원대한 꿈을 지닌 오메라는 "웃음은 지구상에서 가장 소중한 것이에요"라고 말했다. 웃음으로써 전쟁을 멈추고 학살을 막으며, 화해와 치유, 평화를 이루길 바랄 뿐이다.

웃음 치료는 갈등과 긴장감이 폭발할 지경에 이른 여러 지역에서 활용되고 있다. 난센스의 기술Art of Nonsense과 웃음 요가에서 지도자로 활동하는 이스라엘 출신 앨릭스 스테어닉Alex Sternick은 이스라엘과 팔레스타인 사람들이 함께 참여하는 웃음 요가 모

웃음 수업

임을 진행하고 있다. 그는 인도에서 웃음 요가를 접했으며, "웃음은 문제를 풀지 못하지만 녹일 수는 있다"라는 카타리아의 메시지에 깊이 감동하여 오래 지속되는 중동 지역 갈등에 이 방법을 적용하기로 했다. 스테어닉은 용서의 축제인 술하Sulha('화해' 또는 '중재'를 뜻하는 아랍어 sulh에서 기원한 이름)를 익히 들어 알고 있었다. 이스라엘인과 팔레스타인인이 한곳에 모여 있는 복잡한 상황을 현명하게 다루기 위해, 그는 2007년 베들레헴에서 멀지 않은 베이트 얄라Beit Jala에서 이틀짜리 웃음 요가 갈등 중재 워크숍을 기획했다. 이스라엘과 팔레스타인 전역에서 참가자들이 모여들었다. 서로 증오하는 개인이 아닌 인간이라는 공동체로서 웃음을 나누자 머지않아 꼬리표와 정체성은 사라졌다.

이 소식은 빠르게 퍼졌고, 스테어닉은 원격으로 웃음 요가 수업을 받고 싶다는 어느 요르단 여성의 연락을 받았다. 그리고 얼마 후, 이 여성 덕분에 웃음 효과는 시리아 난민들에게도 번지게 되었다. 스테어닉은 평화는 자기 자신에서부터 시작된다고 말한다. 내면의 갈등을 알아차리지 않으면 웃음 요가든 무엇이든 큰 효과를 보기 힘들다. "사람들 사이에 외적 전쟁이 일어나는 이유는 그들 안에 내적 갈등이 벌어지고 있어서입니다. 개인적 문제나 풀지 못한 어려움 때문에 다른 사람을 증오하게 되거든요. 그러니 내면 깊이 있는 문제를 살펴 자신과 화해하지 않고서는 다른 사람과 진정으로 함께 웃지 못합니다." 그는 덧붙여 말했다. "자신에게 친절하고 스스로 수용하면 다른 사람을 미워하는 행동을 중단하게 됩니다. 미움이 증발해버리니까요."

그는 갈등 상황에 부닥친 사람들을 연결하려면 비언어적 수단이 필요하다고 생각한다. "함께 웃기, 울기, 중얼거리기, 심지어 요리하기도 좋은 방법입니다. 그러면 적대감이 어느 정도 옅어지기 시작하거든요." 때로는 대화가 갈등을 악화하는 경우를 보았기 때문이다. 말은 사람들을 갈라놓을 수 있지만, 웃음처럼 몸에서 우러나는 행동은 마음을 연결한다. 웃음 요가는 자신 그리고 타인과 화해할 가능성을 높인다.

웃음 요가 세계 밖에 있는 유머 영역에서도 많은 코미디언이 웃음은 그저 '웃음일 뿐'이 아님을 인정한다. 〈평온하십니까?Are You Taking the Peace?〉(심각한 문제를 다루는 풍자 스탠드업 코미디 프로그램)의 사회자이자 영국 코미디언인 앨리스터 배리Alistair Barrie는 "도처에 있는 공포를 인류가 다루는 방법은 웃어버리는 것입니다. 적어도 이것만큼은 우리의 공통점입니다"라고 말했다. 영국에서 활동하는 호주 코미디언인 애덤 힐스Adam Hills는 "우리는 더 나은 세상을 만든다고 생각했기에 이런저런 짓들을 했습니다. 인정하고 싶진 않지만요. 하지만 한 공간을 웃음으로 통합할 수 있다면 세상의 분열 중 하나는 줄어들게 됩니다"라고 말했다.

교도소 웃음 요가 프로젝트

상담 전문가이자 웃음 요가 마스터 지도자인 루이스 고메즈Luis Gomez는 멕시코 교도소에 웃음 요가를 소개하는 데 열심이다. 2013년에 이 프로젝트를 시작할 무렵, 멕시코시티의 교도소 열세 곳(두 곳은 여성, 열한 곳은 남성 교도소)에 4만 명이 넘는 수감자들이 있었다.[1] 그는 순조롭기를 바라는 마음으로 여성 교도소에서 시작했는데, 문제점이 발생했다. 첫 수업에서 참가자들이 '사자 웃음'을 너무나 격렬하게 연기한 나머지 몇몇이 적대적이고 공격적인 태도를 보이며 서로 물어뜯었기 때문이다. 그 후 그는 수감자들에게 이 수업을 도움이 되는 긍정적인 모임으로 보고 서로 존중하는 마음으로 참가해달라고 간곡히 부탁했다.

수업이 진행되면서 수감자들이 서로 공감대를 형성하며 개선되는 모습을 목격한 그는 한 걸음 더 나아가기로 했다. 교도소 상담사, 사회복지사와 함께 남성 수감자들을 대상으로 '행복의 문 열기 프로젝트Project Unleash Your Happiness'라는 22일짜리 웃음 요가 프로그램을 기획한 것이다. 조금의 자유조차 없는 독방에 갇힌 수감자들 대상이었다. 자그마한 체구에도 불구하고 사명감으로 충만한 고메즈는 이 상황에 관해 "두려워하기보다는 인지하면 됩니다"라고 말하며 자신이 안전하고 강하다고 느낀다고 했다. 이 프로그램은 수감자들의 사회 복귀를 돕도록 설계된 호흡 연습과 웃음 요가로 구성되었고, 심지어 살사 댄스도 있었다!

저항에 부딪히기도 했지만 그는 "프로그램이 끝날 때까지 제가 하는 말을 믿고 따라 해보세요. 그리고 결과를 보세요"라고 말했다. 그리고 그의 말처럼 의사소통의 물꼬가 트이며 정말 효과가 나타났다! 사회에서 소외당하고 인간적 접촉에 굶주린 범죄자들이 서로를 가까이하며 처음으로 인간적인 면모를 보이기 시작한 것이다. 함께 웃기는커녕 대화도 어색해하던 사람들이 시간이 지나자 웃음과 기쁨의 눈물을 흘렸다. 고메즈는 몸이 어디에 있든 상관없이 마음이 포로일 수 있다고 생각했기에 수감자들에게 '소이 리브레!'('나는 자유인이다!'를 뜻하는 스페인어)라고 외치게끔 격려했다. 때때로 인근 감방에 있는 수감자들이 "자유인은 무슨!"이라며 조롱하기도 했지만, 분명 변화가 있었다. 한 수감자는 "잠깐이나마 교도소 밖에 있는 기분이 들었어요"라고 말했다. 심리 검사와 그림 그리기 활동 결과, 수감자들의 변화를 보고 놀란 가족들의 증언, 프로그램 전후의 달라진 얼굴 사진, 이 모두가 프로그램의 성공을 증명했다. 또한 초기 데이터는 웃음이라는 선물을 공유한 수감자들의 재범률 하락도 보여주었다.

의지할 곳 없이 무력한 기분이 들 때가 있다. 큰 병을 앓아 몸이 감옥으로 느껴질 때도 있다. 내가 그렇게 느꼈으니까. 수개월 동안 내 하루하루는 치료와 수술, 회복 과정이 전부였기에 자유는 한층 풀이 죽었다. 나는 웃음 웰니스 사고방식을 치유의 수단으로 활용하기로 했다. 만약 감정적인 변화를 느끼려고 재미있는 오락물에만 의지했다면 치유는 더욱 오래 걸렸으리라. 의도적으로 웃음 효과를 찾았기에 단순히 생존을 넘어, 잘 살아가는 능력과 자신감도 찾을 수 있었다.

웃음 웰니스 마음가짐은 미소 짓기와 의도적 웃음 연습을 활용해 긍정적 에너지를 몸소 체험하게끔 해주었다. 또 내가 쓴 글을 읽으며 내면의 부정적 목소리도 이겨낼 수 있었다. 이 연습으로 나는 정신적, 감정적, 신체적 변화를 끌어냈다. 외부 세상을 바꾸기 전에 내 세상부터 바꾼 덕분이다. 이 연습과 관련된 내용은 10장에서 더 자세히 살펴보겠다.

웃음 확언

내가 좋아하는 웃음 확언들을 소개하고자 한다.

나는 사랑이다.
나는 웃음이다.
나는 기쁨이다.
나는 평화다.

절망에 정지 버튼 누르기

긍정 에너지가 완전히 메말라 다시는 웃지 못할 것 같은 기분이 들 때가 있다. 만성 불안증과 우울증을 겪는 전 세계 수백만 명의 사람이 벼랑 끝에 서서 삶의 가치에 의문을 품으며 그렇게 느낄지도 모른다. 그러나 지난 수십 년간 나는 웃음 요가가 자신을 살렸다고 말하는 사람들을 만났다. 호주 웃음 요가Laughter Yoga Australia의 CEO 머브 닐Merv Neal은 "웃음은 사회적 소통 반응입니다. 지금 기분이 좋다고 다른 사람들에게 보여주는 셈이거든요"라고 설명했다. 웃음은 전염성이 강하므로 웃는 사람들은 절망에 일시 정지 버튼을 누른다. 의도적 웃음 연습으로 만들어진 웃

친구와 함께

왜 웃음을 우연이나 운에 맡기는가? 동료나 친구와 함께 건강을 위해 웃음 연습을 하자. 서서히 5분에 이르기까지. 전화로, 줌 화상 전화로, 또는 직접 만나서 웃음 습관을 쌓자. 함께 웃을 친구를 찾기가 어려운가? 그럼 직접 자신의 친구가 되어주자!

음이라도, 하루를 웃는 순간으로 채울수록 아주 잠깐이나마 기분이 좋아질 가능성이 아주 높다. 아침마다 거울 앞에 서서 키득거리거나 웃으며 자신에게 인사하고, 샤워하면서도 혼자 웃어보자. 웃는 습관이 차곡차곡 쌓여 웃음 산이 될 것이다.

코로나 19로 전 세계인이 격리되는 동안 우울감과 불안감은 더 일반적인 것이 되었다. 사랑하는 사람들과 떨어져 있어야 하고 심지어 그들을 잃기도 하는 슬픔 역시 만연했다. 가족, 친구와 직접 만나는 자리, 배꼽 잡는 웃음과 포옹이 대부분 사라졌다. 사회적 거리 두기 시행으로 그 어느 때보다 웃음이 필요한 시기에 대면 웃음 클럽이 첫 번째로 타격을 입었다.

포기는 선택 사항이 아니었지만, 웃음 요가의 시끌벅적한 에너지가 온라인으로도 전해질지 미심쩍어하는 의견이 많았다. 웃음을 연습하고 지속하는 데 아주 중요한 요소는 눈 맞춤과 신체적 친밀감이다. 웃음은 직접 보고 느껴야 하므로. 긴장되는 첫 번째 온라인 수업이 끝난 후, 화면 및 목소리 끊김과 시간 지연을 고려해 나는 구호 외치기와 손뼉 치기를 없앴다. 무음 버튼을 자주 사용하게 되었고, 함께 있는 느낌을 만들기 위해 사진 공유 기능과 카메라 기능을 사용하도록 권장했다. 또한 컴퓨터 화면을 오래 보고 난 후 산소를 공급하기 위해 의도적 호흡 연습 시간을 늘렸다. 몇 가지 문제를 해결하고 나니 온라인 모임도 별 문제없이 아주 매끄럽게 진행할 수 있었다. 나를 비롯해 웃음 요가 지도자들은 프로그램을 일차원적으로 수정했고, 팔꿈치 인사 웃음이나 마스크 웃음 같은 새로운 웃음이 태어났다. 웃음 요가의 종말을 알리는 대신, 팬데믹은 오히려 웃음소리를 더 쩌렁쩌렁하게 높였고 전 세계 곳곳에 온라인 공동체가 생기게 된 계기가 되었다.

온라인 수업이 주는 자유를 받아들여 나는 열대우림 한가운데 있으면서도 사람들에게 **필수적인** 서비스를 제공했다(웃을 테면 웃어라). 우주는 내게 온화한 미소를 지었다. 파 노스 퀸즐랜드Far North Queensland에서 요가 수련을 하고 있을 때, 봉쇄된 도시 멜버른에 있는 어느 고객 서비스 상담 팀으로부터 웃음 요가 수업을 해달라는 요청을 받은 것이다. 경제적 어려움으로 불만과 짜증이 가득한 고객 수가 증가하면서 그들을 상대하는 상담원들의 사기가 땅에 떨어졌다고 했다. 처한 환경이 다르고 웃고 싶지 않을 수도 있다는 생각이 들어, 나는 아름다운 열대우림 지역에 있다는 사실을 숨길 생각도 해봤다. 그러나 우림의 장엄한 매력

웃음 수업

을 이기지 못하고 노트북 컴퓨터를 들어 참가자들이 내 뒤의 아름다운 광경을 눈으로라도 누리게 했다. 웃음이 울리는 소리가 푸릇푸릇한 수평선으로 퍼져나갔다. 자연과 웃음에는 한계가 없다. 수업을 성공적으로 마치고 참가자들과 마주쳤다. 그들은 열대우림으로 퍼지던 그 웃음소리 덕분에 마음이 가벼워져 절로 미소가 지어졌다고 말했다.

황혼기를 밝히는 웃음 요가

온라인·오프라인에서든, 바람을 타고 왔든, 웃음 에너지는 청각과 시각 신호로 더욱 두드러진다. 그러므로 우리 감각이 둔해질수록 웃음은 웰빙을 위한 이상적인 도구가 된다. '실버' 세대는 슬퍼할 이유가 많다. 배우자와 평생 친구를 먼저 보내기도 하고, 노인 거주 시설로 들어가게 되면 생활의 자유와 통제권을 넘겨주며 반려동물과 작별해야 할 수도 있다. 노인 시설의 간호사는 거주자들이 시설에 적응하는 초기 단계에 우울증 치료제를 받는 경우가 많다는 안타깝고도 놀라운 사실을 알려주었다. 시설 직원들은 대체로 노인들의 기분을 풀어주고자 최선을 다한다. 하지만 진정으로 그들의 웰빙을 향상하려면, 특히 웃을 일이 별로 없는 이들에게 웃는 시간을 시간표로 지정해서라도 지키게 해야 한다.

　오로지 웃는 행위만이 중요해서가 아니라 웃음이 가져올 잠재력이 실로 엄청나기 때문이다. 우리가 좋아하는 노래처럼 웃음도 하나의 '촉진제'가 되어 **"그때 그거 기억나?" 하는** 순간을 유도한다. 오래전 일에 대한 회상이 현재의 웃음을 자아낸다. 웃음은 짧겠지만(더해봤자 10~15초 정도일까), 이 가볍고 즐거운 유산소운동 덕분에 변화된 무의식적인 마음은 지속되기 마련이다. 노인들은 나이를 고스란히 보여주는 몸을 이끌고 수업에 들어와, 웃음이 주는 생기로 젊어진 마법에 걸려 떠난다.

　나는 오토바이 소리 같은 웃음(오토바이가 웃음의 리듬에 따라 속도를 올리는 상상을 해보라)이 되살아나는 웃음 요가의 효과를 똑똑히 본 적이 있다. (어느 할머니는 20대에 오토바이 뒷좌석에 탄 적이 있다고 자랑스럽게 말했다.) 스마일 모양이 그려진 '웃음' 공을 잡으면 대근육 운동 기술Gross Motor Skill 및 손과 눈 협응력이 자극되었다. 뇌졸중을 겪은 사람들은 손가락을 앞뒤로 툭툭 치는 동작으로 인해 소근육 운동 기술Fine Motor Skill이 활성화되어, 단 몇 번의 수업으로 손재주와 언어 능력이 향상되었다. 노래 가사를 대신해 **하하하** 웃음을 음악에 맞춰 터뜨리면 성대는 물론이고 장난스러움이 활성화되었다. 심지어 어느 남성 참여자는 영화 〈사운드 오브 뮤직〉에 나오는 노래 〈내가 가장 좋아하는 것들My Favourite Things〉에 맞춰 **하하하** 웃음을 터뜨리던 중에, 자신이 가장 좋아하는 단어인 '섹스'로 가사를 바꿔 부른 적이 있다!

이렇듯 나는 수업을 하면서 웃음의 힘에 놀랄 때가 많다. 졸린 눈으로 휠체어에 앉은 참여자가 **호호 하하하** 리듬에 맞춰 발을 톡톡 두드리는 모습을 목격한 적도 있다. 소리 내지는 않아도 빙그레 미소 지으며 잠깐 맑은 정신을 되찾는 치매 말기 환자도 보았다. 꾸벅꾸벅 졸던 사람이 웃음 노래를 합창할 때는 일어나서 함께 웃기도 했다. 마지막 웃음을 터뜨린 후, "선생님, 언제 다시 와요?"라고 묻던 참여자의 목소리가 아직도 귀에 생생하다. 시설 직원들도 거주자들의 참여도와 웰빙을 높이는 웃음 효과를 활용해, **호호 하하하** 연습을 하고 운동 프로그램, 미술 활동, 전원 가꾸기에 적용했다. 이런 변화는 거주자와 직원의 가까운 사람에게도 영향을 미쳤다. 한 참여자의 딸이 내게 와서 자기소개를 하더니 대뜸 "우리 엄마에게 뭘 한 거예요?"라고 물었다. 갑작스러운 질문에 순간 '내가 뭘 했지?'라는 생각이 들었지만, 사실 나는 참여자의 얼굴에 오랫동안 없던 웃음을 되찾아준 것이다. 나이 많은 개에게 재주를 가르칠 수 없다고 했던가? 아니, 웃음 재주는 **가르칠 수 있다**. 물론 나이가 많든 적든 하룻밤에 새로운 신념 체계와 마음가짐을 받아들이기는 어려우므로 몸에 붙을 때까지 의식적인 연습이 꼭 필요하다. 아니다. 앞서 살펴보았듯 웃음과 미소는 인간에게 선천적으로 주어진 것이므로 정확하게는 '웃음을 다시 꺼낼 때까지'라고 하는 게 맞겠다. 웃음 요가와 웃음 웰니스 접근법은 우리를 머리에서 마음으로 이끌어준다.

자신에게 웃음을 허락하며 내부의 저항을 잠재워야 할 때도 있고, 웃는 이유는 중요하지 않다는 사실을 받아들여야 할 때도 있지만, 어쨌든 우리 마음과 몸은 '웃었다'라고 느낄 것이다. 웃음이 행복으로 가는 지름길이라면, 의도적 웃음은 행복에 이르게 하는 수단이다. 다른 사람과 함께 웃는 기술은 우리에게 좋은 기분을 가져다주며, 동시에 다른 사람과 더욱 깊이 공감하는 경험을 안겨준다.

아직 시도해본 적이 없다면 온라인에서든 오프라인에서든 웃음 요가를 꼭 해보길 바란다. 진정한 아름다움으로 향하는 문을 열어주리라.

웃음 수업

이유 없이 웃으면 사람들이 저를 미쳤다고 생각할까 봐 걱정됩니다.

저도 이해한답니다! 타인의 시선이 신경 쓰인다면 마음이 편안한 공간에서 웃어보세요. 샤워를 할 때, 집에 혼자 있을 때, 또는 차 안에서요. 그리고 웃는 이유를 상기해도 도움이 된답니다. 웃으면 즐거워지고 건강해지죠. 그보다 더 좋은 이유가 있을까요?

우리의 육감
-유머

The Laughter Effect

유머는 인류 최고의 축복이다.

● 마크 트웨인 Mark Twain

단순히 개그 취향이라고 생각할 수도 있지만 유머 감각에는 사실 더 많은 의미와 기능이 있다. 유머는 웃음 효과의 핵심 요소이며, 육감이라고 해도 과언이 아니다. 유머는 처리될 때 뇌의 다양한 부위를 자극한다. 유머 감각을 꾸준히 연습하는 사람은 살고, 사랑하고, 이끌고, 배우는 능력이 남들보다 더 뛰어나다. 다른 감각처럼 유머도 갈고닦을 수 있으니 타고난 코미디언이 아니어도 걱정하지 마시라.

유머Humour라는 단어는 건강과 기질을 정하는 네 가지 체액이 인간의 몸을 다스린다고 생각한 고대 그리스 의사들의 믿음에서 비롯했다고 전해진다(당시 이 체액을 '유머'라고 했다). 그 기질 중 한 가지가 즐거움이다.

수 세기 동안 위대한 학자들은 유머의 이유와 작용법을 이해하려고 했다. 그것도 아주 심각하게. 플라톤, 아리스토텔레스, 홉스, 데카르트는 유머가 우월함의 표현이라고 생각했다. 즉 그들에게 '나는 내가 재밌는 사람이라고 생각해'라는 말은 곧 '내가 당신보다 나은 사람이야'라는 뜻이었다. 유머를 연구하기 시작한 다윈은 (웃음물총새와 하이에나를 제외한) 일부 동물이 웃기도 하고, 심지어 유머 감각까지 보인다고 주장해 비웃음을 사기도 했다. 사진 속에서 늘 엄숙한 표정을 짓고 있는, 정신분석학의 창시자 지크문트 프로이트Sigmund Freud는 사실 재미있는 농담과 이야기를 좋아하고 유머 감각이 있었다고 한다. 프로이트의 완화 이론Relief Theory과 유머를 이어보자. 웃음은 열기를 발산하고 억눌린 '긴장감'을 해소하며, 유머는 억압된 심리적 에너지를 배출하여 정신적 쉼터를 제공한다. 프로이트는 모든 유머와 위트가 무의식에서 비롯되며, 불안감과 감정적 고통을 줄이는 건강한 방어 기제라고 제시했다. 1970년대 호주 록 밴드 스카이훅스Skyhooks의 노래(〈에고는 더러운 말이 아니야Ego is not a dirty word〉라는 노래를 가리킨다-옮긴이) 가사와 일맥상통하게, 프로이트는 '에고'가 좋지 않은 말이 아니며, 어려움 대처에 유머를 사용하는 사람은 긍정적이고 강한 에고를 보여준다고 믿었다.

농담이나 재미있는 만화와 마찬가지로 유머는 해방감을 느끼게 하는 요소가 있다. 또한 기쁨을 주는 다른 두 가지 지적 활동에서는 찾을 수 없는 장엄함과 기품이 있다. (…) 바로 무찌를 수 없는 에고의 승리에 찬 확신이다. 에고는 현실 도발로 고통받기를, 고통을 강요받기를 거부한다. 이는 외부 세계의 트라우마에 영향받을 수 없다는

주장이다. 사실 이런 트라우마는 기쁨을 얻기 위한 기회일 뿐이다.[1]

프로이트의 이론은 철학자 칸트와 쇼펜하우어가 개척한 '유머의 부조화 이론Incongruity Theory of Humour'과 대조된다. 하와이 스타일 티셔츠에 넥타이를 맨 것처럼, 부조화 이론은 불협화음을 내는 요소가 논리와 친숙함을 대체할 때 유머가 생긴다고 주장하기 때문이다. 예를 들어보겠다.

어떤 남자가 '말하는 개 팝니다'라고 적힌 표지가 있는 집을 보고 호기심이 생겨 들어갔다.

"살면서 어떤 일을 했습니까?" 남자가 개에게 물었다.

"나는 보람된 삶을 살았습니다. 알프스에 살며 눈사태에 갇힌 사람들을 구조했어요. 이라크에서는 국방의 의무를 다했고요. 이제 실버타운에서 한가로이 책을 읽으며 산답니다." 개가 말했다.

놀라 어리둥절해진 남자가 개 주인에게 물었다. "대체 이렇게 멋진 개를 왜 팔려고 합니까?"

기가 찬 주인이 대답했다. "전부 다 거짓말이니까요! 이 개는 아무것도 하지 않았어요!"

당신이 이 이야기를 재미있게 생각하든 그렇지 않든 상관없다. 이 이야기가 건강한 유머 감각을 결정짓는 지표는 아니다. 부조화가 모두 재미있지는 않으며, 재미있는 상황이 모두 웃음으로 이어지지도 않는다. 앞서 살펴보았듯, 유머가 없는 상황에서도 웃을 수 있다. 대개 유머는 몇 가지 행동으로(코웃음, 요란한 소리를 동반하는 미소나 웃음이 가장 흔하다) 알아차릴 수 있다. 이것으로 유머와 유희를 구별한다.

유머에 관한 통일된 이론을 찾으려는 시도는 수없이 많았지만, 유머 분석은 사랑을 분석하려는 것과 같다. 즉, 정량화하기가 쉽지 않다. 그럼에도 포기하지 않고 끝없이 시도하는 과학자들이 있다. 캐나다와 호주의 과학자들은 인지적 유머를 이해하기 위해 수학적 체계를 적용해, 유머의 양자 이론을 도출해냈다. 농담이 재밌다고 평가될 확률은 개인이 농담을 이해하는 정도에 비례한다고 한다.[2] 독자 여러분은 어떨지 몰라도 나는 '확률'이라는 단어부터 나머지는 전혀 이해가 되지 않는다.

유머는 매우 정교한, 선천적인 감각이며 인지, 감정, 운동 반응 모두와 관련 있는 복잡한 행동이다. 자극이 유머라고 인지되는 순간 의식적 또는 무의식적 반응을 건드려 생리적(웃음), 인지적(재치), 감정적(즐거움) 반응, 또는 이 세 가지 모두로 이어지기 때문이다.[3] 유머를 이해하려면 뇌는 두 가지 단계를 완료해야 한다. 먼저 유머에서 발견되는 놀라움의 요소(뜻밖의 일이 일어났으므로)를 민감하게 알아차려야 하고, 다음으로 예상치 못한 일을 넘어 이해되는 요소를 찾아야 한다.

신경과학자들은 심지어 이 감각이 시작되는 부위가 어디인지도 알아냈다. 심각한 뇌전증을 앓는 어느 젊은 여성을 연구하기 위해 머리뼈에 전극을 심었는데, 특정 부위를 자극하자 여성은 웃음을 멈추지 못했다. 발작의 원인 대신, 뇌의 웃음 중심점이자 '대상 다발Cingulum Bundle'이라는 코미디 본부를 발견한 것이다. 흰 물질로 이루어진 이 다발은 감정을 움직이는 뇌의 여러 부위와 연결되어 있기에, 이곳을 자극하면 웃음을 유도할 뿐더러 웃음과 동반하는 감정까지 끌어낸다.[4]

우리가 재미있다고 여기는 것은 사회적, 문화적 그리고 가정 내의 경험과 밀접한 연관성이 있다. 노먼 커즌스의 말처럼, "어떤 사람에게는 웃음을 자아내는 이야기가 다른 사람에게는 하품을 자아낸다."[5] 내게는 너무나도 재미있는 '썰렁' 개그가 우리 가족에게는 그렇지 않은 걸 보면 맞는 말이다. 유머는 감정이 아니지만 감정에 영향을 미치기도 하고, 모든 유머나 놀이가 웃음을 자아내지는 않지만 마음에 긍정과 낙관의 분위기를 조성할 수는 있다. 여러 신경전달물질들이 신호를 받으면, 뇌 안에 칸막이가 쳐지듯 부정적 생각과 긍정적 생각이 나뉜다.

긍정적 유머는 일반적으로 높은 자존감, 낙관주의, 삶을 향한 만족과 관련이 있으며 우울감, 불안, 스트레스를 감소하게 한다. 이는 따뜻하고 인간적인 인간성을 표현하는 방법이다. 로빈 윌리엄스는 다음과 같이 말했다. "코미디를 통해 우리는 광기를 보고도 웃을 수 있습니다. 아픈 것, 아름다운 것 모두가 부조리하다는 사실을 깨닫게 되지요. 잠시나마 모두 하나가 되어 '우리는 모두 인간이군!'이라고 말할 수 있어요." 한편, 기쁨이 아닌 슬픔으로 이어지는 부정적 유머(빈정대기와 모욕)는 정신 건강에 해로울 수 있다.

유머의 다면적인 특징은 유머를 네 가지 유형으로 분류하는 '유머 방식 척도Humor Styles Questionnaire'로 이해할 수 있다. 이 네 가지 유형에는 자기 강화 유머, 친화 유머(다른 사람과의 관계를 강화), 공격적 유머(다른 사람을 낮추고 자신을 높임), 자기 비하 유머(자기를 낮추며 관계를 강화)가 있다. 두 가지는 심리적 건강과 웰빙에 긍정적으로, 나머지 둘은 부정적으로 연관된다. 여성보다 남성이 공격적 유머와 자기 비하 유머를 더 많이 사용하며,[6] 뇌 영상 연구에 따르면 남성과 여성은 각각 유머를 다르게 인식한다.

부정적 유머가 이목을 받는 몇 안 되는 분야 중 하나가 예술이다. 《헨리 4세》에서 "그대는 버터만큼이나 지방이 많군"이라는 대사를 쓴 셰익스피어의 희극적 모욕 또는 어두운 요소가 많은 현대의 풍자 연극, 영화, 텔레비전 프로그램을 생각해보라. 뮤지컬 〈몰몬의 책Book Of Mormon〉, 〈애비뉴 큐Avenue Q〉, 〈프로듀서스The Producers〉, 영화 〈흡혈 식물 대소동〉, 〈조조 래빗〉, 〈Mr. 후아유〉, TV 시트콤 〈사우스 파크South Park〉, 〈릭 앤 모티Rick And Morty〉, 〈블랙 북스Black Books〉, 그리고 영국의 희극 그룹 몬티 파이선Monty Python의 코미디까지, 사지가 잘려 피가 사방에 튀거나 권력자가 아랫사람을 무지막지하게 짓누르는 이야기로 가득하다. 이런 어두운 주제를 얼마나 즐기느냐에 따라 유머 지표가 달라진다. 풍자와 익살, 비극과 코미디는 종이 한 장 차이이다.

벙어리장갑이 개인 손 모양에 맞춰지듯 유머 인상Humour-Print도 개인에 맞게 맞춰진다. 유머 인상은 웃음 인상Laugh-Print보다는 조금 늦게 발달하는데, 빠르면 생후 7개월부터. 평생 우리와 함께하는 유머 감각은 특별히 재미있는 이야기에 반응하는 것 이상으로 중요한 사회적 기능을 한다. 유머는 아이들이 새로운 것을 배우고 주변 환경에 반응하는 데 반드시 수반되는 중요한 요소다. 아이들은 적응력이 매우 좋기에 그들의 웃음과 즐거움을 자극하는 요인은 쑥쑥 자라나는 발만큼이나 빠르게 변한다. 까꿍만 해도 숨이 넘어갈 듯 웃다가, 재미있는 동물 소리에 웃다가, 어느새 많은 부모가 두려워하는 똥 유머를 해대는 시기에 이른다.

다른 아이들과 마찬가지로 우리 아들도 똥 유머를 아주 좋아했다. 곧 입학할 초등학교 교장 선생님과 면접 본 날을 나는 아직도 잊지 못한다.

"다 큰 어린이들이 다니는 학교에 온다고 생각하니까 기대되니?" 다정하게 교장 선생님이 물었다.

"똥, 똥, 똥." 아들이 대답했다. 나는 창피한 나머지 더 성의 있는 대답을 생각해보라는 뜻으로 쿡 찔렀는데, 아들은 나를 올려다보며 아무 생각 없이 다시 "똥, 똥, 똥"이라고 노래를 불렀다.

학생 평가가 아닌 형식상 면접이어서 얼마나 다행이었는지!

몇 주 뒤 아들은 커다란 교복을 입고 해맑게 등교했다. 우리 명문 집안을 먹칠한 줄도 모른 채(하하하).

성장 단계와 밀접한 관련이 있기에 유머 감각도 사춘기를 거친다. 선생님의 머리 스타일이 이상하거나 누군가가 실수로 단어를 잘못 말하는 것처럼 조금이라도 평소와 다른 일이 생기면 아주 재미있어한다. 거기다 섹스 농담도 있다. 사춘기 아이들 생각처럼 섹스가 정말 웃긴가? 몸의 일부와 더불어 여드름까지 갑자기 툭툭 튀어나오는 이 시기에 유머는 주로 불안감을 감추는 방법이다. 십 대 청소년들은 친구들 사이에서 서열을 두고 경쟁하기도 하므로 유머가 다소 퉁명스럽거나 신랄할 때도 있다.

삶의 단맛과 쓴맛을 경험하며 치즈와 마찬가지로 유머 감각도 숙성한다. 고된 삶을 반영하며 유머가 더욱 정교해질수록, 어릴 때 재미있던 것이 더는 재미있게 느껴지지 않는다. 우리는 어려운 문제들을 이해하기 위해 유머를 찾는다. 유머는 스트레스를 비롯한 여러 가지 상황을 견디는 힘을 준다. 일례로 눈앞에 거미가 있는 무서운 상황에도 도움이 된다! 어느 연구는 유머 치료법이 기존의 거미 공포증 치료법만큼이나 효과적이라고 밝혔다.[7]

규칙적으로 유머를 활성화하면 몸이 튼튼해지므로 면역력이 향상될 수도 있다. 실제로 유머는 크나큰 장점으로, 여섯 가지 보편적 덕목과 그에 따른 스물네 가지 강점을 분류한 '행동 강령 Values-in-Action, VIA(국내에서는 'VIA 강점 검사'로 알려져 있다-옮긴이)'에

명시되어 있다.[8] 유머는 모든 덕목과 잘 어울리는데 특히 인간애, 지혜, 초월성Transcendence과 가장 조화롭게 어우러진다.[9] 몸, 마음, 정신에 영향을 미치는 유머는 심미안, 감사, 희망, 영성과 함께 '초월성' 덕목으로 분류되었다(당연하다). 유머스러운 성격을 지닌 사람은 자신의 과거, 현재, 미래의 긍정적인 면에 집중하는 경향이 높다. 이런 짧은 이야기로 요약할 수 있지 않을까.

과거, 현재, 미래가 함께 선술집에 들어간 이유는?
연애가 끝나서.

유머는 물리적 세계가 아닌 순전히 우리 마음에만 존재하기에 관습을 거역한다. 유머와 웃음은 어두운 시대에 아주 엉뚱한 곳에서 빛을 발한다. 《빅터 프랭클의 죽음의 수용소에서》를 집필한 오스트리아 출신 신경학자이자 심리학자 빅터 프랭클Viktor Frankl은 어머니와 형제가 죽임을 당한 아우슈비츠를 비롯해 3년 동안 네 개의 수용소에 수감되었다. 현명하게도 그는 수용소에서 유머를 기다리고만 있지 않고, 매일 친구와 해방 후에 일어날 법한 재미있는 이야기를 하나씩 만들어내기로 약속했다. 배는 굶주려도 상상력만큼은 굶주리게 하지 않았다. 도처에 고통뿐인 수용소에 갇혀 있었지만, 유머 덕분에 살아가는 기술과 찰나의 즐거움을 연습할 수 있었다. 미래를 상상하는 이야기는 고통스러운 현재의 순간을 희망적인 미래로 승화하게끔 긍정적 영향을 미쳤다. 유머는 그들에게 인간다움을 느끼게 했고(나치는 바로 이 정신을 파괴하려고 했다), 단순한 생존을 넘어 악독한 법이 적용되지 않는 다른 세계를 맛보게 해주었다. '정신적 저항'의 한 가지 형태인 농담은 방패였고, 유머와 웃음은 힘이었다. 히틀러는 어느 연설에서 유대인들이 자신을 비웃는 이유를 한탄하며 이를 걱정했다. 탱크를 타고 유럽을 쑥대밭으로 만들며 전쟁터에서는 천하무적이라 느꼈을지 모르나, 사실 이 독재자는 무엇보다 비웃음을 두려워했다.[10]

유머는 역경을 위해 만들어졌다 해도 과언이 아니다. 유대인 대학살 생존자들은 건강한 유머 감각을 지닌 이가 고통을 견디는 능력이 높다고 증언했다.[11] 캐리커처든 풍자적 노래나 연극이든, 그를 통해 표현되는 유머는 감정적 생존에 큰 공을 세웠다. 코미디언과 광대는 바르샤바와 우치(폴란드 중부에 있는 도시-옮긴이)의 유대인 거주 지역에 만연한 두려움과 혼란에 빛을 밝혀주었다. 어느 생존자는 "유머는 먼 미래가 아닌 지금 이 순간을 위한 것입니다"라고 말했다. 웃음이 있는 한 희망이 있었다. 절망 가운데 이따금 웃음과 익살, 농담이 모습을 드러낼 때마다 잠시나마 '인간의 비참함이 사라진 온전한 세계'로[12] 마음을 피할 수 있었다. 작가 마크 트웨인의 말처럼, "인류에게는 아주 효과적인 무기가 하나 있다. 바로 웃음이다".

삶이 장밋빛으로 빛날 때는 유머를 쉽게 찾을 수 있으나, 가시밭길을 지날 때는 재미있는 순간을 포착하기란 쉽지 않다.

바로 이런 시기에 웃음 효과가 적격이다. 수년 전, 대장을 연결하는 수술을 받기 직전에 이 철학을 써먹었다. 나는 "주머니 두 개로 들어와서 하나만 가지고 나가겠네요"라고 간호사에게 농담을 했다. 몇 초가 지나서야 간호사는 내가 장루 주머니(illeostomy bag, 대장의 일부가 외부로 연결되어 대변이 체외로 배출될 수 있게 하는 의료 기구-옮긴이)로 농담을 했다는 사실을 눈치챘다. 마음에 가득한 두려움과 긴장을 완화하는 내 방식이었다. 고되다는 말로도 부족한 힘든 몇 개월이었다. 내 유머 감각은 지푸라기도 잡지 못하는 상태였기에 더 유심히 살펴야 했다. 나는 수술 날짜를 가지고도 병원 직원에게 농담했다. "제가 바나나를 실컷 먹을 운이 있어서 이날 수술을 하는군요!" 당시 엄청난 태풍으로 호주의 바나나 공급이 거의 끊기면서 값이 폭등했지만, 병원 급식은 내가 원하는 만큼 바나나를 제공했기 때문이다. 재미를 찾아내는 것만으로 기분이 나아졌고, 농담을 주고받으니 담당 간호사들의 얼굴도 밝아졌다. 웃으며 병실에서 나간 그들은 웃음 효과를 안고 다음 환자를 대했으리라.

몇 달 사이에 큰 수술을 두 번이나 치렀기에 온 가족, 특히 두 아들이 아주 힘들었다는 사실을 알았던 나는 분위기를 가볍게 하려고 노력했다. 수술이 끝나고 나서 의사는 첫 번째 정상 신호가 방귀라고 말했다. 이 중대한 순간을 기다리며 아들 잭은 매일 병원에 있는 내게 전화해 방귀를 뀌었는지 물었다. 수술 사흘 후, 옆에 있는 핸드폰에 겨우 손을 뻗어 기쁜 소식을 전했다. 수화기 너머로 잭이 나머지 가족들에게 "엄마 방귀 뀌었대요! 엄마 방귀 뀌었어요!"라고 말하는 소리를 들으며 나는 흐뭇한 웃음을 지었다. 보다시피 방귀 이야기는 나이를 불문하고 통한다. 내가 보여준 유머 반응은 가족들에게도 전해져 두려움과 긴장의 순환을 부순, 꼭 필요한 웃음이 되었다. 심각하게 생각하니까 삶이 지나치게 심각하다! 작가이자 '행복학자Jollytologist'인 앨런 클레인Allen Klein은 《유머의 치유력The Healing Power of Humor》에서 "때때로 어두운 시기에는 눈물이 시야를 가려 웃음의 중요성을 보지 못한다"라고 썼다. 하지만 더 나아가 "고통은 멈추지 않을 수도 있지만, 유머는 절망적인 상황에서도 괴로움을 줄이고 누군가에게 재량권과 통제력이 있다는 감각을 부여한다"라고 주장했다.

유머 심리학자 스티브 설타노프Steve Sultanoff는 다음과 같은 관점을 제시한다. "유머는 행복을 경험하도록 도와준다. 우리가 행복할 때 적어도 그 순간만큼은 우울, 불안, 분노 같은 다른 감정이 사라진다. 행복, 분노, 두려움을 동시에 경험하기란 불가능하기 때문이다." 부정적 감정은 분출되기보다는 대개 마음 깊숙이 묻혀 있으므로 웃음과 유머는 이런 감정을 안전하게 풀어주는 역할을 한다.

두려움은 헤어나기 힘든 늪이다. 우리를 옥죄어 움직이지 못하게 한다. 따라서 유쾌함을 기르면 더 솔직하고 개방적인 사고방식을 가질 수 있다. 확장 및 수립 이론Broaden-And-Build Theory을 주창하는 긍정심리학 교수 바버라 프레드릭슨이 제시했듯, 유쾌함은 긍정적 감정을 확장하고 수립하게 해준다. 또한 긍정적 감정의 파급 효과에 기반을 두어 사건 인지와 대응 능력을 확장할 뿐 아니라 스트레스를 관리하는 능력과 기술도 구축한다.[13] 자신의 고통에 웃을 수 있을 때, 고통을 새로운 시선으로 바라볼 수 있을 때, 그에 얽힌 트라우마가 다소 풀어지므로 힘든 시기와 사건을 회상하면서도 아픔을 느끼는 정도가 덜해진다. 그렇기에 '방귀 뀐 날'을 생각하면 평생 장이 제 기능을 하지 못할 것 같던 두려움과 신체적 고통보다는 행복한 미소가 떠오른다.

아픈 상황에서도 나는 유머를 주도하는 역할을 맡았다. 의료진 입장에서는 농담이 화를 불러올 수도 있기에 치료 환경에서 유머 사용은 조심스러울 때가 많다. 그러나 네덜란드의 종합 암 센터에서 종양 전문의를 대상으로 진행된 연구에 따르면, 유머는 질병으로 생긴 스트레스 완화에 도움이 된다. 종양 전문의 97 퍼센트가 유머를 사용한다고 답했는데, 이들 모두 진찰 중에 웃을 때가 있으며 그중 83퍼센트는 웃음의 긍정적 결과를 경험한 적이 있다고 밝혔다.[14]

'네덜란드에서 한 연구라고? 거긴 대마초가 있으니까 웃음이 절로 나겠지'라고 생각할 수도 있겠지만, 장담컨대 그 녹색 이파리를 써서가 아니다. 건강 문제를 안고 있는데도 환자들은 유머 덕분에 어려운 이야기를 꺼내고 상황을 가볍게 보는 데 도움이 되었다고 밝혔다. 물론 유머가 늘 성공적이지는 않았다. 때때로

취향 차이로 인해 부적절하다고 간주되는 경우도 있었다. 그러나 의료진의 인간적 면모를 보여주는 유머는 환자의 감정적 고통을 덜어주었다. 이를 통해 관련된 사람들 모두가 상황에 대처하고 긍정적 관계를 구축할 수 있었다. 특히 환자가 나처럼 의식적으로 유머를 선택한 때에는 더욱 그랬다.[15]

생명이 위태로운 상황 또는 아주 심각한 상황을 두고 비웃는 어두운 유머는 피해야 한다. 가장 위험하고 경솔한 행동은 불행을 웃어넘기라고 타인에게 조언하는 것이다. 환자 개개인의 상태를 잘 살펴야 한다. 고통에 대해 웃을 준비가 된 상태인지를. 코미디언 스티브 마틴Steve Martin은 자신의 경험을 재미있게 풀어냈다. "의사는 좋은 소식부터 알려주더군요. 제 이름을 딴 병명이 생길 거라고요."

중대함 속에서도 가벼워지는 순간

유머가 웃음으로 이어지며 힘든 상황을 가볍게 만든 경우가 있는가?
당신이 먼저 시작했는가 아니면 다른 사람이 시작했는가?
웃음이 스트레스에 어떤 영향을 미쳤는가?
당시 상황을 회상하면 어떤 면이 더 머릿속에 남는가?
힘들었던 기억인가 아니면 예상치 못하게 재미있었던 기억인가?

웃음 수업

유머는 상식선에서

유머의 아름다움은 보는 사람에 따라 달라진다. 위기나 심각한 상황에서 특정 유머가 어떻게 작용할지는 당신이 특정 상황에 부여한 의미와 감정적으로 받은 충격의 정도에 달려 있다. 팬데믹 초기, 화장실 휴지가 부족하다는 이야기는 어느 정도 농담으로 통했다. 그러나 코로나로 사랑하는 사람을 잃은 사람에게 코로나 농담을 던지면 불난 집에 부채질하는 셈이다. 화장실 휴지 공급이 사라진 것과 생명이 사라진 것은 절대 같은 부류의 농담거리가 될 수 없다. 일반적인 공식은 '비극 + X시간 = 유머'다. 하지만 이 경우에는 시간이 아무리 흘러도 충분치 않을 수도 있다. X는 사건에 감정이 '끈끈하게' 붙어 있는 정도로, 떼어내기 쉽지 않은 요소다. 스티브 설타노프는 다음과 같이 설명했다. "위기와 어느 정도 거리가 먼 사람은 그 사건에 몰입하는 경향이 덜하기에 유머의 도움을 받을 수 있습니다. 균형감과 안전거리를 유지할 수 있으니까요."[16]

그러나 상황을 진지하게 받아들이지 못해 무례해 보일 수 있다는 두려움으로 유머 공유를 삼가거나 자기 상황에 적용하지 않는 사람이 많다. 불행 앞에서 긍정적 감정을 표현하면 죄책감을 느껴야 하는, 유머가 금기시되는 행동일 때도 있다. 따라서 가장 필요할 때 유머는 부재중이다.

내 학생 한 명은 12개월이라는 짧은 기간에 부모님을 모두 잃었다. 엄청난 충격과 슬픔에 잠겨 애도만이 효도하는 길이라 믿은 그녀는 1년 이상 스스로 기쁨을 차단했고, 배우자와 함께 웃거나 미소를 주고받지도 않게 되었다. 우리는 함께 계획을 세웠다. 첫 단계는 긍정적 감정을 다시 느껴도 된다고 스스로 허락하는 것이었다. 부모는 자녀가 슬픔에 억눌려 있기를 원치 않는다는 점도 수용해야 했다. 나는 가족 모두 함께 웃은 순간을 말하고 일기에 적도록 권유했다. 눈물을 흘릴 때도 있었지만 함께 미소 짓고 웃는 연습을 하며, 삶에 다시 스며드는 기쁨을 반갑게 맞이했다. 더 나아가 그녀는 배우자와 함께 코미디를 보러 가기도 했고, 관계에서도 조금씩 웃음을 되찾기 시작했다. 몇 주가 지나자 기분이 나아짐은 물론이고 배우자와도 친밀해지고, 자기와의 관계도 개선되기 시작했다. 웃음은 무거운 현실에서 벗어나게 하는 달콤한 휴식이다.

물론 고통, 트라우마, 상실을 경험하는 사람과 유머를 공유할 때는 상식과 조심성이 필요하다. 유머에는 두 얼굴이 있기에 상황과 시기가 적절한지 늘 평가하고 숙고해야 한다. 설명하고 정당화해야 하는 유머라면 역효과를 낼 가능성이 크다. 비평가, 기자, 저자이자 방송인이었던 故 클라이브 제임스Clive James는 이렇게 말했다. "상식과 유머 감각은 다른 속도로 움직일 뿐 동일한 것이다. 유머 감각은 그저 춤추는 상식이다."

웃음 수업

웃음 효과는 유머 감각을 향상할 뿐 아니라 공동체에도 깊은 영향을 끼쳐 역사를 바꿀 수도 있다! 유머를 아주 진지하게 연구하는 응용 및 치료 유머 협회Association of Applied Therapeutic Humor, AATH의 어느 회의에서 연사로 초대받은 코미디언 야코프 스미르노프Yakov Smirnoff는 평화 중재자 역할을 하는 유머의 능력을 이야기했다. 구소련 출신인 그는 1977년, 26세에 가족과 미국으로 이주했다. 그에게 유머는 동서 문화 차이를 헤쳐 나가도록 도와준 생명선이 되었다. 그는 캐츠킬Catskills 지역에서 코미디언들이 자주 오는 바의 바텐더로 일하며 영감을 얻었고, 심지어 '사용자에게 친숙한' 스미르노프(국내에서는 '스미노프'로 알려진 스미르노프는 보드카와 주류 브랜드로 유명하다-옮긴이)로 성까지 바꿨다.

머지않아 그는 빛을 발하기 시작했다. 어느 날 전화가 울렸고 수화기 너머로 낯선 남자의 목소리가 들렸다. 남자는 자신이 레이건 대통령이라고 말했고, 한참 후에야 스미르노프는 장난 전화가 아니라는 사실을 깨달았다. 그의 농담을 좋아한 대통령은 그를 짤막한 농담의 달인이라 생각했고, 1988년 크렘린 궁에서 개최될 모스크바 정상회담에서 냉전 연설을 발표할 때 도울 사람이라고 믿었다. 미국과 러시아의 정치 상황은 긴장감이 팽팽했다. 유머가 위험할 수 있었다. 레이건은 천국도 공산주의 정치인들에게 게으른 성품을 주었다는 스미르노프의 농담으로 연설을 시작했다. 엄청난 도박이었다. 미국에서 텔레비전으로 그 모습을 시청하던 스미르노프는 겁에 질렸다. 경직된 얼굴을 한 공산당원들, 누구보다도 고르바초프를 보며 두려움은 현실이 되는 듯했다. 가슴이 철렁 내려앉았다. 나는 이제 죽은 목숨이구나. 그런데 몇 초가 지나자 모두 손뼉을 치며 웃었다. 통역으로 전달되는 시간을 차마 생각하지 못해서였다. 서늘한 분위기가 사라지고 회담은 계속되었다. 그 후의 이야기는 모두 잘 알 것이다.

세계적 문제든 개인적 문제든 분위기를 누그러뜨리고 즐거움을 가져다주는 유머는 논쟁의 쟁점을 가볍게 보게끔 돕는다. 노인 거주 시설에서 아버지가 심하게 넘어지는 바람에 함께 구급차를 타고 병원에 간 적이 있다. 아버지는 블랙베리 나무의 공격을 받은 사람처럼 보였지만, 놀랍게도 즐겁고 정신이 맑아 보였다. 머리를 부딪히면서 알츠하이머로 손상된 정신이 되돌아온 걸까. 거즈와 붕대를 이상하게 감고, 귀여운 아이용 반창고를 붙인 아버지의 모습은 영화 〈패치 아담스〉의 한 장면처럼 보였다. 멍들고 부어오른 얼굴을 하고도 웃는 아버지의 얼굴과, 정중하게 웃으며 따뜻한 말을 해주는 의료진 덕분에 나도 무거운 마음을 다소 덜었다. 응급실에 있으면서도 잠시나마 유쾌함을 즐겼기에 긴장을 풀 수 있었다.

직장에서의 유머

우리는 일을 시작할 나이가 되면서 '유머 절벽'에서 떨어지는 경향이 있다. 웃음의 빈도수와 재미를 인식하는 정도가 급격히 낮아지는 것이다. 스탠퍼드 경영대학원에서 '유머: 진지한 비즈니스Humor: Serious Business'라는 인기 있는 강의를 가르치는 제니퍼 에이커와 나오미 백도나스Naomi Bagdonas에 따르면, 가벼움은 직장 생활에 도움이 되지 않는다고 생각하는 사람이 많다고 한다. 국제적으로 세계 금융 위기가 있다면, 개인적으로는 세계 유머 절벽이 있다. 그렇게 웃음과 유머는 침체를 겪는다. 166개국 사람들에게 '어제 미소 짓거나 웃었습니까?'라는 간단한 질문을 한 갤럽 여론조사 결과는 현 상황을 잘 보여준다. 16~20세 집단은 대체로 '예'라고 응답했으나 23세 이상은 대부분 '아니오'라고 답했다. 그리고 70세 이상 집단에 들어서야 다시 대답이 '예'로 바뀌었다. 그래도 웃음의 중요성을 미리 깨달은 사람들이 있으니 얼마나 다행인가.

평균적으로 우리는 삶의 3분의 1을 직장에서 보낸다. 삶 전체로 계산하면 약 9만 시간이다. 평균에 누가 해당되는지는 정확하게 말할 수 없지만, 어쨌든 유머 절벽에 위태롭게 매달려 있기에는 엄청나게 긴 시간이다. 일벌레들은 물러가고, 웃음 벌레들이여 일어나자!

　근무 환경을 조사한 어느 연구에 따르면, 경영진의 91퍼센트는 승진에 유머 감각이 중요하며 84퍼센트는 유머 감각이 있는 사람이 일을 더 잘한다고 여겼다.[17] 벨 리더십 연구소Bell Leadership Institute는 유머 감각과 직업의식이 리더에게 필요한 가장 바람직한 덕목이라고 밝혔다.[18] 참고로, 엄청난 인기를 끈 시트콤 〈오피스〉를 보고 따라 하는 유머(리더들이 빈정거리거나 남을 놀리는 부정적 유머를 사용하고, 재미있으려고 노력은 하지만 실패할 때가 많다)는 역효과를 낼 위험이 크다는 점을 알아두자.

　적절하고 긍정적인 유머 감각은 노력으로 향상될 수 있는 후천적 기술이다. 직장에서 통하는 유머 스타일을 이해하려면 시간이 걸리지만, 일단 파악하고 나면 엄청난 보람과 재미를 가져다줄 것이다. 유머는 중요한 업무를 못 하게 방해하기보다는 효율적으로 일하게 도와주며, 긴장감과 갈등을 누그러뜨림으로써 팀원들의 사기를 북돋는 치어리더 역할을 한다. 유머를 활용하는 리더들은 동기부여를 잘한다고 생각되어 존경받는다. 제니퍼 에이커는 유머가 있는 직장에서는 직원들이 일에 더 충실하고 직업 만족도가 15퍼센트나 높으며, 상사의 동기부여 능력도 27퍼센트 높게 평가되었다고 밝혔다.[19]

　유머는 변연계나 감정적 체계에 있는 인지 능력이 더 지혜로운 전전두피질로 옮겨 가도록 도와준다. 따라서 두뇌가 더 예리해져 문제를 잘 해결하고, 창의력이 높아지며, 미래를 보는 능력

　　　　　　　　　　　　　　　　　　웃음 수업

도 향상된다. 또한 유대감을 형성하고 신뢰를 쌓는 유머 능력은 사람들이 자만심을 내려놓고 피드백을 더 잘 수용하도록 돕는다(어느 일터에서도 중요한 자질이다). 전 미국 대통령 아이젠하워는 "인간관계와 효율성이 요구되는 리더십에서 유머 감각은 중요한 기술이다"라고 말했다.

재미가 강점이 아닌 사람이라 해도 조바심 낼 필요는 없다. 재미있는 사람이 유머를 시작하도록 위임하면 된다. 필요하다면 웃음을 책임지는 유머 특사를 정해도 좋다. 신경유머학자 캐린 벅스먼Karyn Buxman은 다음과 같이 설명하며 유머의 중요성을 강조했다. "유머는 명료하게 생각하는 능력을 되찾고 유지하는 데 필수적인 도구입니다. 스트레스 상태이면 IQ가 10 이상 떨어지기도 합니다." 뇌가 불을 끄느라 바빠서 창의적으로 문제를 해결하지 못하기 때문이리라. 벅스먼은 이를 '인지 능력 추락Cognitive Capacity Cascade'이라고 한다.

조직심리학에 수천 달러를 쏟아붓지 않아도 회사를 살리는 해결책이 바로 재미일 수 있다. 창의력이 필요한 문제에 착수하기 전, 함께 웃는 팀은 웃지 않는 팀보다 성공할 확률이 두 배 이상 높다. 이뿐만이 아니다. 구매를 권유하고 나서 "마지막 제안 가격은 X달러입니다. 그리고 제 애완 개구리도 서비스로 드리지요" 같은 가벼운 농담을 던지면 고객이 값을 더 주고서라도 살 마음이 18퍼센트나 높아진다.[20]

유머는 말 그대로 돈을 벌어다준다. 찡그린 얼굴이 아닌, 긍정적 유머는 직장에서 성과를 높이는 열쇠다. 게다가 유머 벼랑에서 떨어지기 직전의 수많은 사람을 살리기도 한다.

●

유머는 업무 문제뿐만 아니라 범죄 해결에도 도움을 준다. 범죄 수사관들에 관한 어느 연구에 따르면, 유머와 농담은 압박감이 높은 환경의 스트레스를 감소시키고 팀워크 개선에 중요한 역할을 했다고 한다. 스트레스를 줄이니 임무도 완료할 수 있었다. 또한 유머는 수사관들의 감정적 짐을 극복하는 지표로 사용되기도 했다.[21] 어두운 유머를 선호하리라 추정되긴 하지만.

유머 일기

당신을 웃음 짓게 하는 것들을 수집하고 공유함으로써, 삶에 유머를 더하고 스트레스는 덜어내자. 재미있는 문구, 밈Meme, 사진을 일기에 모두 모아두자. 기분이 울적한 날 일기를 펼쳐보거나, 더 추가할 것들을 찾아도 좋다. 어두운 곳보다는 환한 곳에 있다 보면 입꼬리가 올라가며 기분이 좋아질 것이다.

웃음 수업

성별 간 웃음 전쟁

유머는 주관적이므로 유머 스타일, 문화와 성별 차이가 존재할 때는 조심스럽게 접근해야 한다. 이는 세계 어디에서도, 심지어 우주에서도 적용되는 규칙이다!

몇 주, 몇 달을 우주에서 지내면 외로워지기 마련이고, 따라서 우주비행사들은 내적, 외적 스트레스 요인을 참아내야 한다 (그래도 매일 어떤 옷을 입을지 고민할 필요는 없겠다). 한 연구는 긍정적 유머를 사용하는 우주비행사들이 외로움, 스트레스, 우울감, 긴장과 불안을 느끼는 정도가 낮고 전반적 웰빙 수준은 높다는 사실을 발견했다. 또한 그들은 연대감, 따뜻함, 친밀감을 강화해 높은 자존감과 낙관적 태도를 유지했다. 유머는 누구에게나 중요하지만, 남들과 함께 장기간 좁은 공간에 있어야 하는 사람들에게는 더욱 중요하다. 유머 사용은 우주비행사 간의 공감 능력을 높이고 의사소통을 도와준다고 보고되었다.[22]

성별 간 유머 차이를 다룬 다른 연구 사례와 마찬가지로, 여성 우주비행사들은 유머를 대응 기제로 사용하는 경우가 낮았다. 또한 경험이 많은 우주비행사들이 유머를 사용하는 확률이 높았고, 새내기들은 문제 해결에 집중하는 경향이 높았다. 특히 직장에서는 일반적으로 남성이 유머를 사용하는 확률이 높다.[23]

남성에 비해 여성은 유머를 처리할 때 집행 기능과 언어 기반 이해 능력을 더 많이 사용한다고 나타났다.[24] 남자는 화성에서, 여자는 금성에서 왔다는 말을 증명하는 연구다. 요컨대 중대성과 중력이 만나면 가벼움이 된다.

중력 거스르기

중력을 거스르면 품위 있게 나이 들 수 있다. 삶의 시기와 나이를 불문하고 유머는 아주 중요하지만, 황혼기에 들어서면 더욱 중요해진다. 질병, 주변 사람들의 죽음, 자립성 손실 같은 막대한 영향을 최소화하도록 돕는 필수적인 대응 기제다. 삶의 마지막으로 향하는 사람들은 더 웃지 않은 것을 후회한다. 매일 만나는 여러 상황에서 유머를 찾고 웃으면 자연이 주는 노화 방지약을 먹는 셈이다. 규칙적인 유머 보충 요법Humour Replacement Therapy은 우리 호르몬을 즐겁게 한다. 제니퍼 에이커는 "웃음은 운동, 명상, 섹스를 동시에 하는 효과를 냅니다!"라고 표현하기까지 했다.

유머로 웃음 효과를 일으키는 것은 자연적이면서 자기를 보호하고 용기를 주는 방법이다. 우리 본능은 가벼움을 받아들임으로써, 앞으로 일어날 일이 무엇이든 간에 자신감과 유연함으

웃음 수업

로 대응하게끔 도와준다. 다른 기술과 마찬가지로 유머 기술도 자연스러워질 때까지 의식적인 연습이 필요하다. 작은 문제 상황에서 재미를 찾지 못한다면, 큰일이 닥쳤을 때는 말할 것도 없다. 그러니 무슨 수를 써서라도 유머 절벽에서 떨어지는 상황은 피하자! 미국의 작가, 출판인, 예술가, 철학자였던 엘버트 허버드Elbert Hubbard는 이렇게 말했다. "삶을 너무 진지하게 생각하지 말길. 어차피 살아서 나가지 못하니."

유머 습관

개인적, 직업적 삶에 어떤 유머 습관을 적용할 수 있을까?

몇 가지 팁:

- 생일 파티 전, 사람들을 모아 주인공과 관련된 재미있는 기억을 적도록 부탁해보자. 그리고 내용을 소리 내어 읽어보자. 같은 사건이라도 이를 표현하고 기억하는 방법이 사람마다 달라서 매우 신기할 것이다.

- 작업 중인 일을 표현하는 재미있는 줄임말을 만들어보자.

- 농담을 다듬고 연습하자.

- 만화의 말풍선에 들어갈 말을 써보고, 일상의 답답한 상황에 대응하는 재미있는 이야기를 만들어보자.

- 가족이나 동료와 함께 텅-트위스터tongue-twister('철수 책상은 철책상'처럼 발음하기 어려운 구절을 발음해보는 놀이-옮긴이)를 해보자.

바보같이 죽는 법

우리는 건강하지 못한 행동을 바꾸게끔 겁을 잔뜩 주는 공포심 전략에 익숙하다. 1980년대에 시작된 죽음의 사신 에이즈 캠페인을 생각하면 아직도 등골이 오싹하다. 그러나 우리 주의를 끌면서도 행동을 바꿀 수 있는 입증된 방법이 또 있다. 바로 유머다. 사실과 재미를 섞는 방식은 가장 큰 영향력을 끼친 공중위생 마케팅 캠페인을 탄생시켰다. 호주에서는 기차 근처에서 울리는 안전 수칙 메시지에 귀를 기울이는 사람이 거의 없었다. 그러다 메트로 트레인스Metro Trains(호주의 전철 서비스-옮긴이)가 매캔McCann이라는 광고 에이전시가 제작한 '바보같이 죽는 법Dumb Ways To Die'이라는 마케팅 캠페인을 채택하면서 분위기가 완전히 달라졌다. 이 노래와 영상의 주된 메시지인 '기차 옆에서 안전 수칙을 지키지 않으면 당신은 바보다'라는 내용이 사람들의 공감을 불러일으켰기 때문이다.

'바보같이 죽는 법'은 색다른 유머, 따라 부르기 쉬운 음악, 사

웃음 수업

랑스러운 캐릭터의 공이 컸다. 네모 바지 스폰지밥과 미니언즈가 만난 버전이라고 보면 된다. 모든 연령이 좋아할 만한 이 영상은 바보같이 죽는 다양한 방법을 노래한다. "머리에 불붙이기, 회색 곰을 막대기로 찌르기, 케케묵은 약 먹기, 몸 중요 부위를 피라냐 미끼로 내놓기, 인터넷에 콩팥 팔기, 초강력 접착제 먹기, 우주에서 헬멧 벗기……" 그러고 나서 마지막에 캠페인의 주된 메시지를 던진다. "기차역 승강장 끝에 서 있기, 안전 차단기가 내려와도 무시하고 운전해 기차선로 건너기, 승강장 사이 뛰어서 건너기, 운율은 안 맞을지 몰라도 가장 바보같이 죽는 법이죠."

이 영상은 엄청난 인기를 얻어 48시간 만에 조회 수가 250만, 72시간 만에 470만에 달했으며 현재는 3억이 넘는다. 노래 〈바보같이 죽는 법〉은 아이튠스에서 10위 안에 들었으며, 석 달 만에 구글 플레이 게임스 애플리케이션의 미니 게임에서 거의 40억 번(오타가 아니다) 재생되어 광고 노래 중 최고 기록을 세웠다. 무엇보다 캠페인이 시작되고 나서 메트로 트레인스는 기차역 사고와 사망률이 21퍼센트 감소했다고 밝혔고, 현재 1억 2700만 명이 기차 근처에서 조심하겠다고 선언했다. 뜻밖의 행운이 아닌 바로 유머가 생명을 살리고 있다.

저는 특별히 재미있는 사람이 아닙니다. 어떻게 유머 감각을 기를 수 있을까요?

독자님의 유머를 자극하는 것이 무엇인지 유심히 지켜보고 동료, 친구, 가족과 공유해보세요. 재미있게 들은 이야기를 소셜 미디어에 올려도 좋고, 농담을 기억해뒀다가 대화 중에 써먹어도 좋아요. 이런 연습은 뇌가 재미있는 일을 찾도록 훈련시키므로, 유머 능력을 기를 수 있어요. 긍정적인 반응을 얻을수록 자신감도 자라날 거예요.

6
장

⌣

웃음 효과로
놀이하기

The Laughter Effect

놀이 없이는 몸이 치유되지 못한다.

웃음 없이는 마음이 치유되지 못한다.

기쁨 없이는 영혼이 치유되지 못한다.

● 캐서린 리펀저 펜윅 Catherine Rippenger Fenwick

아이들 놀이

지금껏 살펴보았듯 유머와 웃음은 웃음 효과에 필수적이다. 놀이도 마찬가지다. 우리는 놀기 위해 태어났다. 소리 내어 웃는 결과를 내지 않더라도 놀이는 몸과 마음을 긍정적인 감정 상태에 놓이게끔 해주며, 체계적이든 자연스럽게 이루어지든 마음을 열게 하고 상상력과 창의력을 자극한다. 또한 기술과 능력 개발을 돕는 사회적, 인지적, 정서적 힘을 지니므로 삶의 모든 시점에서 중요하다. 사회적 유대감을 구축하는 놀이의 보편적 능력은 인류가 지닌 크나큰 강점이다.

안타깝게도 놀이는 주로 놀이터에서 하는 활동으로 생각될 때가 많으며 어린 시절이 지나면 잊히곤 한다. 그러나 우리는 진화론적으로 놀이와 밀접한 연관을 맺고 있다. 다윈은 유인원의 놀이를 관찰하다가 장난스럽게 할딱이는 소리가 인간 웃음소리의 구조와 비슷하다는 점에 주목했다. '넌 원숭이처럼 생겼어. 그리고 원숭이 냄새도 나'라는 생일 축하 패러디 노래를 '넌 원숭이처럼 생겼어. 그리고 원숭이처럼 웃기도 해'라고 바꿔야 할 듯하다. 《인간과 동물의 감정 표현》에서 다윈은 놀이에 따르는 자연스러운 반응인 웃음이 기쁨을 표현하는 중요한 방식이라고 강조했다.

놀면서 아이가 계속해서 웃는 행동은 상황이 괜찮고 중재할 필요가 없다는, 어른에게 보내는 안심 신호다. 놀이는 신체적, 정신적, 상상적 요소가 모두 섞여 있으며 신경계와 뇌 발달에 매우 중요하다. 미소는 놀자고 제안하는 첫 번째 신호일 때가 많으며, 웃음은 상호작용하는 놀이에서 주로 발생한다. 집단 내에서의 장난과 놀이는 웃음을 가장 많이 자아내는 사회 환경이다. 많이 놀수록 많이 웃고, 많이 웃을수록 많이 놀게 된다!

웃음은 한 공간에서 학습하는 아이들에게 도움이 되므로 함께 웃는 아이들은 함께 성장한다. 놀이는 자기를 표현하는 방식인 유머를 개발하는 자극제다. 아인슈타인이 말했듯, "최고의 학습 방식은 재미있게 즐기기다". 재미있는 학습 방식의 예로는 콜라와 멘토스 민트로 탄산 폭탄을 만드는 과학 실험, 비눗방울 만들기, 지점토 놀이가 있다. 온전한 사회적 존재로 발달하는 데 놀이는 핵심 요인이다.

위기가 놀이를 다시 소환하기도 한다. 팬데믹이 정점에 달하며 외출이 힘들어졌을 때, 틱톡은 부엌을 녹음실로 개조한 부모와 아일랜드 전통 춤을 완벽하게 익힌 할머니, 할아버지로 넘쳐났다. 특히 가정에서 장난과 재미를 즐기는 행동은 바깥세상이

웃음 수업

험난할지라도 현명하게 반응할 자유가 있다는 점을 보여주는 분명한 신호다. 사방치기 같은 전형적 놀이에서 벗어나려는 시도도 어려운 상황을 헤쳐 나가는 데 참신한 관점을 가져다주었다. 거실에서 춤을 추고 장난스럽게 노는 부모의 모습은 여유를 보여주었으며 기쁨, 사랑, 감사와 같은 긍정적 감정을 불러일으키기도 했다. 유머를 곁들인 놀이를 활용하면 다양한 연령대의 자녀에게 갈등과 위기에 대한 현명한 대응법이 있다는 지혜를 가르칠 수 있다. 또한 주의를 분산하고 상황을 재구성하기 위한 놀이는 회복력 강화에 도움이 된다.

아이들은 타고난 놀이꾼이지만, 나이가 들수록 놀이는 즉흥성이 떨어지고 지적인 활동으로 변한다. 이 책 집필에 필요한 자료 조사를 위해 나는 놀이터의 생동감을 관찰하고 싶었다. 어른들은 아이들만큼 놀지 않아서 덜 웃을까? 궁금한 마음에 아이들에게 물어보았다. "누가 더 많이 놀까? 아이들? 아니면 어른들?" 아이들은 나를 유심히 살피더니 내가 농담을 한 것으로 받아들였다. 너무 당연한 질문이었나? "어른들은 일을 해야 해서 놀 수 없잖아요." 아이들이 키득거리며 답했다. "어른들도 항상 일하지는 않잖아. 안 그래? 다른 이유는 없을까?" 내가 부드럽게 반박하자 이구동성으로 "아이들이 더 재미있어요!"라고 외쳤다. 그들이 정확히 꿰뚫어 봤다.

농담하기

더 재미있게 노는 건 아이들이겠지만, 농담하기는 단순히 본능에 따라 웃는 행동보다 더 높은 발달이므로, 농담 능력은 나이가 들면서 개발된다. 농담 기억 상실에 걸린 나는 발달이 좀 덜된 사람 같다. 가장 재미있는 대사를 잊어버리거나, 몇 가지 이야기를 혼동해 섞을 때가 많으니. 반면 타고난 사람도 있다. 프로이트는 환자를 상담하고 분석할 때 농담을 자주 했다고 한다. 그는 "최근 전투 승리 소식처럼 새로운 농담이 사람들 사이에 빠르게 퍼졌다"라고 말하기도 했다.[1] 우리도 마음 아픈 통계를 보도하는 주류 언론과 더불어 재미있는 밈이 넘치는 소셜 미디어, 다시 말해 팬데믹과 함께 유행한 온라인 **펀데믹**(말장난을 뜻하는 pun과 팬데믹을 합성한 단어-옮긴이)을 목격했기에 프로이트의 말이 이해가 간다. '농담은 미소에 감춰진 진실이다'라고 주장하는 프로이트주의는 두 가지 목적이 있다. 풍자와 같은 공격성을 표현하거나 성적 농담으로 무의식적 욕망을 표출하는 것이다. 그는 성적으로 억압된 감정을 지닌 사람일수록 성적 농담을 더 즐긴다는 이론을 제시했다. 성적 농담이 무의식에 접근해 정신적 에너지 분출을 도와준다고 생각했기 때문이다.[2] 다시 말해 농담은 평소에 잘 즐기지 못하는 행동을 즐길 기회를 준다. 그는 농담에 웃는 신체적 반응을 "횡격막과 가슴을 들썩거리게 하고, 죽음의 불안을 억압하는 데 사용할 심적 에너지를 분출한다!"라고 멋지게 표현했다.[3]

프로이트는 농담이 말하는 사람과 듣는 사람의 대화에 달려 있다는 점을 지적했다. 화자와 청자가 함께 소리 내어 웃음으로써 두 사람 모두 '이해'했다는 신호가 있을 때, 장난스러운 동지애가 형성된다. 그는 더 나아가 《농담과 무의식의 관계》에서 "농담은 놀이에서 시작되며, 무의미함을 마음껏 드러냄으로써 즐거움을 가져다준다. 하지만 억압에 대항해 싸우거나 비판적 판단 또는 압박에 대항하는 것처럼 중요한 목적을 실현하기 위해 나타나기도 한다"라고 서술했다.[4]

그의 깊은 통찰력이 아래와 같은 일반적이고 시시껄렁한 농담에도 적용되는지는 나도 모른다.

알렉산더 대왕Alexander the Great과 곰돌이 푸Winnie the Pooh의 공통점은?
미들 네임이 같다.

장난스러운 대화와 즉흥적 농담은 작은 사고, 말실수, 모순, 관찰, 말장난을 비롯한 일상의 경험에서 주로 나온다. 그러나 장난의 가면을 쓴 농담이 정곡을 찌를 때도 있는데, 바로 이런 농담을 두고 프로이트는 우리에 관한 새롭거나 중요한 사실을 보여주는 단서가 된다고 했다. 세상을 떠난 지 수십 년이 지난 지금도 그는 수많은 사람에게 영감을 주며 농담의 주제가 되기도 한다.

농담은 진실의 요소가 모순이나 잘못된 설명과 혼합되는 상황을 사용한다. 특정 방향으로 가는 듯하다가 반전이 있는 경우다. 코미디언 세라 실버먼Sarah Silverman의 농담을 예로 들어보자. "하룻밤을 두 남자와 보낸 적이 있어요. 다시는 못 할 짓이에요. 끝에는 걷지도 못하겠더군요. 저녁을 두 끼나 먹었다니까요? 엄청 배가 불렀죠."

돌아가신 내 시어머니 릴리언은 타고난 농담꾼으로, 항상 머릿속에 농담이 들어 있었다. 수년 동안 우리 가족에게 '웃긴 이야기를 하는 유대인' 라디오였다. 검열 없이 자유롭게 흐르는 코미디. 시어머니는 내게 "로스, 내가 이 이야기 해줬니?"라고 묻곤 했고 나는 "네, 여러 번 들었어요"라고 대답하곤 했다. 그래도

웃음 수업

개의치 않고 한 이야기를 하고, 또 하고, 또 하곤 하셨다. 자주 들려준 재미있는 이야기 하나를 소개한다.

베티와 에이브 부부는 은퇴 생활을 하고 있었는데, 나이가 들면서 둘 다 건망증이 심해졌어. 어느 날 텔레비전으로 영화를 보다가 중간 광고가 나와서 베티가 에이브에게 물었어.

"에이브, 아이스크림에 딸기 토핑을 얹어 먹을 건데 당신도 잡수실라우?"

"좋지. 까먹지 않도록 잘 적어두시오."

"기억할 수 있어요."

베티가 급하게 말하고 나갔어.

그리고 시간이 꽤 지났어.

에이브가 큰 소리로 베티를 불렀어.

"베티! 왜 이렇게 오래 걸려요? 영화 다시 시작했다오!"

쿵쾅쿵쾅 가까워지는 아내의 발소리를 듣고 에이브는 다시 편안히 앉았어.

베티는 남편에게 스크램블드에그 한 접시를 건네주었지.

에이브는 달걀을 보고는 꽥 소리 질렀어.

"내가 적으라고 말했지! 토스트는 왜 안 만들어 온 거요?"

재미있는 이야기하기는 시어머니의 따뜻한 성격을 잘 보여주었다. 그 성격 덕분에 가족생활의 불가피한 어려움이 누그러졌다고만 말해두겠다(우리 집안에서 나는 교통정리를 하는 외교관이다). 농담 레퍼토리로 어린아이의 마음을 고이 간직한 시어머니의 매력은 낯선 사람도 자석처럼 끌어당기곤 했다.

놀이에 마음의 문 열기

놀이는 마음의 상태로, 그 주도권은 우리가 쥐고 있다. 쾌활한 태도 없이는 무슨 일이든 버겁거나 당혹스럽거나 불만스럽게 느껴질 수 있다. 마음이 가볍지 않을 때는 재미를 찾는 자기 모습을 일깨우기가 참 힘들다. 명랑한 마음이 아닐 때는 유머스러운 면을 자극하기가 쉽지 않다. 이런 경험은 누구나 있을 것이다.

놀이는 마음을 홀가분하고 자유롭게 하는 특징이 있으므로, 상황을 통제하려는 욕구를 줄이고 새로운 가능성에 마음을 열게 한다. 작가 마투오세크Mark Matousek는 저서 《깨달음을 위한 글쓰기: 진실, 변화, 자기 발견의 여정Writing to Awaken: A Journey of Truth, Transformation, and Self-Discovery》에서 '깨달음을 위한 여정을 시작하는 것은 노는 법을 배운다는 의미'라고 서술했다. 그 과정에서 더 현명하고 열정적이며 창의적인 면을 발견하고, 새로운 가능성을 인지하도록 뇌를 자극하는 신선한 관점도 얻는다. 호주의 광대 의사, 웃음 요가 수행자이자 《숨 쉬어라, 놀아라, 웃어라Breathe Play Laugh》의 저자 데이비드 크로닌David Cronin은 "집에 있는 불이 모두 켜져 모든 방을 마음껏 들어갈 수 있는 상황과 같다"라고 묘사했다.

익살과 재미는 말 그대로 우리 뇌의 불을 환하게 밝힌다. 뇌 전도 측정 방법을 이용한 연구는 재미있는 자료를 보는 피험자의 뇌 활동을 관찰해 웃음 중심점Joke Central(유머 자극에 반응해 뇌에서 불이 켜지는 부분)을 찾아냈다.[5] 연구자들은 뇌파가 언어와 농담 구조를 분석하는 좌뇌에서 지적인 과정을 처리하는 우뇌로 0.4초 만에 움직이는 모습을 관찰할 수 있었다. 사회적 감정 반응은 전두엽에서, 시각 신호(미소)와 운동 반응(웃음)은 후두엽에서 발생한다. 웃음을 마지막으로 처리하는 곳은 우뇌로 보이므로 사고나 질병으로 우뇌에 장애가 생기면 유머, 웃음, 심지어 웃음을 처리하는 능력에도 문제가 생길 수 있다.[6]

유머 영역의 선구자 폴 맥기Paul McGhee 박사가 고안한 '유머 감각 등급Sense of Humour Scale'에서 놀이는 매우 중요한 사항이다. 그는 유머 관련 행동을 여덟 가지 영역으로 분류했다. 첫째, 유머 즐기기, 둘째, 심각함/부정적 기분, 셋째, 가벼움/긍정적 기분, 넷째, 웃음, 다섯째, 언어 유머, 여섯째, 일상에서 유머 찾기, 일곱째, 자기 자신 놀리기, 여덟째, 스트레스 상황에서 유머 활용이다. 마지막 영역인 '스트레스 상황에서 유머 활용'은 가장 개발하기 힘든 행동이다.[7] 등급 체계는 유머 지수를 매기는데, 지수가 높을수록 좋다. 맥기 박사는 "유머 감각은 놀이의 한 가지 형태로, 정신적 놀이 또는 머리 쓰기다"라고 주장한다.

놀이는 언어유희, 보드게임, 온라인게임, 농담, 재치 있는 말장난, 신체적 놀이를 비롯한 다양한 방법으로 이루어진다. 장난스러움이 분명히 드러나는 사람도 있고, 감춰진 사람도 있다. 다듬어지지 않은 우리 본모습을 드러낼 수 있으므로 장난은 취약성과도 연관이 있다. 남들에게 바보처럼 또는 유치하게 보이는 것을 수치스럽게 여기는 사람도 있기 때문이다. 취약성은 너무나 보편적이기 때문에 어떤 계기가 생기기 전까지는 잘 알아차리지 못할 때가 많다. 미국 심리학자이자 임상 연구자, 미국 놀이 연구소US National Institute for Play 설립자인 스튜어트 브라운Stuart Brown 박사는 우리가 발작하듯 웃을 때 통제력을 잃은 느낌을 받을 수 있다고 했다. 장난스러운 면모를 드러내면서 안전지대 밖으로 밀려나기도 한다.

우리의 장난스러운 면모가 잠잠해지는 이유는 어색함과 타인의 판단을 피하기 위해서라고 설명할 수도 있다. '사람들이 어떻게 생각하겠어? 철 좀 들어라! 한심하지도 않니? 정신 차려!'라는 내면의 목소리가 당신을 다그치는가? 아니면 우리 부모님처럼 "로절린드, 진정해"라고 하며 당신을 막는 사람이 있는가? 그러나 장난스러운 자기 모습을 포용해야만 놀이에 더 적극적으로 참여할 수 있다. 그러지 않으면 끝없는 숨바꼭질에 갇혀 모습을 드러내지 않을 수도 있으니.

웃음 수업

통찰력이 있던 엘리너 루스벨트(프랭클린 루스벨트 대통령의 아내-옮긴이)는 "자신의 어리석음을 보고 웃을 때 비로소 성장할 수 있습니다"라고 말했다. 인간은 기계가 아니므로 어린이든 어른이든 동기부여가 필요하다. 일반적인 믿음과 달리, 직장에서 적절한 유머를 사용하면 자신의 취약성을 안전하게 드러낼 수 있다. 안타깝게도 오늘날 문화에서는 자부심과 생산력이 결부될 때가 많아 놀이에 시간을 보내면 비생산적인 것처럼 보이기도 한다. 아이폰이 나오기 수십 년 전인 1900년대 초반, 철학자 버트런드 러셀Bertrand Russell은 《게으름에 대한 찬양》에서 "과거에는 가벼움과 놀이를 즐길 여유가 있었으나 효율성이 숭배되면서 다소 억제되었다"라고 서술했다. 먼 과거의 여유를 다시 찾으려면 아직 갈 길이 멀어 보인다.

일터를 놀이터로

스튜어트 브라운 박사는 많은 회사가 놀이를 무의미하게 보기에 이를 시간 낭비로 간주한다는 점을 강조했다. 온종일 사무실에서 모노폴리 게임을 해야 한다는 말이 아니다. 가볍고 장난스러운 의사소통이 분위기를 바꾼다. 이런 가벼운 분위기야말로

도파민을 분비하게 해 당장 처리해야 하는 업무를 완료하게 하는 힘을 주며, 특히 어려움이 있을 때 크고 작은 목표를 달성하게 도와준다. 장난스러운 소통은 이성적 생각에 휴식을 주며, 의도적으로 가벼운 유머를 주고받으면 사람들 사이에 공감대가 형성되고 신뢰가 쌓인다. 근로자 2500명을 대상으로 한 호주의 어느 산업 연구에 따르면 81퍼센트가 재미있는 업무 환경에서 생산성이 향상된다고 답했고, 93퍼센트는 직장에서 웃으면 업무 스트레스가 줄어든다고 답했으며, 55퍼센트는 일터가 더 재미있다면 임금이 조금 낮아도 좋다고 답했다.[8] CEO들과 재정 관련 부서는 이 조사 결과를 꼭 기억하라(물론 임금을 낮추는 핑계로 악용하지는 말기를).

최근 몇 년간 일터는 '개판'이 되고 있다. 근로자들에게 반려견을 데리고 출근하도록 권장하는 회사가 많아졌기 때문이다. 심지어 6월에는 '반려견과 함께 출근하는 날International Take Your Dog to Work'이 지정되기도 했다! 놀이와 재미, 기쁨을 높이는 데 네 발 달린 친구보다 더 나은 파트너가 있을까? 개는 입냄새를 솔솔 풍기면서도 마법처럼 우리와 유대감을 형성해, 스트레스와 불안을 완화하고 코르티솔 수치를 낮추며 긍정적 웰빙과 관련된 옥시토신 및 여러 호르몬을 자극한다. 그리고 조금 엉뚱하게 행동하는 내면의 아이를 다시 불러내어, 동료들의 장난스러운 면모를 볼 기회도 만들어준다. 콧대 높은 상사도 살랑거리는 꼬리와 촉촉한 코를 보면 '일하는 기계' 같은 딱딱한 태도를 풀고 재미있는 사람으로 변할 수 있다. 일터의 반려견들은 우리의 취약성을 덜 취약하게 만들어준다!

나는 취약성 악마를 수없이 봐왔다. 특히 도망갈 곳, 숨을 곳이 없는 기업체 웃음 요가 수업에서 매우 흔하다. 속옷만 입고 있는 편(잘 알려진 취약성 조건)이 차라리 낫다고 생각하는 사람이 있을지도 모르겠다. 용기, 취약성, 수치심, 공감을 주제로 광범위한 연구를 하는 휴스턴대학교의 전설적인 교수 브레네 브라운Brené Brown 박사는 수치심을 이기는 중요한 요소로 웃음을 꼽는다. 수치심으로 두려움이 커지면 의미 있는 관계를 쌓지 못하고, 심지어 관계를 끊을 때도 많다. 수치심에서 멀어지려면 공감으로 나아가야 하는데, 그러려면 배려가 필요하다. 취약성에 직면하기 위해서는 엄청난 용기가 필요하지만, 실행만 한다면 비웃음당할 두려움 없이 웃음과 놀이로 향하는 문을 활짝 열게 될 것이다.

심리학자 마이클 저베이스Michael Gervais에 따르면 잠재력에 손상을 주는 가장 큰 요인은 '타인의 의견에 대한 두려움Fear of People's Opinions'이다. 저베이스는 "우리는 다른 사람들의 비평을 두려워하여 안일하고 안전하게 행동합니다"라고 주장한다.[9] 창피함보다 더 나쁜 감정은 거의 없으며, 비웃음을 당하면 '수치심'이 더욱 강하게 느껴진다. 따라서 웃음을 즐거운 호흡법으로 가볍게 재구성하면 타인의 의견에 대한 두려움을 어느 정도 완화할 수 있다. 호흡하는 방식을 비난하는 사람은 거의 없으니. 그

일터에서 하는 놀이

'두 가지 진실과 한 가지 거짓'은 유머와 취약성을 재미있게 섞은, 어색함을 깨는 즐거운 게임이다. 회의 중간에 또는 웰빙 데이(근로자들이 재충전하도록 휴일을 주거나 특별한 행사를 개최하는 회사 복지-옮긴이)에 하기 좋다. 팀원에게 자신에 관한 두 가지 진실과 한 가지 거짓을 말해달라고 하자. 나머지 팀원들은 거짓이 무엇인지 알아맞혀야 한다.

룹 웃음 요가 수업에서는 서로 허락한다는 의미로 조용히 고개를 한 번 끄덕이면 머리를 풀며(대머리도 참여한다) 집단적으로 숨을 내쉰다. 소매를 걷어 올리고 넥타이도 느슨하게 풀고 나면 사람들이 놀이 상태로 편안해지고, 수치심과 취약함의 벽도 서서히 허물어진다.

집요하게 저항하면 집요하게 쫓아온다. 당신의 장난스러운 면모를 존중하지 않으면, 관심을 줄 때까지 아이처럼 성질을 부릴 것이다. 수년간 내가 목격한 바에 따르면 정장을 입고 있는 세 살짜리 어른이 아주 많다! 이제 일터를 놀이터로 만들 때가 왔다.

놀이로 학습 극대화하기

응용 및 치료 유머 협회Association for Applied and Therapeutic Humor의 유머 아카데미Humor Academy 공동 설립자이자 작가인 메리 케이 모리슨 Mary Kay Morrison은 '유머운명론자Humordoomer'라는 용어를 만들어냈다. 교육자로서 모리슨은 놀이와 웃음이 학습을 극대화할 수 있다는 사실을 발견했고, 심지어 마지못해 참여하는 학습자조차 웃음 효과를 활용한 놀이에서 얻는 점이 있다고 주장했다. 모리슨과 비슷한 주장을 한 사람이 또 있다. 마이애미대학교 심리학 교수이자 《웃음 가이드The Laughing Guide》 시리즈의 저자 아이작 프릴렐텐스키Isaac Prilleltensky는 긍정적 감정이 창의력과 문제 해결 능력을 낳으므로 놀면서 재미를 느낄 때 뇌가 가장 빠르게 발달하며, 말 그대로 "웃음으로 똑똑해진다"라고 설명했다.

모리슨은 움직임이 관심을 유발하고, 관심이 학습으로 이어진다고 설명했다. 누군가가 이야기한 말의 내용보다는 그 순간 느낀 감정을 더 잘 기억하는 이유도 바로 이 때문이다. 또한 우리는 놀라게 하는 것에 더 관심을 가지는데 놀이와 유머가 바로 그런 효과를 낸다. 70세가 넘은 모리슨은 내가 아는 이들 중 가장 재미있게 사는 사람이다. 스윙을 잘하는 사람이라서 그런가. 사실 나도 모리슨과 스윙 연습을 한 적이 있다. 골프 스윙이 아니다! 받침대에 밧줄이 달린 스윙(그네) 말이다. 모리슨은 소유지에 그네가 열한 개나 있으며 탈 기회를 놓치지 않는다. 모리스의 신조는 '**매일 놀 시간을 찾자! 무엇을 할지 모르겠으면 어릴 때 좋아한 놀이를 생각해보자**'이다.

심각함을 거부한 또 다른 사람은 작가이자 해학가인 88세의 레니 라비츠Lenny Ravich다. 오랜 세월 동안 라비츠는 자신의 감정을 억압했다. 자기에게 감정이 있는지조차 몰랐다고 한다! 샌들과 꽃무늬 양말이 공식 석상에 어울리지 않는 것처럼 취약성과 남자다움은 서로 어울리는 미덕이 아니었다. 그러다 게슈탈트 요법Gestalt Therapy을 알게 되면서 내면의 감정 지형이 바뀌며 취약성을 표현하게 되었고, 묵은 감정을 풀어주고 나자 삶이 바뀌었다. 감정에는 분노, 기쁨, 슬픔, 두려움이라는 네 가지 보편적 뿌리가 있다고 한다. 이 감정들이 신체의 어느 부위에서 표현되는지 알아차리는 것만으로도 감정은 진정하기 시작한다. 그는 "원하는 것을 주는 순간 소매를 잡고 생떼를 부리던 아이가 진정하는 모습과 비슷하다"라고 설명했다.

라비츠는 내게 한 가지 이야기를 해주었다. 버스 앞좌석에 앉을 수 있는 것은 노인의 특혜다. 고향인 텔아비브에서 그는 급하게 버스에 오른 뒤, 다른 노인 옆에 앉은 적이 있다고 한다. 그런데 그 노인은 라비츠가 가방으로 자기를 쳤다면서 으르렁거리는 흡혈귀 같은 모습으로 돌변했고, 그러자 라비츠도 화가 났다! 그도 상대방에게 소리를 지르며 다른 승객들을 동원해(이스라엘에 가본 사람은 무슨 말인지 알 것이다) 일을 크게 만들 수도 있었다. 또는 정중하게 사과하거나, 무시하거나, 아니면 가방으로 한 번 더 칠 수도 있었다. 그러나 가슴에 부풀어 오르는 분노를 인지하자 장난스러운 방법이 떠올랐다. 그는 가죽으로 된 가방을 들어 올려 "이 못된 가방, 못된 가방 같으니"라고 혼을 내며 세게 쳤다. 이 방법이 어떤 결과를 불러올지 몰라 잠깐 긴장했지만, 순식간에 친밀감이 조성되었다. 으르렁거리던 흡혈귀가 미소 짓는 친구가 되며 함께 분노를 기쁨으로 바꾸었다. 라비츠의 반짝이는 눈과 온화한 태도를 보며 수십 년간의 감정 인지 연습이 효과가 있다는 사실을 똑똑히 확인할 수 있었다.

갈등에 가볍게 다가가는 접근법은 성인들의 소통보다는 주

일기 쓰기 팁

- 당신 내면의 아이에게 표현할 자유를 줄 방법은 무엇인가? 내면의 아이를 존중하는 활동이나 인간관계도 생각해보자.

- 마음과 긴장을 풀 때 죄책감이나 수치심이 드는가? 그렇다면 취약함을 덜 느끼기 위해 자신에게 할 말을 생각해보자. 예를 들어 '즐거운 시간을 보낼 자유를 내게 허락한다'라고 말하는 것도 좋은 시작이다.

- 놀이와 재미를 일상생활과 일에 적용할 방법이 있을까? 이 방법을 실천할 구체적인 단계를 적어보자.

로 육아나 양육과 연관이 있다. 성인이 되면 진지한 상황에서 전달되는 메시지가 더 효과적이라고 믿기 때문이다. 유머와 재미를 활용한 접근법이 모든 상황에 적절하지는 않겠지만, (모리슨의 연구가 보여주듯) 교육과 학습에는 완벽하게 적용될 수 있다. 웃음 효과는 아주 무미건조한 과목이나 주제에도 재미를 더할 수 있기 때문이다.

인문학 학사와 공중보건학 석사 과정을 거치며 나는 학문계의 '소비뇽 블랑'(단맛이 없는 백포도주—옮긴이)인 통계학 수업을 들을 기회가 있었다. 당시 나는 미국 응용 및 치료 유머 협회에서 주최한 회의에 참석하고 와서 시차 때문에 정신이 없었다. 어느 발표가 끝나자 손뼉을 치려고 의자에서 무거운 몸을 겨우 일으켜 세웠는데, 다음은 심지어 생물통계학 교수의 발표라는 안내가 들려왔다. 안 그래도 못 잤는데 드디어 눈을 좀 붙일 수 있겠구나! 그런데 갑자기 존스 홉킨스대학교 명예교수인 론 버크 Ron Berk가 요란한 〈스타워즈〉 음악과 함께 강단에 나타났다. 그의 재미있고 유머 넘치는 발표 덕분에 시차 적응으로 몽롱했던 머리가 초롱초롱해졌다.

이것이 바로 웃음 효과로, 유쾌한 마음을 갖게 하고 뇌를 학습에 최적화되게끔 만든다. 적절한 유머와 놀이는 집중력을 향상하고 불안감을 낮추며 참여도와 동기를 높임으로써 학생의 성취도를 높일 수 있다.[10] (통계학 같은 수업이면 유머가 더욱 중요하다.) 또 유머는 다루기 힘든 학생의 말문을 터 소통하게 하므로 긍정적인 반응 또는 학습 동기를 유발할 수 있다. 게다가 선생님과 학생 사이는 물론 학생들끼리의 소통을 증가하게 하고, 내성적인 학생의 참여도도 높일 수 있다.[11] 겸손한 유머는 선생님도 실수할 수 있으며 이런 모습을 학생들에게 보여줘도 좋다는 메시지를 전달한다. 물론 학습에 유머를 활용할 때 모욕적이거나 무례한 방식으로 타인을 비웃는 행동은 용납되지 않는다는 점은 말하지 않아도 알 것이다.

가볍고 재미있는 접근법이 놀랍고도 엄청난 결과를 낼 때도 있다. 한 연구는 장난스러운 유머 덕분에 3년간 말을 하지 않고 학교에 가기를 거부한 15세 학생이 마음을 열게 되었다고 밝혔다. 시간이 조금 흐르자 치료사와 학생 사이에 즐거운 유머도 오가게 되었다.[12]

2021년, 호주의 웃음 요가 지도자이자 교육가인 애니 하비Annie Harvey는 웃음 요가 활동으로 구성된 기글 게임Giggle Game을 조기교육 센터에 도입했다. 센터에 다니면서도 2년 동안 말을 하지 않던 한 여자아이는 단 몇 주 만에 '웃음 게임'을 하자고 요청했다. 이 접근법은 아이의 음성 소통 발판을 마련했다.

두 사례 모두 웃음을 자아내는 놀이가 침묵의 차가운 벽을 녹일 수 있다는 사실을 보여준다. 놀이를 하는 순간 세상을 경험하는 방법이 바뀌며 변화가 가능해진다. 작가이자 교육가였던 닥터 수스Dr Seuss만큼 이를 잘 표현한 사람이 또 있을까. "저기에서 여기까지, 여기에서 저기까지, 재미는 어디에나 있다." 닥터 수스의 동화《물고기 한 마리, 물고기 두 마리, 붉은 물고기, 푸른 물고기One Fish, Two Fish, Red Fish, Blue Fish》를 읽으며 숫자 세기와 색 이름 배우기가 늘지 않은 사람은 나와보시라.

하지만 학습 환경에서 웃음 효과를 사용하면 순식간에 분위기가 무질서해지며, 반에서 가장 웃기는 아이가 갑자기 날뛰는 상황을 불러오기도 한다. 유머는 보편적인 강점이지만 과도하게 웃기는 아이들 다수는 삶의 만족도가 떨어지고 학교에, 심지어 삶에 충실한 정도가 낮다고 보고된다. 활발하고 재미있는 모습으로 고통이나 불안감을 가리기 때문이다. 호주의 코미디언이자 작가인 마그다 즈밴스키Magda Szubanski는 회고록《심판 Reckoning》에서 "웃기는 아이는 교묘하게 아이들 간 서열 싸움을 피할 수 있었기에 안전하게 학교에 다닐 수 있었다"라고 밝혔다.[13] 통계적으로 여학생보다 남학생 중에 이런 아이들이 많은데, 그들은 친구가 더 많기도 하지만 교실에서 공격적인 행동을 많이 보이기도 한다.[14]

어려운 시기에는 놀이를 치료법으로

모두가 패치 애덤스처럼 커다란 신발이나 알록달록한 양말을 신지는 않는다. 병원 광대는 특별한 존재로, 단지 웃기기 위해서가 아니라 치료 목적으로 전 세계 병원의 소아청소년과 병동에서 공연을 한다. 이스라엘에서는 드림 닥터스Dream Doctors라는 특별한 팀이 모든 병원에서 '치료'를 한다. 이들은 팔레스타인 아이와 가족부터 유대인 아이와 가족, 피해자부터 가해자까지 모든 사람 앞에서 광대 공연을 하며 갈등의 최전선에서 활동하는 의료진으로, 세계 보편적 언어인 엉뚱한 난센스로 사람들을 이어준다. 또 겉모습이 전부가 아니라는 사실을 보여줌으로써 감정을 표출하도록 돕는다. 카피예Kaffiyeh(아랍 지역의 머리 스카프)나 키파Kippah(유대인들이 쓰는 모자)를 쓰든, 알록달록한 광대 얼굴을 하든, 결국에는 모두 사람이기 때문이다.

동그랗고 붉은 코를 달고 유쾌한 재주를 활용해 난민 수용소, 갈등 지역, 인도주의적 도움이 필요한 지역에 즐거움과 웃음을 퍼뜨리는 국경 없는 광대들Clowns Without Borders도 있다. 세계 인구의 1퍼센트 이상이 국내 실향민, 난민 또는 망명자이며, 이들의 거의 절반이 아이들이므로 광대들의 역할은 점점 더 중요해지고 있다.[15] 웃음 효과를 활용하는 국경 없는 광대들은 한 치 앞이 보이지 않는 상황에서 모든 희망을 잃은 사람들에게 용기의 메시지와 응원을 보낸다.

'희망을 잃은' 또 다른 곳인 노인 거주지에는 노인 광대가 놀이, 노래, 춤, 회상, 즉흥 공연으로 엉뚱하고 독특한 기술을 선보이며 긍정적 소통을 강화한다. 우리 아버지가 있던 시설에도 노인 광대가 있었으면 좋았을 텐데. 알츠하이머병을 앓은 아버지는 진지했던 모습을 허물 벗듯 벗었다. 황혼기에 오히려 내면의 아이를 되찾았기에 광대가 있었다면 분명 장난스러운 소통을 즐겼을 것이다. 물론 모두가 그런 것은 아니다. 내가 진행한 어느 '소리 내어 웃기' 수업에서 입을 꾹 다물고 경직된 표정을 짓던 참여자가 기억난다. 그녀는 모든 활동이 너무 유치하다며 자신은 참여하지 않겠다고 단호하게 말했다(직원이 내게 이 사람의 참여를 허락해달라고 한 걸 보면 분명 누군가가 내 수업에 보냈을 것이다). 과거에 전문직 여성이었다는 사실을 뽐내듯 맞춤 정장을 입고 무릎에 놓인 공책을 꼭 쥔 그녀에게 교실에서 나가도 좋다고 말하는 찰나, 나는 궁금해하는 눈빛을 감지했다. 나가지도 못하고 장난과 놀이하기를 주저하는 모습을 보니 '간지럼 괴물' 웃음을 꼭 해야겠다는 생각이 들었다. 나는 모든 참여자로부터 내면의 간지럼 괴물을 깨우기 위해 서로 신체를 접촉하지 않으면서 간지럽히는 손동작을 하라고 지시했다. 냉랭했던 노부인에게도 점차 웃음 효과가 스며들었다. 열심히 웃으며 어린 시절로 돌아간 다른 참여자들에게 둘러싸이자 주름이 부드러워지며 표정이

웃음 수업

밝아졌다. 슬픔만큼이나 즐거움도 전염성이 강하다.

간지럼 괴물 웃음을 선택한 이유는 바로 간지럽히는 행동이 진화로 생긴 선천적인 행동이기 때문이다. 다윈은 간지럽히기가 영장류의 사회적 의사소통 수단이며 심지어 쥐에게서도 발견되는 행동임을 관찰할 수 있었다.[16] 놀이 + 쥐들끼리 간지럽히기 = 웃는 쥐! '간지럽히는 기계'를 만든 캘리포니아대학교 샌디에이고 캠퍼스 연구자들은 간지러움으로 웃는 웃음과 감정적 반응으로 유발된 웃음은 각각 뇌의 다른 영역에서 생겨난다는 사실을 발견했다.[17] 또한 신체 부위를 간지럽힐 때 더 호들갑스러운 웃음이 유발되며, 어떤 동물들은 겨드랑이 밑을 간지럽히며 놀이를 시작한다는 사실을 알아냈다. 하지만 영장류, 쥐, 인간 모두 스스로를 간지럽히지는 못한다. 즉 다른 사람을 간지럽히는 것과 똑같은 동작을 자신에게 해도 웃음이 나오지는 않는다. 왜냐고? **놀라움**이라는 요소와 놀이의 장난스러움이 없기 때문이다. 직접 해보라.

장난스러운 태도는 삶이 즐겁고 밝을 때만을 위한 것이 아니다. 전혀 웃고 싶지 않을 때 웃음 소환하기가 진정한 도전 과제다. 내게는 아버지 장례식이 바로 그런 상황이었다. 슬픔이 나를 휘감았지만, 추도사 낭독이라는 중요한 임무가 내게 맡겨졌다. 엄숙한 추도사를 읽으면 무너져 내릴 것만 같았기에 눈물을 멈추기 위해서라도 웃음을 소환해야 했다. 또한 정감 어린 농담, 장난스러운 웃음, 상대를 향한 존중으로 묘사할 수 있는 아버지의 삶을 잘 표현하는 데 웃음 효과가 적격이었다.

나는 아버지가 당신을 잘 드러내지 않는 사람이었다는 말로 추도사를 시작했다. "아주 친한 친구 몇 명만 아버지가 펜트리지 교도소에 얼마간 있었다는 사실을 알 거예요. 객원 토론 팀의 일원으로 말이죠." 첫 번째 웃음이 터졌다. 장례식장의 긴장감이 풀리자 나는 더 대담하게, 아버지는 수술 전문의가 되지 못한 한을 나중에 목공으로 풀었다고 말했다. "하루는 아버지가 뿌듯한 표정으로 붉은 리본에 싸인 나무 블록을 보여주셨어요. 보통 때면 우리는 멀찍이서만 볼 수 있었는데 그날은 아버지가 웬일인지 블록을 바닥에 두더니 그 옆을 걸어보라고 하셨어요. 그러고 나서 장난스럽게 웃으면서 한 블록 걷기 운동을 했다고 칭찬해주시지 뭐예요!" 조문객들이 다시 웃음을 터뜨렸다. 그렇게 웃고 울리는 눈물이 번갈아 떨어졌다.

재미있는 일들을 풀어내니 슬픔이 어느 정도 가라앉으며 아버지의 혼이 살아나는 듯했다. 그 후 며칠, 몇 주 동안 웃음 효과는 우리 가족의 대화를 가볍게 해주어 슬픔에서 벗어나게 도와주었다. 슬픔과 유머에 관한 어느 연구 결과는 내 경험을 그대로 보여주었다. 6개월 전에 사랑하는 사람을 잃은 이들 중 소리 내어 웃은 적이 있는 사람은 분노와 고통을 80퍼센트 적게 겪었다. 또한 진정으로 웃은 사람은 상실 후 삶을 이어가는 데 더욱 긍정적인 태도를 보였고, 대인 관계 만족감도 높았다.[18]

나이에 상관없이 웃음 효과를 활용하면 마음이 가벼워지고,

웃음 수업

내면의 아이가 다시 깨어나며, 정신 건강이 좋아진다. 놀이를 의도적으로 생활에 접목하면 내면에 축적되었던 웃음을 분출할 수 있다. 또한 놀이는 창의력 및 학습 효과와 관련된 뇌의 능력을 키우고, 사람들 사이의 유대감을 강화하기도 한다. 두 팔 벌려 재미를 환영하자. 다른 사람의 시선을 걱정하지 말고 매일 즐겁게 놀 방법을 찾자. 놀이는 아이들의 전유물이 아니다. 아일랜드의 극작가 조지 버나드 쇼George Bernard Shaw는 이렇게 말했다. "나이가 들어서 놀지 않는 것이 아니라, 놀지 않으니 나이가 드는 것이다."

희망과 조크로 훨훨 날기!

수없이 경험했는데도 유독 기억에 남는 비행이 있다. 난기류를 만나서 또는 아이들이 쉴 새 없이 내 등받이를 차서가 아니라, 바로 농담 때문이다. 사우스웨스트 항공은 다른 항공사와 운영 방식이 조금 다르다. 그래서 심각하고 불안한 승객이 아니라 미소와 웃음소리를 보고 들을 가능성이 높다. 이 항공사의 조직 문화는 승객뿐 아니라 직원에게도 비행의 재미를 되찾아주고 있다. 기업의 약속 중 하나는 '너무 심각한 태도를 피함으로써 재미를 사랑하는 모습을 보여주겠다'이며, 겸손이라는 기업 철학에는 '자신을 너무 심각하게 생각하지 않음으로써 균형 잡힌 시각 유지하기', '못되게 굴지 않기' 같은 여러 가치가 들어 있다.

인구의 40퍼센트가 비행과 관련된 불안감을 경험하고 그중 2.5~5퍼센트는 그 정도가 심각하다는 사실을 고려하면, 기내 서비스의 일부로 가벼움과 웃음을 포함하는 것은 지당한 처사다. 사우스웨스트 항공사의 재미있는 농담은 사업 면에서도 도

웃음 수업

움이 되었는데, 어느 컨설팅 회사는 안전 교육 중 농담을 하는 전략이 연간 1억 4000만 달러의 수익을 불러왔다고 밝혔다.[19] 예를 들면 매주 일곱 번 방송되는 다음의 농담은 매번 20센트의 수익을 창출했다. "산소마스크는 본인이 먼저 착용하고 나서 자녀에게 착용해주세요. 자녀가 한 명 이상일 때에는 장래가 더 탄탄한 아이부터 또는 부모를 양로원에 보내버리지 않을 것 같은 아이부터요."

유머가 모두를 즐겁게 하지는 못하지만, 다른 승객들과 가까이 앉은 환경에서는 웃음이 전염될 가능성이 높고 적어도 기분이 나아질 수 있다. "승객 여러분, 안녕하십니까. 사우스웨스트 항공을 이용해주셔서 감사합니다. 제가 비행 설명서 10쪽을 다 읽으면 바로 출발하도록 하겠습니다" 같은 기장의 재미있는 환영 인사부터, 짐칸에 짐을 넣으려고 우왕좌왕하는 승객들에게 "머리 위 짐칸에 짐이 다 들어가지 않으면 저희가 이베이에 올려서 팔아드릴게요"라고 하는 승무원들의 말까지, 가벼운 농담은 비행 서비스 수준을 높인다.

목적지에는 "우쿨렐레 연주를 들으며 얼굴을 찌푸릴 사람은 없어요"라고 노래하며 우쿨렐레를 연주하는 수화물 담당자도 있다고 한다.

농담만이 아니라, 사우스웨스트는 웃음 효과를 완벽하게 보여주는 기업이기도 하다. 공짜로 비행기를 얻어 타고 싶어서 하는 말은 아니다. 팬데믹 이후 대부분의 항공사는 휘청하며 재정적으로 허리띠를 졸라맸지만, 2021년 사우스웨스트 항공은 공동체 내에서 선행을 베푼 52개 기관에 사우스웨스트 여행상을 기부함으로써 '100만 번의 선행'이라는 프로젝트에 착수하며 창립 50주년을 기념했다.

이 회사의 전인적인 접근법은 직원 미팅에서 흘러나오는 CEO의 칭찬 메시지, 직원을 칭찬하는 저녁 식사, 기업 사보에 실리는 직원 표창까지 모두 적용된다. 소셜 미디어나 다른 소통 매체로 칭찬이 들어오면 직원과 매니저에게 전달된다. 대부분의 항공사는 늘어만 가는 불만을 피하기 바쁜데, 이들은 한 달에 평균 7000건이 넘는 칭찬 메시지를 받는다.[20] 그러니 직원들의 자발적 이직률이 2퍼센트에 불과하고 고객 불만도가 가장 낮은 항공사일 수밖에. 우리 태도가 고도를 결정한다면 사우스웨스트는 분명 아주 높이 날아오르고 있다. '웃음에 날개 달기 클럽Smile High Club'만 있으면 더할 나위 없이 완벽할 것이다!

진지한 스크래블 게임이면 몰라도, 저는 원래 재미있게 노는 성향을 지닌 사람이 아닙니다. 아이들과 있을 때는 시선을 조금 덜 의식하기는 합니다. 어떻게 해야 스스로 우스꽝스럽다고 생각하지 않으면서 장난과 놀이를 즐길 수 있을까요?

안전지대에서 나가는 것을 즐기는 사람은 거의 없습니다. 그러니 천천히 시작하면서 대상을 선택하세요. 아이들은 남들을 판단하는 경우가 적지요. 어른들은 아이들과 있을 때 장난스러운 면모를 마음껏 보여줄 때가 많으니 일단 아이들과 시작해도 좋아요. 우스꽝스러운 행동을 '좋지 않다'라고 생각하는 일반적인 의견과 달리, 사실 건강한 행동이랍니다. 참고로, 우스꽝스러운 것과 바보 같은 것은 달라요. 조금 우스꽝스럽게 행동하는 것은 스트레스를 풀게 하고 창의력과 기분을 향상하니까요. 놀이는 신체적, 형식적, 심지어 지적인 다양한 모습을 지닌 활동이라는 점을 기억하세요. 회사에서 우스꽝스러움을 개의치 않는 동료들과 재치 있는 농담을 해보면 어떨까요?

7
장

웃어라, 그럼 온 세상도
함께 웃을지니

The Laughter Effect

작은 미소가

얼마나 많은 선한 일을 할 수 있는지

나는 절대 알아내지 못하리.

● 테레사 수녀

미소란, 생각만 해도 미소 짓게 한다. 입술이 살짝 휘어지는 것 뿐인데 그런 힘이 숨어 있다. 미소는 웃음의 조용한 동생으로, 눈 깜짝할 사이에 부정적 감정을 없애고 풍부한 웰빙의 속성을 부여해준다. 순간적이긴 하지만 사람들 간의 연결성을 나타내기도 하고, 어머니와 아기의 유대감과 상호작용을 높이는 진화적 생존 장치다.

1장에서 언급했듯, 찰스 다윈은 웃음의 과학에 너무나 매료되어 무턱대고 연구에 돌입했다. 그러니 미소의 진화적 특성을 처음으로 조사한 학자가 다윈이라는 사실은 그리 놀랍지 않다. 세계인들을 탐구한 그는 문화마다 차이를 보이는 언어적 소통이나 신체 언어와는 달리, 미소는 보편적 특성을 보인다는 사실을 발견했다. 또 눈 주위 근육이 자의적 통제를 가장 덜 받는 부분이라는 점을 관찰함으로써 억지웃음이 통하지 않는 이유를 설명했다. 그는 치아와 잇몸을 훤히 드러내는 영장류의 웃음과 인간의 웃음이 유사하며, 여러 반려동물을 연구하고 나서는 개도 실제로 미소 짓는다고 결론 내렸다. 개를 좋아하는 이들에게는 희소식이다.

뒤센의 미소

다윈은 신경학자인 뒤센 드 불로뉴Duchenne de Boulogne와 협력했다. 불로뉴는 입꼬리가 눈으로 향하고 눈가에 잔주름이 잡히는 진정한 행복의 표현으로 알려진 '뒤센의 미소'를 발견한 학자다. 다윈은 불로뉴의 사진을 검토하며 미소는 행복과, 웃음은 즐거움과 연관성이 있다고 결론 내렸다. 다윈의 저서 《인간과 동물의 감정 표현》에도 기술되어 있다. "기분이 좋은 사람의 전반적인 신체 표현은 슬픔에 잠긴 사람의 표현과 정반대다. (…) 기쁠 때는 얼굴이 양옆으로 확장되고 슬플 때는 위아래로 길어진다."

그러나 현대 연구자들은 눈물로 이어지기도 하는 미소와 웃음이라는 두 가지 행동이 동일한 신경학적 통로에서 발생할 수 있다는 다윈의 주장을 반박하고 있다. 게다가 소리를 내는 웃음과 달리 미소는 소리가 없으며 시각적으로도 다르다.[1]

미소는 환할 수도, 진심 어릴 수도, 감격적일 수도, 무의식적

일 수도 있다. 뒤센의 미소는 그의 유쾌하고 시적인 설명에서 보여주듯, 진심에서 우러나오는 미소와 주로 연관성이 있다.

> 갓 태어난 아기의 영혼은 감정이 없으므로 평상시의 표정은 중립적이다. (…) 그러나 아기가 감각을 경험하고 감정을 표현하기 시작하는 순간부터 얼굴 근육은 다양한 열정을 그대로 드러낸다. 사람의 초기 성장 단계에는 가장 많이 사용되는 근육이 잘 발달하기 마련이고, 특정한 자세를 유지하는 근육의 힘도 그에 비례해 증가한다.[2]

나는 뒤센을 '미소의 아버지'라고 낭만적으로 표현하고 싶다. 미소에 관한 그의 연구가 없었다면 지금 우리가 어디쯤 와 있을지 누가 알겠는가? 뒤센의 미소는 존재하지 않았으리라.

그의 연구 방법을 알기 전까지는 행복하고 즐거운 활동으로 끌어낸 미소였으리라 확신했다. 나는 머릿속으로 그가 파리 길거리에 있는 커피숍에 앉아 완벽하게 구워진 크루아상을 음미하며 지나가는 한 사람, 한 사람에게 미소 짓는, 그런 따뜻한 모습을 그렸다. 놀랍게도 내 상상은 완전히 빗나갔다.

뒤센은 극도로 실리적인 사람이었다. 처음에는 금방 처형된 혁명군의 목을 구해 연구하다가, 자신이 근무하는 파리의 살페트리에르 병원Salpêtrière Hospital에서 치아가 없고 얼굴에 통증도 느끼지 못하는 어느 중풍 환자를 만나게 되었다. 이 환자는 곧 뒤센의 뮤즈(영감을 주는 대상-옮긴이)가 되었다. 몇 해 동안 뒤센은 전기 장치를 이용한 실험을 통해 이 불쌍한 환자와 다른 피험자의 얼굴을 일그러뜨리고 구부렸다. 게다가 이렇게 변형된 얼굴은 사진이 찍힐 때까지 오래 유지되어야 했다(19세기였으므로 필름에 피사체의 영상을 비추는 노출 시간이 오래 걸렸다는 사실을 기억하라). 이렇게 해서 인간 감정이 유발하는 60여 가지의 표정이 발견되었고, 표정마다 움직이는 얼굴 근육이 달랐다. 긍정적인 감정이 끌어낸, 기분 좋은 미소로 해석되는 표정은 그중 몇 가지뿐이었다. 가여운 피험자들 중 조작되지 않은 진정한 미소를 지은 사람은 거의 없었으리라.

이 혁신적인 연구로 뒤센은 미소가 두 근육의 수축과 관련이 있다는 사실을 발견했다. 먼저 볼에 있는 큰광대근은 입꼬리를 위로 당겨 미소를 만든다. 그리고 눈 주위에 있는 눈둘레근의 움직임이 더해지면 볼이 위로 당겨지며 멋진 주름이 생기고 눈빛의 밝은 정도가 강해진다. (참고로 눈살 및 눈썹 찌푸리기와 연관된 근육은 눈썹주름근이라고 한다.)

다윈이 관찰한 바와 같이, 표정이 감정 상태에 영향을 주는 현상을 일컫는 '안면 피드백 루프Facial Feedback Loop'는 미소 짓는 사람을 볼 때 얼굴을 찌푸리기 힘든 이유를 설명한다. 거울 신경세포의 점화와 활성화가 얼굴 근육을 제어하는 우리 능력을 제한하기 때문이다.

미소 연구

다행히 오늘날 학자들은 잘린 목을 보며 긍정적 감정을 연구하지 않는다. 심리학자 폴 에크먼Paul Ekman은 미소를 분류하는 훌륭한 연구를 실행했다. 한 프로젝트에서는 다섯 대륙에서 온 참가자들에게 사람들이 다양한 표정을 짓는 사진들을 보게 한 뒤, 각 사진에서 보이는 감정을 말하도록 지시했다. 그들은 즐거움, 쾌활함, 신남, 만족, 애정, 설렘 등 다양한 종류의 감정에 대부분 같은 의견을 표했다. 그 사진들에는 긍정적인 감정 외에 부끄러움, 수치심, 우월감, 슬픔 같은 표정도 포함되어 있었다.[3]

에크먼의 분류법은 반려동물, 자녀, 배우자 같은 다양하고 수많은 존재와, 아름다운 석양 같은 사물을 보고 미소 짓는 인간의 폭넓은 경험을 반영한다. 《미소: 단순한 행동이 불러오는 놀라운 힘 Smile: The Astonishing Power of a Simple Act》의 저자 론 거트먼Ron Gutman은 하루에 스무 번 이상 미소 짓는 사람은 우리 중 3분의 1 이상인 반면, 다섯 번도 미소 짓지 않는 사람은 14퍼센트가 채 되지 않는다고 말한다. 한편 아이들은 하루에 최대 400번이나 미소를 짓는다. 물론 이 통계가 100퍼센트 정확하다고 할 수는 없지만, 아이들이 더 신나게 웃고 더 자주 미소 짓는다는 점은 의심할 여지가 없다.

대부분의 미소는 만남과 헤어짐에서 발생하며, 이와 달리 웃음은 대화 중에 발생한다. 우리 모두 웃음 인상과 유머 인상이 있듯, 미소 인상Smile-Print도 제각각이다. 미소 인상은 누구와 함께 있는지, 무엇을 하는지를 비롯해 감정적 상태를 주로 반영한다. 미소는 안면 피드백 순환 역할을 하며 멀리서도 알아볼 수 있는 가장 쉬운 표정이다. 미소 주고받기는 행복 호르몬을 자극해 도파민, 옥시토신, 세로토닌, 엔도르핀 사총사를 몸에 분비함으로써 금세 우리 기분을 바꾸므로 미소 짓는 사람과 '미소 받는 사람' 모두에게 긍정적 영향을 미친다.

신체 내부에 긍정 호르몬을 분비하는 것 이외에도 미소는 많은 일을 한다. 컴퓨터 분야의 대기업 휼렛 패커드Hewlett Packard가 실시한 영국의 어느 연구에서, 심리학자 데이비드 루이스David Lewis와 그의 연구팀은 미소의 가치를 조사했다. 그들은 전자기파 뇌 스캔 장치와 심박수 모니터를 이용해, 누구의 미소를 보느냐에 따라 많은 양의 초콜릿 간식을 섭취한 것과 같은 뇌 자극 효과가 나타난다고 밝혔다! 아이의 미소를 보는 것이 가장 자극이 높아 2000개의 초콜릿 간식과 동등하고, 사랑하는 사람의 미소는 600개, 친구의 미소는 200개와 동등하다고 보았다.[4]

뇌의 가시적 변화는 우리가 삶에서 중요한 사람과 웃음을 주고받을 때 강력한 감정이 일어난다는 사실을 보여준다. 루이스는 이것이 행복한 일을 더 생생히 기억하고 낙관적, 긍정적, 의욕적 감정이 들도록 도와주는 '후광halo' 효과를 만들어낸다고 해석한

웃음 수업

다. 그것도 아주 따뜻한 후광을. 후속 연구는 미소를 보는 것이 섹스, 초콜릿, 쇼핑보다 단기 기분 전환에 훨씬 효과적이라는 사실을 발견했다. 쇼핑, 섹스, 디저트 요법은 이제 물러나라.

정치인 또는 미래의 정치인은 꼭 메모하기 바란다. 수많은 것을 속일 수 있어도 미소는 속일 수 없다. 이 연구에 따르면, 특히 미소와 연관된 신뢰도 조사에서 정치인의 미소가 최악으로 꼽혔다(왕족의 미소가 그다음이다). 미소는 진정성이 핵심이다. 진심으로 행복한 미소는 소통을 부르는 확실한 방법이다. 선거 직전에 정치인들이 아이들 옆에서 사진을 찍는 데는 이유가 있다. 표 얻기는 어려워도 아이들의 미소만큼은 얻어내기가 쉬우니!

웃음의 이로움

물건을 팔 때 이를 활짝 드러내 보이면 멋지게 성공하기 마련이다. 진정으로 일을 즐겨서 행복해 보이는 직원은 소비자에게 기쁨을 전달하므로 구매 가능성을 높인다. 나는 이 현상을 뒷받침하는 과학적 연구를 발견하기 전에 이 사실을 알아차렸다. 직원이 못마땅하거나 무관심한 얼굴로 '인사'를 하면 나는 총알같이 가게에서 나와버리기 때문이다. 한편 덴마크의 어느 슈퍼마켓은 웃지 않는 소비자가 들어오는 경우를 대비해 미소를 감지할 때만 열리는 자동문을 설치했다. 미소 짓지 않는 자는 쇼핑하지도 말라는 뜻이었다. 결국 그 슈퍼마켓은 웃는 얼굴로 가득하게 되었다.

미소는 개인 삶에 국한되지 않고 직업 환경에도 스며들며 소통의 형태에 영향을 미친다. 웃을 때 더 정중하고 친절해 보일 뿐만 아니라 유능해 보이기까지 한다.[5]

2000년대 초, 미소 근육을 제한하는 보톡스를 주입하기 전후 뇌 활동을 MRI로 측정한 독일의 어느 연구에 따르면, 미소는 초콜릿과 비교할 수 없을 정도로 뇌의 보상 구조를 강력하게 자극한다. 이 연구는 현재 기분에 상관없이, 미소를 지으면 뇌의 행복 회로망이 활성화된다는 사실을 확실하게 보여주었다.[6] 또한 잦은 미소는 스트레스 호르몬을 줄이고 행복 호르몬을 높여 혈압을 낮추는 데도 도움을 주므로 우리를 건강하게 한다.

반대로 우울증 치료에 관한 여러 임상 연구에 따르면 보톡스는 주입된 부위에 따라 계속해서 찌푸린 표정을 만들 수도 있으므로, 결과적으로 우울한 상태가 지속되는 원인이 된다.[7] 만약 보톡스로 찌푸리는 근육이 마비된다면 오히려 긍정적인 감정이 강화되어 우울감을 낮출 수도 있지 않을까? 그러나 이런 식의 미소를 유도하려고 성형외과에서 보톡스 주사를 예약하려 한다면 잠깐 중지! 치료적 접근법은 자연적 미소의 진정한 이득을 따라오지 못한다.

우리는 대개 첫인상을 토대로 타인을 판단하곤 한다. 의식적으로 누군가를 신뢰하고, 좋아하고, 피하고, 싫어하기도 전에 뇌는 이미 판단을 내린다. 미소는 타인의 눈에 좋은 모습을 심으므로 첫인상에 매우 중요한 역할을 한다. 2010년에 미시간주 디트로이트의 웨인주립대학교가 실행한 연구는 사진 속 미소의 환한 정도가 장수와 관련이 있는지 조사했다. 1950년대 이전에 발행된 메이저 리그 선수들의 야구 카드를 분석한 연구자들은 미소의 폭으로 수명 예측이 가능하다는 사실을 발견했다. 사진들은 무표정, 입 주위 근육만 움직이는 작은 미소, 뒤센식 환한 미소, 이렇게 세 가지로 분류되어 선수들의 긍정 정도 측정에 사용되었다. 웃지 않거나 입으로만 웃는 선수들의 평균 수명은 72.9세인 반면, 활짝 빛나는 미소를 지은 선수들은 평균 거의 80세까지 살았다.[8]

이를 활짝 내보이며 웃지 못하는 사람을 손가락질할 의도는 전혀 없다. 웃지 않는 데는 이유가 있기 마련이다. 나도 그랬으니까. 내 어린 시절로 잠깐 돌아가보자. 나는 반 친구 한 명이 웃기만 해도 덩달아 웃었고, 대단히 재미있는 사건이 아니라도 잘 웃었기에 깔깔이라 불려도 될 정도였다. 반에서 가장 재미있는 아이 역할을 맡기에는 수줍음이 많았지만, 내 힘을 뽐낼 기회가 있을 때면 재빨리 덤벼들었다. 문제는 남자아이들만 할 법한 행동에 뛰어든다는 점이었다. 영화 〈애니여, 총을 잡아라Annie Get Your Gun〉에 나오는 노래 〈뭐든 내가 너보다 더 잘해Anything You Can Do(I Can Do Better)〉, 큐!

그러던 어느 날, 내 미소가 바뀐 역사적인 사건이 일어났다. 속이 텅 빈 시멘트 탑이 학교 운동장에 쿵 내려앉았고, 쉬는 시간이 되자 아이들이 너도나도 그곳에 먼저 올라가려고 우르르 몰려들었다. 두 번 생각할 겨를도 없이 나도 자신감 있게 뛰어나가 신나게 오르는데, 손바닥과 무릎 그리고 내 입술까지 그 거대한 시멘트에 부딪히고 말았다. 돋아난 지 얼마 되지도 않은 첫 영구치가 툭 부러졌다! 어머니는 부풀어 오른 입술로 귀가한 나를 바로 치과에 데려갔다. 치과 의사는 흰색 크라운과 아주 값싼(가짜) 은니, 이 두 가지 선택지를 제안했다. 우리 집에서 여덟 살짜리 꼬마의 의견은 중요치 않았고, 게다가 엄마는 절약 정신이 투철한 분이었다. 성인이 될 때쯤 흰색 크라운으로 바꿔주겠다는 약속과 함께 내 부러진 이는 은니로 덮었다. 그 약속이 이뤄지기 전까지 학교에서 찍은 사진(아니 거의 모든 사진) 속 나는 입을 꼭 다문 모습이다.

십 대 초반에 입을 꼭 다문 채 미소 지어야 하는 나날을 보낸 경험이 내 웰빙에 영향을 끼쳤는지, 어떤 영향을 끼쳤는지 궁금했다. 캘리포니아대학교 버클리 캠퍼스의 심리학자 리앤 하커 LeeAnne Harker와 대커 켈트너Dacher Keltner는 이 가설에 관해 30년에 걸친 종적 연구로 답하고자 했다.[9] 그들은 오래된 학교 앨범에 나오는 여학생들 사진의 표정을 분석해, 삶 전반에 걸친 웰빙 및 성공과의 상관관계를 알아보았다. 연구자들은 21세에 행복감을 방출하며 따뜻한 미소를 지은 여학생들이 50대가 되었을 때도 더 나은 건강과 행복한 결혼 생활을 유지하며, 전반적으로 삶의 만족도가 높다는 사실을 발견했다. 또 그들은 정돈도 더 잘하고, 배려심이 많아 타인과 잘 지내는 비율도 높았다. 은니를 달고 산 날이 적었다면 나도 정리 정돈을 더 잘했을 텐데!

이런 질문을 할 수도 있다. 그 여학생들은 행복해서 웃었던 걸까, 웃어서 행복했던 걸까? "기쁨이 미소를 불러올 때도 있습니다. 하지만 미소가 기쁨을 불러올 때도 있습니다"라고 한 영적 지도자이자 시인 틱낫한의 말은 옳을까?

내 어린 시절, 특히 '은니 시절'의 사진을 볼 때면 수줍음과 절제가 느껴진다. 미소에 작은 먹구름이 드리우고 있달까. 그런데 하얀 크라운을 씌우고 나서는 나도 모르는 사이 미소가 내 트레이드마크가 되었다. 수십 년 뒤, 어느 음악 축제에서 낯선 여성이 나를 불렀는데 알고 보니 고등학교 프랑스어 선생님이었다. 이렇게 오랜 세월 후에도 엉뚱한 곳에서 학생을 알아보다니 기억력이 대단하다는 내 말에 선생님은 "네 예쁜 미소를 어떻게 잊겠니?"라고 대답했다.

환한 미소만큼 예쁜 모습은 없으리라. 여기서 아주 중요한 질문. 내 남편 대니는 은니를 번쩍이는 여자에게 사랑에 빠질 수 있었을까? 그리고 내가 아직 은니를 달고 있었다면 우리는 결혼 생활을 유지할 수 있었을까? 미소가 결혼 생활의 상태를 측정하는 척도가 될 수 있을까? 인디애나주 드포대학교의 연구자들은 어린 시절 찍은 사진에 보이는 미소로 훗날 이혼 가능성을 예측

할 수 있다고 밝혔다. 그들은 먼저 참가자들의 긍정적인 모습이 찍힌 대학교 앨범 사진을, 다음으로는 어린 시절부터 대략 20대 초반까지 찍힌 다양한 사진을 연구했다. 이 두 가지 조사로 어린 시절부터 성년기 초기의 사진 속 미소 정도에 따라 참가자들의 이혼 여부가 예측 가능했다. 이는 사진 속에서 미소 짓는 행동이 삶에 직간접적으로 영향을 미치는 근본적 감정 기질을 나타낸다는 사실을 보여준다.[10]

사람들 사이의 강한 유대감은 삶에서 긍정적 감정을 강화해, 간간이 느끼는 부정적 감정에 잘 대처하고 모호한 사건을 더 긍정적으로 평가하는 기술을 장착하게 해준다.[11] 동반자와 함께 웃는 행위는 서로 마음을 나눌 준비가 되었다는 뜻이며, 긍정적 감정의 전염 효과는 배우자와 살아가는 삶 전반에 영향을 끼친다. 애착 물건을 얼굴에 달고 다니는 셈이니.

미소 뒤에는 무엇이 있을까?

미소는 스스로에게 느끼는 감정을 드러내는 표지다. 퀸즐랜드에 있는 아름다운 누사 헤즈Noosa Heads로 떠난 대니와 나의 낭만 여행은 한 끼 식사 때문에 악몽이 되어버렸다. 무언가를 잘못 씹

었는지 내 하얀 크라운 이의 일부가 떨어져 나갔기 때문이다. 어깨 위에 앵무새만 한 마리 두면 누가 봐도 나는 해적 꼴이었고, 깨진 이 탓에 자신감이 한풀 꺾였다. 이의 4분의 1도 안 되는 아주 작은 부분이 깨진 것에 불과했지만 흉측해진 기분이 들었다. 다른 사람과 이야기할 기회를 최소한으로 줄였고, 사진은 아예 찍지도 않았다. 오래도록 잠자고 있던, 남의 눈을 의식하는 소심한 여자아이가 다시 일어나 뾰로통한 표정을 지었다. 미소가 상징인 사람이기에, 미소 짓지 않는 나는 개성이 없어진 사람 같았다. (다행히 집에 돌아오고 나서 바로 다음 날, 치과 의사가 내 이와 완벽한 미소를 복원해주었다.)

성인이 되고 나서 얼마간 이가 온전치 못했던 경험(그리고 은니가 반짝이던 내 어린 시절)을 생각하면, 식량 공급이 불안정한 사람들을 위해 내가 지방의회 지원을 받아 설립한 대안 식사 프로그램이 떠오른다. 자격 조건 심사를 받으러 온 참가자 중 30대 초반인 한 남성이 자신을 소개하는 모습을 보며 나는 충격을 억눌러야 했다. 위아래 잇몸이 훤히 다 드러나 있었기 때문이다. 어두운 골목에서 그를 만났다면 무작정 반대 방향으로 뛰었을 것이다. 하지만 **겉모습만으로 사람을 판단하지 말라**는 말이 있듯이, 잠시 대화를 나누자 거친 겉모습 뒤에 가려진 친절함이 보였다. 그는 하루에 채소 한 접시를 먹긴 하지만(감자칩이었다!) 프로그램에 참여할 자격이 되면 좋겠다고 했다. 직장 없이 노숙을 하는 험난한 삶이 그의 얼굴, 특히 입에 고스란히 드러났다. 사람들은 치아가 없는 그에 관해 좋지 않은 편견을 가질 것이 빤하므로 장래가 개선되기 쉽지 않을 것만 같았다. 동시에 내게 좋은 환경이 없었다면 평생 이 빠진 해적으로 남았을 수도 있었다는 생각에 등골이 오싹했다.

아름다운 사람들에게는 흥미진진한 장래가 존재한다. 아니, 이것은 광고 회사가 우리에게 주입한 믿음일 수도 있다. 우리는 완벽하게 희고 가지런한 치아가 없으면 삶이 고달파진다고 믿게 되었다. 이는 수십억에 달하는, 치아 미백을 비롯한 미용 목적의 치과 진료가 엄청나게 성장하는 이유를 잘 설명한다. 화장품을 제외하면 치아 관리는 비수술 방식 중 가장 규모가 큰 미용 산업이다. 이가 가지런하지 않은 할리우드 배우를 대보라. 미국 십 대의 치아 교정 비율은 20년 전에 비해 거의 두 배가 되었다. 인비절라인Invisalign(투명 틀을 이용한 치열 교정 장치-옮긴이) 제조사 얼라인 테크놀로지Align Technology의 지원을 받은 2012년 어느 연구에 따르면, 미국인 38퍼센트는 들쑥날쑥한 치아를 지닌 사람과 두 번째 데이트를 하지 않겠다고 답했으며, 치아가 가지런한 사람은 타인에게 더 똑똑하게 인식될 확률이 38퍼센트나 높았다. 미국인들은 깨끗한 피부보다 환한 미소를 더 선호하리라 추정되며, 아름다운 미소를 위해 기꺼이 노력을 기울일 의지가 있다고 한다. 그래서 응답자 87퍼센트가 평생 환한 미소를 지을 수 있다면 1년 정도는 무언가를 포기할 마음이 있다고 밝혔다(디저트 포기 39퍼센트, 휴가 포기 37퍼센트).[12] 치열 교정 장치를 판매해 수익을 남기는 기업의 통계이므로 다소 왜곡되었을 수는 있지만, 그들의 이야기는 상당히 설득력이 있다.

하지만 모든 미소가 밝지는 않다. 아기 때부터 우리는 "치즈"라고 외치며 사진을 찍도록 훈련받았다. 그리고 최초의 TV 리얼리티 프로그램인 〈몰래 카메라〉의 유명한 대사인 "웃으세요, 지금까지 몰라 카메라였습니다"를 들으며 자랐다. 하지만 '행복한 사진' 한 장으로 누군가의 행복을 판단하는 것은 위험하다. 전남편과 함께 미소 짓고 있는, 고인이 된 내 시어머니의 오래된 적갈색 사진에는 여러 문제와 악감정, 몇 달 후의 이혼이 드러나지 않는다. 좀 더 최근 이야기를 하자면, 코로나 봉쇄 두 번째 해에 멜버른에서 내 생일을 '축하'한 날이다. 대니는 영상 촬영 일로 다른 지역에 발이 묶여 있었고, 부모님도 고인이 된 후라 내 옆에 없었다. 사랑스러운 두 아들을 비롯해 전 세계 여기저기에서 보내오는 따뜻한 메시지들이 쏟아졌는데도 내 미소 뒤에는 슬픔이 있었다. 물론 나는 카메라 앞에서 미소 지었다. 아들들을 위해, 그리고 삶의 축복을 기념한다고 세상에 보여주기 위해. 하지만 시어머니의 사진과 마찬가지로 카메라는 큰 그림의 일부밖에 포착하지 못했다.

한편 미소가 이야기 전체를 알려주지는 못하지만 일부는 말해줄 수 있다. 노인 시설에 있던 아버지를 보러 갈 때면 나는 얼굴에 미소를 밝히곤 했다. 말이 점점 의미가 없어졌기 때문이다. 서로 얼굴을 마주 보고 내가 미소를 지은 다음, 아버지도 웃도록 부추기며 미소 따라 하기를 연습하게 했다. 그렇게 반복하다가 가끔 아버지의 미소가 다정한 웃음이나 킬킬 웃음으로 발전하면 귀한 다이아몬드를 발견한 기분이었다. 엔도르핀 그리고 사랑의 호르몬 옥시토신을 분비하는 훌륭한 얼굴 운동이자 행복한 무언의 대화였다. 말과는 비교할 수 없는, 마음과 마음이 통하는 유대감이 형성되었다. 물론 나 혼자 읊조리는 말을 멈추기 위해서라도 대화를 나누었다면 좋았겠지만 돌아가시는 날까지 아버지의 미소를 볼 수 있어 감사하고 기쁠 따름이다.

아버지의 미소에 아무 의미가 없었을 수도 있지만, 나는 그 미소가 진심이었다고 믿는다. 미소에 담긴 진정한 감정적 상태를 알아내는 것은 유능한 과학자들도 어려워하는 문제다. 예술 작품 감정가들처럼 학자들은 진짜와 가짜 미소를 구별하는 창의적인 방법을 고안하고 있다. 1980년대, 독일 뷔르츠부르크대학교의 프리츠 슈트라크Fritz Strack와 동료들은 실험 참가자들에게 이로 펜을 물고 있으면서(인지하지 못한 채 미소를 유발하는 효과가 있다) 만화의 재미있는 정도를 평가하도록 지시했다. 다른 집단은 펜의 끝부분을 입술로 물어 미소의 흔적 없이 찡그린 표정을 짓도록 지시받았다. 모든 참가자는 장애인들이 글씨를 쓰는 데 도움이 되는 방법을 개발하는 실험이라고 이야기를 들었다. 결론적으로 치아 사이에 펜을 물고 미소를 흉내 낸 참가자들이 만화의 재미있는 정도를 가장 후하게 매겼다.[13]

직접 이 실험을 해보길 바란다.

미소를 참아라

파트너와 서로 얼굴을 마주하고, 누가 먼저 상대를 미소 짓게 할지 정하자. 순서가 정해지면 나머지 사람은 최대한 오래 무표정으로 있어야 한다. 미소를 짓는 데 얼마나 오래 걸리는지 측정해보자. 경고! 결국 웃음을 터뜨릴 가능성이 아주 높다. 웃음이 터지면 역할을 바꾼다. 미소를 지을 때, 긍정적 감정 상태에 열중하게 된다는 점을 주목하라. 서로 미소를 나누느라 스트레스가 끼어들 틈이 없을 것이다.

늘 인상을 찡그리는 사람들에게 가서 펜을 치아 사이에 물고 미소 짓는 척하면 더 행복해지고 즐거워진다고 전도할 생각인가? 잠깐 내 말을 들어보길. 이 실험을 되풀이했지만 첫 번째 결과를 내지는 못했다. 명예를 걸고 2016년 슈트라크는 다시 도전했지만 결국 실패로 끝이 났고, 그렇게 펜을 입에 무는 실험은 완전히 잊히고 말았다. 그 후 이스라엘의 연구자들이 실험 조건을 수정해 한 집단은 카메라 앞에서, 나머지는 카메라 없이 다시 실험을 진행했다.[14] 결과적으로 맹비난을 받았던 슈트라크가 옳았다는 사실이 드러났다. 자신이 촬영되고 있다는 사실을 아는 참가자들은 만화를 재미있다고 느끼지 않았지만, 카메라 없이 진행한 참가자들은 슈트라크의 원래 결과를 그대로 보여주었고, 심지어 재미가 미치는 영향까지도 거의 비슷했다.

캔자스대학교의 연구자들은 이 실험을 조금 더 발전시켰다.

한 집단은 입을 다문 채 젓가락 끝부분을 물고 있도록 해 미소 짓지 못하게 했고, 다른 집단은 젓가락의 긴 부분을 물어 입술이 서로 떨어지는 일반적 미소를 흉내 내도록 지시했다. 참가자들은 젓가락을 꾹 물고 있으면서 두 가지 힘든 과제(머리를 써야 하는 어려운 과제와 통증이 유발되는 과제)를 견뎌야 했다. 연구자들은 이 두 가지 과제 진행 중과 완료 후에 참가자들의 심박수와 스트레스 정도를 측정했다. 진실한 미소를 흉내 낸 집단은 미소를 짓지 않거나 가짜 미소를 흉내 낸 집단보다 스트레스 수치가 낮았고, 과제 완료 후 생리적으로 회복하는 속도도 더 빨랐다.[15]

연필이나 젓가락을 사용하는 방법은 행복한 기분을 일깨우는 입, 볼, 눈 주위 근육을 움직이게 해 진정한 미소를 짓도록 부추기므로 정말 효과가 있다. 미소 근육 운동은 기쁨을 느끼는 신경망을 강화하므로 우리가 세상을 바라보는 시선과 세상이 우리를 대하는 시선을 바꾼다. 이런 사실을 누설하면 갑자기 의식할 수도 있으니 우리 뇌에는 비밀로 하자. 찡그리지 않고 미소를 지으면 일상이 더 재미있어질 뿐 아니라 더 매력적으로 다가온다. 스웨덴에서 실시한 어느 연구의 참가자들은 긍정적이거나 부정적인 감정에 관한 사진을 보면서 웃거나 찡그리라는 지시를 듣고, 사진의 즐거움 정도를 평가했다. 참가자들은 찡그릴 때보다 웃을 때 본 사진에 더 후한 점수를 주었다. 5분에서 하루쯤 지나면 즐거움이 사라져 비록 장기적 효과는 없었지만.[16]

엔도르핀 효과

미소는 삶의 만족도를 높이므로 미소 연습은 아주 중요하다. 앞서 스웨덴 연구 결과가 증명하듯, 오래 지속되는 미소 연습하기는 몸에 엔도르핀을 분비하므로 우리에게 가장 강력한 영향을 미친다. 엔도르핀은 뇌에만 있는 것이 아니다. 중추신경계에서는 온몸으로 흐르는 스무 가지 종류의 엔도르핀이 발견되었다. 이 친구들은 신경계 내에 전기 신호를 전달하는, 신경전달물질 역할을 하는 똑똑한 호르몬이다. 통증, 온도, 심혈관, 호흡을 제어하는 기능을 해 건강과 면역 체계에 매우 중요하다. 엔도르핀은 심지어 암세포나 결함이 있는 세포를 파괴하는 T세포를 활성화함으로써 소화관 기능과 출산을 돕고 면역 체계를 강화하기도 한다. 또 스트레스 지수를 낮추고 학습 능력, 기억력, 의욕에도 간접적으로 연관이 있다.

엔도르핀은 몸에서 회복과 치유가 필요한 부분으로 필수 항체가 부드럽게 움직이도록 조직을 이완한다. 스트레스나 충격을 받으면 엔도르핀 분비는 멈춰버린다. 내 학생 레이철은 난소암 4기 진단을 받았다. 나락으로 떨어지는 기분을 막기 위해 레이철은 혹독한 방사선 및 항암 치료와 수술에 들어가기 전, 나를 찾아왔다. 미소 짓거나 웃지 못하는 것은 당연했다. 그 후 몇

신호등 앞에서 미소 짓기

짜증이 스멀스멀 올라오는가? 신호등 앞은 차분히 미소를 느낄 수 있는 가장 좋은 장소다. 다른 일은 하지 않고 운전대 앞에서 혼자 가만히 있을 수 있기 때문이다. 그걸로 충분하다. 마음이 어수선할 때 신호등 앞에서 멈춘다면 호흡에 집중하며 미소를 맞아들이자. 자신에게 웃고 더 깊이 숨을 들이마시자. 용기가 생기면 옆 차선에 있는 운전자에게 미소를 보내자. 엔도르핀이 마구 공급되면서 빨간 불이 너무 빨리 바뀐다고 느끼게 될 것이다.

달 동안 병마와 싸우는 중에도 행복을 느낄 수 있고, 두려움과 불확실함 속에서도 기쁨을 높일 다양한 활동을 함께 골랐다. 그중 하나가 윌리엄 블룸William Bloom의 저서 《엔도르핀 효과The Endorphin Effect》에서 영감을 얻은, 엔도르핀 보드(엔도르핀을 자극하는 시각 도구)다. 비전 보드와 비슷한 개념인 엔도르핀 보드는 내면의 미소를 불러내고 마음을 움직이게 하는 것들을 모아둔 시각 지도다.

우리는 A3 크기의 판지에 엔도르핀 보드를 만들기로 했다. 레이철은 사랑하는 사람들, 영감을 주는 사람들, 기쁨을 주는 것들, 즉 엔도르핀 촉진제들의 이미지를 모두 모았다. 취미인 이케바나(일본의 꽃꽂이 기술), 감동적인 문구, 좋아하는 색, '힘을 주는' 말 등 아주 다양한 이미지가 나타났다.

완성된 엔도르핀 보드는 침실 벽에 걸렸고, 레이철은 항암 치

웃음 수업

내면의 미소 엔도르핀 보드

당신에게 기쁨을 주는 것들을 모두 보여주는 시각적 도구를 만들 기회다. 안팎으로 기분을 좋게 해주는 다음 여섯 가지 엔도르핀 자극제를 사용해보자.

- 사람이나 반려동물
- 장소
- 활동
- 삶의 전성기
- 종교적, 영적 인물이나 상징
- 촉감, 냄새, 소리, 맛, 색깔

겉으로만 번지르르해 보이는 보드는 만들지 말자. 기분을 좋게 하고 안정감과 기쁨을 높이도록 시간을 내어 정기적으로 살펴보자. 벽에 공간이 없는가? 종이에 적어 항상 지갑에 넣고 다니거나, 포스트잇에 적어 자주 보는 곳에 붙여도 좋다. 당신에게 진정으로 의미가 있거나 긍정적인 반응을 불러오는 사진 또는 '힘을 주는' 말 같은 이미지를 선택하자. 엔도르핀 자극제는 고정적이지 않으므로 자주 확인하고 업데이트하라.

엔도르핀 효과를 높이는 황금률:

1. 알아차리기
2. 잠시 멈추기
3. 흡수하기

이 활동은 마음챙김 연습으로 활용해도 좋다.

료로 기운이 빠질 때면 보드를 바라보며 에너지를 얻었다. 미소 짓게 하는 사진들을 바라보며 행복한 공상에 빠질 수도 있었다. 레이철이 강해지고 있다고 느끼는 날이면 그 희망적인 기운을 주변 사람들에게도 전달하라고 격려했다.

처음에 레이철은 '올바르게' 하고 있는지 확신이 없었다. 나는 미소 명상을 통해서든 엔도르핀 보드 보기를 통해서든, 생리학적 인지가 성장하고 있다고 안심시켰다. 따뜻한 홍조 또는 설명하기 힘든 감각일 수도 있고, 눈이 반짝이며 마음이 열리거나 몸이 전반적으로 부드러워지는 느낌일 수도 있다. 엔도르핀 촉진제들을 알아차리고, 잠시 멈추고, 흡수하며 '부드러운 사랑의 눈'을 켜는 과정에서 불로장생 약이 효험을 드러낸다. 윌리엄 블룸이 설명했듯, "무의식적 마음과 정신신경면역학 체계는 실제와 상상의 차이를 구분하지 못한다".[17] 마음이 보기에, 마음에서 일어나는 일은 가짜가 아니다. 따라서 엔도르핀 효과를 활용하면 우리 몸의 화학작용을 바꿀 수 있다.

몇 달간 혹독한 시간을 보내면서도 레이철은 더 많이 미소 지었다. 가벼운 영화와 시트콤을 보며 소리 내어 웃기도 했다. 서너 달 후, 나는 최고의 메시지를 받았다. 병세가 호전되었다는 소식이었다. 레이철도 나도 엔도르핀 촉진 연습이 모든 공을 세웠다고 주장하지는 못한다. 그러나 이 사례는 웃음 효과가 기존 치료와 조화롭게 공존할 수 있다는 사실을 톡톡히 보여준다. 이 기술은 내면과 외면의 미소를 일깨웠고, 치유를 가속했으며, 엔도르핀 흐름이 원활하게끔 긍정 에너지를 난소(필요한 곳이면 어디든)에 보내는 계기가 되었다. 내면의 미소를 몸에서 마음으로, 마음에서 몸으로 보냈고, 웰빙으로 가는 새로운 신경망을 단단히 구축했다.

우리가 더 의식적으로 기쁨을 알아차리고 감사하게 여길수록 이 좋은 상태는 더욱 강화된다. 당신이 좋다고 느끼는 것과 당신의 엔도르핀을 흐르게 하는 것은 다른 사람과 다르다. 쫀득쫀득한 대추야자 푸딩과 부드러운 바닐라 아이스크림을 생각해보라. 침이 고이며 기분이 좋아지는 사람도 있고 별생각이 없는 사람도 있을 것이다. 글루텐, 유제품, 대추야자, 설탕을 싫어해 아주 부정적인 반응을 보이는 사람도 있을 것이다. 따라서 즐거움을 불러오는 것, 내면과 외면의 미소를 띠게 하는 것을 아는 사람은 오직 당신뿐이다. 일단 자신의 엔도르핀 자극제를 파악하고 나면 이를 규칙적으로 활용해 더 깊은 경험을 하도록 즐거운 순간을 확장해야 한다. 이 과정은 우리 뇌가 더 자주 주목하도록 즐거운 경험을 푸딩처럼 쫀득쫀득하게 만들어줄 것이다.

삶의 어떤 지점에 있든 내면의 미소 연습은 기운을 북돋운다. 그러나 건강을 잃거나 큰 위기를 겪을 때까지 기다리지는 말자. 파도가 거칠 때 무엇인가를 배워야 한다는 압력을 가하기보다는 삶이 평탄할 때 새로운 습관을 구축하는 편이 훨씬 나으니까. 코로나 쓰나미의 사상자는 우리 미소였다. 마스크는 사회적으로 고립되었거나, 두렵거나, 사람의 온기가 없을 때 특히 중요한

내면의 미소 마음챙김 연습(5~15분)

1. 앉거나 누워서 눈을 감고 미소를 짓자. 삶이 순조롭게 흐른 시기나 무조건적 사랑을 느낀 시기를 떠올리는 데 도움이 될 것이다.

2. 이 아름다운 사랑과 기쁨을 주는 미소를 지으며 입술, 볼, 눈의 느낌에 주목하자. 미소를 들이마시자. 그리고 숨을 내쉴 때 몸 깊은 곳까지 미소를 보내자.

3. 이제 미소를 가슴으로 맞아들여 편안함과 평화로운 기분, 사랑으로 가득 채우자. 잠깐 숨을 내쉬고 들이쉬며 이 미소를 가슴 더 깊은 곳으로 받아들이자.

4. 그다음, 이 미소 에너지를 배로 향하게 해 기쁨으로 가득하게 하면서 불안과 긴장을 잠재우자. 숨을 들이쉬며 미소를 배와 소화관 전체로 보내자.

5. 이제 가장 필요한 곳에 이 미소 에너지를 머무르게 하자. 미소를 지으며 숨을 들이쉬고 내쉬자. 이 에너지가 몸 전체에 흘러 모든 세포, 조직, 섬유, 근육이 미소로 채워지는 상상을 해보자. 당신은 미소를 몸의 일부로 받아들이고 있다.

6. 외부 세계에서 무슨 일이 일어나든, 얼굴에 진심 어린 미소를 띠면 내면세계가 변한다는 사실을 인지하자. 준비되면 눈을 뜨고 이 연습을 조심스레 내려놓자.

웃음 수업

미소를 손상하고 감추었다. 친근한 시각 신호의 부재는 무의식적으로 뇌를 두려움과 불안감에 연결되도록 했다(특히 뇌가 유연하고 신경망이 급속도로 형성되는 아이들 그리고 불안감과 우울감을 잘 느끼는 사람들에게는 더욱 심했다). 그 와중에 긍정적인 면도 존재했다. 우리는 미소 짓는 눈('미소눈Smeyes'이라고 하자)을 연습할 기회를 얻어, 천으로 가려진 입 위로도 친근감, 친절함, 사회성을 표현할 수 있었다.

팬데믹으로 스트레스가 증가한 시기 동안 표정을 볼 수 없다는 사실을 인지한 병원에서는 작은 미소 혁명이 일어났다. 머리부터 발끝까지 가린 개인 보호 장비를 쓴 수많은 의료진은 자신의 웃는 모습 사진을 코팅해 장비에 부착했다. 샌디에이고의 스크립스 머시 병원Scripps Mercy Hospital에 근무하는 호흡 치료사 로버티노 로드리게스Robertino Rodriquez는 그 이유를 이렇게 설명했다. "미소는 두려움에 떠는 환자를 다독이는 데 아주 도움이 됩니다. 어두운 시기에 조금이라도 빛을 비추니까요." 장비에 미소 사진을 부착한 이 작은 혁명은 실제로 환자와 의료진 모두의 고통을 줄여주었다. 미소를 보는 뇌는 이를 실제라고 받아들이고, 거울 신경세포에 신호를 보내 미소의 생체 자기 제어Biofeedback 회로를 촉진했기 때문이다. 개인 보호 장비를 뚫고도 흐르는 엔도르핀은 공감하고 보살피는 인간의 따뜻한 인정을 여실히 보여준다.

나이와 건강 상태에 상관없이 지금 당신에게 어떤 일이 일어나고 있든, 미소를 활성화하면 기분이 훨씬 나아질 것이다. 미소는 마음을 가볍게 하고 몸에 활기를 북돋운다. 목적과 관심을 가지고 미소를 훈련하면 불만이 잠잠해진다. 어떤 일상을 보내든, 어떤 어려움을 겪고 있든, 삶의 어떤 지점에 있든, 상투적인 말이긴 하지만 삶은 미소로 시작하고 미소로 끝낼 때 더욱 아름답다. 미소는 웰빙을 증진하고 관계를 강화해 잔잔한 물결이 퍼지듯 세상으로 나아갈 것이다. 내가 가장 좋아하는 강아지 철학자 스누피는 이렇게 말했다. "웃어라, 그럼 온 세상도 함께 웃을 것이다. 줄줄 침을 흘려라, 그럼 밖으로 쫓겨날 것이니라."

웃음 수업

시간당 미소

대부분의 지방자치단체와 마찬가지로 호주의 포트 필립City of Port Phillip은 시민들의 필요를 적극 반영한다. 이를 실행하는 수단이 기존 방식과 다소 다를 때도 있지만. 2005년에 포트 필립 지방 정부는 시민들에게 동네의 친절과 화합 정도를 묻는 설문 조사를 실시했다. 그 결과 다수가 더 친절한 동네를 원한다면서 길거리에서 다른 사람과 소통할 기회가 없음을 지적했고, 길에서 마주치면 미소를 주고받기는커녕 아래나 먼 산을 보는 사람이 많다고 대답했다. 그리하여 태어난 사회 화합 프로젝트가 바로 '시간당 미소'다.

　1년에 서너 번, 동네 '미소 스파이'로 훈련받은 자원봉사자들이 지정된 지역에서 15분 동안 무표정한 얼굴로 걸어 다닌다. 그 길을 지나가는 사람 수, 그중 봉사자에게 미소 짓거나 고개를 끄덕이거나 긍정적인 인사말을 건네는 사람 수가 따로 측정된다. 그리고 이 두 숫자는 퍼센트로 계산되어 특정 길의 시간당 미소

이곳은 시간당 미소 3퍼센트 지역입니다.

수치가 된다. 받을 수 있는 가장 높은 수치는 100, 가장 낮은 수치는 0이다. '시간당 미소' 표지판은 눈에 띄는 곳에 걸려 있어 동네 주민들이 '미소 짓는 사람', 비공식적 '미소 트레이너' 또는 공식적으로 등록되는 '미소 스파이'가 되도록 장려한다. 가장 친절한 동네, 친절한 길, 친절한 쇼핑센터가 되는 명예를 차지하기 위해 재미있는 경쟁을 벌이기도 한다.

7년이 넘도록 수집된 데이터는 가장 '미소 넘치는' 동네 그리고 미소 투입이 좀 더 필요한 동네가 어디인지 잘 보여준다. 이 프로젝트는 미소를 하나씩 늘려가며 우호적인 지역 문화를 형성하고, 더 행복한 시민들을 탄생시켰다. 시간당 미소 프로젝트는 빅토리아주 보건 당국과 경찰청의 도움을 받았으며 후에는 필리핀, 캐나다, 스코틀랜드로도 전파되었다.

저는 혼자 재택근무를 하는 사람입니다. 기분을 전환하는 데 어떤 방법이 가장 좋을까요?

재택근무를 하면 웰빙에 즉흥적으로 대응할 자유가 있지요. 산책을 해도 되고, 엔도르핀 촉진제 모음집을 보거나 그것에 추가할 거리를 찾아도 돼요. 의식적으로 10분 휴식 시간을 내어 미소 호흡을 해보면 어떨까요? 재미있는 코미디 영상을 보거나 팟캐스트를 들으며 킬킬 웃는 방법도 있답니다.

기쁜 감사

The Laughter Effect

가진 것에 감사하면

결국 더 많이 가지게 될 것이다.

가지지 않은 것에 집중하면

결코 충분한 날이 없을 것이다.

● 오프라 윈프리 Oprah Winfrey

지금쯤이면 독자 여러분도 웃음 효과의 다면적인 특징에 익숙해졌을 것이다. 그러나 감사의 차원을 추가하지 않으면 웃음 효과를 온전히 살펴봤다고 할 수 없다. 감사는 삶의 관점과 살아가는 방식을 바꾸는 가장 단순하면서도 강력한 방법이다. 웃음 효과에 감사를 더하면, 우리가 감사하게 생각하는 모든 것과 더불어 즐거움과 관련된 신경망까지 강화된다. 그리고 감사의 빛에 몸을 녹임으로써 웰빙 효과를 더욱 깊고 풍부하게 체험하게 된다. 우리 모두 한 번쯤 빠져본 적 있는, 주어진 것들을 당연시하는 함정에서 벗어나게 하는 멋진 해결책이다. 기쁨이 넘치는 감사는 우리가 이미 가진 것에 마음과 생각을 열게 한다. 1장에 등장한 키케로는 이렇게 말했다. "감사하는 마음은 가장 훌륭한 미덕일 뿐 아니라 모든 다른 미덕의 부모다."

감사와 웃음 효과

분 단위로 구성된 하루를 돌아볼 때 '희망차고 즐거움' 또는 '다소 괜찮음'이라고 분류할 수 있는 조각은 몇 개나 되는가? 의식적으로 온종일 감사를 떠올릴 때 긍정의 마이크로 모멘트(짧은 순간)가 배로 늘어나기에 별로 좋지 않았던 순간이 부각되기보다는 기쁨이 잔잔히 흐를 것이다. 축하하거나 기념할 대단한 일이 일어날 때까지 기다리지 않아도 삶 전반이 더 행복해진다. 감사 문화 전문가인 스티븐 파루지아Steven Farrugia는 이 반대 상황을 "축구 경기에서 종료 호루라기가 울리기 전까지 응원을 전혀 하지 않는 경우"라고 묘사했다. 걸을 때 무의식적으로 발을 앞으로 내딛듯, 앞으로 살펴볼 의도적 감사도 연습만 하면 아주 쉬워질 것이다. 감사는 일상에서 일어나는 작은 경이들을 밝히는 횃불이다. 그것들이 설사 사소하고 하찮게 보일지라도.

감사를 실천하면 감사할 일들이 더욱 늘어나는 듯하다. 새 차를 사려고 하는 상황과 비슷하다. 마음 같아서는 마세라티를 사고 싶지만 빨간색 마즈다로 만족하기로 한다. 일단 빨간색 마즈다를 염두에 두면 신기하게도 어디를 가도 그 차가 보인다. 길에 다니는 마즈다의 수는 전과 비슷하지만, 무의식적으로 뇌는 이제 그 차에 집중하도록 설정되었기 때문이다. 에너지는 당신이 관심을 주는 곳으로 흐른다. 그런데 안타깝게도 정신은 긍정적인 영향보다 부정적인 영향을 끼친 사건에 더 끌릴 때가 많으므로, 뇌가 당신이 원치 않는 것을 자꾸 의식하면 괴로워진다. 그러나 이는 진화로 생긴 우리가 감사해야 할 생존법이므로 너무 의기소침해질 필요는 없다. 생존 본능이 없었다면 인간은 차가 쌩쌩 달리는 고속도로로 뛰어들거나, 뜨거운 프라이팬에 손을 데거나, 넷플릭스에 있는 지겨운 프로그램을 온종일 봤을 것이다. 문제는 분명한 위협이 없을 때도 뇌가 끊임없이 해결할 문제를 찾아 헤매는 데 있다. 우리는 부정적 상태로 자동 설정된 뇌를 인식하지 못할 때도 있지만, 때로는 그 부정적 감정에 억눌려 잠을 못 잘 만큼 걱정하기도 한다. 이를 우리 마음에서 발생하는 내장된 부정 편향으로 설명할 수 있다. 신경심리학자이자 저자인 릭 핸슨Rick Hanson은 "뇌는 부정적인 것에는 착 붙는 찍찍이처럼, 긍정적인 것에는 쓱 미끄러지는 테플론Teflon(상품명으로 조리 기구 따위의 표면을 매끄럽게 하는 합성수지-옮긴이)처럼 작용한다"라고 설명했다.[1]

자, 생각해보자. 하루를 마무리할 무렵 대여섯 가지 정도의 사건이나 소통을 기억한다. 세 가지는 긍정적이고 두 가지는 중립적이며 한 가지는 부정적이다. 침대에 누우면 떠오르는 생각이 무엇인가? 짐작건대 부정적인 사건일 것이다. 과거에 일어난 사건이나 소통임에도 뇌는 친숙한 한 가지 방식으로만 반응한다. 바로 마음의 눈으로 과거 일을 떠올리며 스트레스 호르몬을 분비하는 것.

웃음 효과와 감사는 의식을 일깨워 눈치채지도 못한 수많은 습관에 주의를 기울이게끔 한다. 이를테면 밤늦게 초콜릿 먹어 치우기, 시도 때도 없이 핸드폰 보기, 알람 시계의 '5분 후 다시 알림' 버튼을 누르고 또 누르기. 행동, 습관, 생각 패턴을 인지할 때 비로소 이를 받아들이거나 바꾸기로 다짐할 수 있으며, 삶의 뒷좌석에서 앞좌석으로 이동할 수 있다.

감사하기는 생존의 필수 사항이 아니므로 우리 뇌는 감사에 거의 주목하지 않는다. 실존의 위협도 없고 불이 번쩍이지도 않으니 관심이 없을 수밖에. 그러나 관심, 의도, 반복으로 뇌가 감사의 유익함을 맛보고 나면 이를 생존과 관련된 것과 동일하게 존중하기 시작한다. 연습하지 않으면 유익한 생각과 경험이라 할지라도 하루에 떠오르는 6000여 가지 생각 속으로 묻혀버린다. 감정의 강도를 따지자면 '좋은' 것들은 대개 10점 중 1~2점 수준에 머무르기 때문이다. 그러나 긍정적인 생각도 부정적인 생각만큼이나 실재적이다.

핸슨에 따르면 정신적 힘은 감사를 비롯한 내면 힘의 일시적인 상태나 경험이 뇌에 각인되면서 강해질 때가 많다. 이 각인이 더 길고 강렬할수록 더 많은 이로운 신경세포가 점화되어 뇌의 단기 기억을 장기 저장소로 옮기도록 돕는다. 그러면 나중에도 사용할 수 있고, 오래 지속되는 개인 자산이 생긴다. 이는 친절, 자신감, 침착, 인내, 즐거움, 자기 인지, 감사 등으로, 우리가 어떤 내면의 힘을 개발하고자 하든 적용할 수 있는 기술이다.

핸슨은 단 5~10초라도 좋은 경험에 감사하는 마음을 갖고 긍정적인 감정을 차곡차곡 쌓는다면 그 이로움을 더욱 증폭할 수 있다고 주장한다. 진심 어린 미소나 미소 호흡 같은 활동을 추가하면 긍정적 연관성이 더욱 깊이 뿌리내리게 된다. 그리고 그 경험이 자신에게 주는 느낌을 의식적으로 인지하며, 몸, 마음, 영혼을 감사에 흠뻑 잠기게 하는 것이 핵심이다. 이것이 바로 웃음 효과다.

긍정적 경험 한 번이 삶을 극적으로 바꾸진 못하지만 한 방울씩 똑똑 떨어지는 물이 결국 잔을 가득 채우듯, 우리 하루도 즐거움의 작은 순간들(마이크로 모멘트)로 채워질 수 있다. 감사한 것들을 성찰하면 긍정적인 감정이 일어나 이미 가진 것에 만족하게 되며, 미래의 위기와 고난에 대비할 긍정의 창고를 지을 수 있다. 좋은 것에 더 집중할수록 더 자주 미소 짓게 되고, 더 웃고 싶은 순간이 늘어난다.

아쉽게도 하루아침에 이런 마음가짐을 습득하기는 어렵다. 행동 변화는 긴 과정이다. '의식적 유능Conscious Competence' 학습 모델은 뇌가 습관 변화에 대응하는 방법을 이해하게끔 도와준다. 처음에는 자신의 특정 습관에 관해 전혀 모르거나 인지하지 못하므로, 이 습관이 우리에게 이로운지 해가 되는지 고려하지도 않는다. 이것이 과정의 시작으로 인식하지 못하는 무능Unconscious Incompetence 단계다. 그런데 어떤 사건이 일어나거나, 특정 습관

또는 행동이 이롭지 않다고 누군가에게 충고를 들으면 결단을 내리고 나쁜 습관을 고친다. 손톱을 물어뜯는 것도 나쁜 습관의 한 예시다. 안타깝게도 손만 까딱하면 습관이 마법처럼 고쳐지는 것이 아니므로 의식적인 노력이 필요하다. 우리는 선택하고 싶은(또는 떼어내고 싶은) 새로운 행동에 능숙해질 때까지 의식적으로 연습을 반복해야 한다. 그러면 결국 행동이나 습관을 생각하지 않고도 자동으로 하게 되는, 즉 인식하지 못하는 유능 Unconscious Competence 단계에 이르게 된다.

　습관적인 생각 또는 감사 같은 일시적인 감정도 위와 동일한 이론을 적용할 수 있다. MRI 기계가 없어도 우리는 편안하게 집에서 뇌의 변화를 지켜볼 수 있다.

열 손가락을 활용하는 의식적 감사 연습

아이들에게 소개하면 좋을 법한 재미있는 활동이다. 손가락을 하나씩 접어가며 감사할 일을 생각하자. 매일 하다 보면 비슷한 사항이 자주 나올 수도 있지만 그래도 괜찮다. 결국 아주 많이 늘어나게 되니까! 하루에 열 개면 일주일에 70개, 한 달이면 적어도 280개다. 긍정 신경회로를 강화하는 훌륭한 활동이다.

감사 늘리기

감사를 늘리는 기술이 또 있다. 평소 시계를 차는 사람이라면 한두 주 동안 원래 차는 손목의 반대편에 차보라. 시계가 아니어도 좋다. 장신구를 반대 손목이나 손에 껴도 되고, 익숙하지 않은 손으로 빗질이나 칫솔질을 해도 된다. 어떤 습관을 선택하든 다른 방식으로 해보라. 처음에는 뇌가 심술을 부리며 저항할 것이다. **'너무 오래 걸리잖아. 왜 이런 걸 시키는 거야? 너무 힘들다. 정말 하기 싫어.'** 그러나 며칠이 지나면 저항력이 조금 사그라들며, 일주일쯤 지나면 아무 생각 없이 반대편 손목에 시계를 차고 익숙하지 않은 손으로 칫솔을 집어 들 것이다.

연습하면 많은 행동이 아주 자연스러워질 수 있다. 바닥에 옷을 던지는 대신 옷을 빨래 바구니에 담을 수 있고, 상대에게 음식물을 튀기는 대신 모두 삼키고 차분히 이야기할 수도 있으며, 배우자의 결점을 모두 지적하는 대신 나를 위해 해준 일에 감사할 수도 있다. 바로 이런 순간에 신경회로 재배열이 이뤄진다. 우리 뇌가 열심히 운동하며 긍정적 신경 가소성으로 뇌 근육을 키우는 셈이다.

감사하는 태도는 긍정적 감정의 회로가 원활하게 생성되도록 도와준다. 기회를 포착하는 내면의 레이다를 연마해 그곳으로 향함으로써 나머지 감정에서는 멀어지기 때문이다. 가장 유연하고 능숙한 댄서도 동시에 두 방향으로 갈 수는 없다!

●

삶이 평탄히 흐를 때는 감사 연습이 아주 수월하다. 그러나 삶이 고될 때(이를테면 상실, 경제적 어려움, 관계 악화, 투병을 경험할 때)는 한겨울에 뜨거운 여름날을 경험하는 듯해서 감사가 가당 찮게 여겨질 수 있다. 내가 이를 깨달은 때는 대장 수술 3일 후, 암이 전이되지 않았다는 좋은 소식을 듣고서였다. 안도감이라는 말도 부족할 만큼 감사하는 마음이 몸을 휘감았지만, 내 몸은 어떻게 반응해야 할지 모르는 듯했다. 다섯 시간이라는 혹독한 수술 동안 잘 견뎌준 내 몸, 유수한 병원에서 수술받았다는 사실, 사랑하는 가족과 친구들, 이렇게 내가 감사하는 것들과 사람들에게 관심을 집중하며 병원 식판 아래에 놓인 흰 깔개에 검은 펜으로 감사를 퍼붓고 나서야 몸이 반응하기 시작했다. 나는 신경과 세포가 감사를 받아들일 때까지 감사의 순간을 짜냈다. 웃음 효과의 희망적인 에너지가 모든 세포, 조직, 근육으로 흘러들었다. 감사할수록 감사하는 마음이 커졌다. 모르핀을 보충하지 않았는데도 기분이 약효를 냈다.

그때부터 나는 감사하는 마음을 기르기로 단단히 결심했다. 먼저 감사의 물에 발을 적시고, 다음에는 몸을 완전히 담갔다.

웃음 수업

매일 '세 가지 좋은 것Three Good Things' 말하기는 우울감과 행복에 장기적 영향을 미친다고 증명되었는데, 이를 제시한 긍정심리학의 창시자 마틴 셀리그먼Martin Seligman 교수에게서 영감을 받았다.[2] 이는 당연하게 여기기 쉬운 일상적이고 소소한 '좋은 것'을 머릿속에 또는 종이에 적는 활동이다. 나는 잠들기 직전에 '양 한 마리, 양 두 마리'라고 세기보다 그날 목격하거나 경험한 친절한 행동 같은 감사할 점 세 가지를 이야기하곤 했다. 긍정적인 것을 찾아 좋은 순간들에 집중하면서 과거와 미래의 걱정을 잠시나마 잊을 수 있었다.

기분이 처지고 불안이 엄습할 때는 저항감이 너무나 강력해, 감사한 일을 어떻게 세 가지씩이나 생각해낼지 벅찰 때도 있다. 그러나 감사가 흐르기 시작하면 멈추기가 어렵다. 좋은 것에 집중하면 기분이 좋다. 이 긍정적 행동과 신나는 기분 사이에 연결성이 만들어지므로 다소 중독성이 있기도 한데, 이는 도파민 분비로 설명할 수 있다. 감사 연습이 더욱 활발해질수록 도파민 분비도 잦아진다. 그렇게 감사에 취해보는 건 어떨까.

감사 미소 바디 스캔

1. 편안한 자세를 취하라. 숨을 깊이 들이쉬고 내쉬기를 반복한다. 숨을

쉴 때마다 더욱 깊이 그 속에 빠져들자. 호흡은 당신을 위해 있고, 삶의 매 순간 함께해왔다. 시키지 않아도 우리는 호흡한다. 호흡에 감사를 표시하자. 호흡에 미소를 불어넣고 깊이 내쉬자.

2. 이제 얼굴을 주목하자. 우리는 얼굴을 다소 가혹하게 비난할 때도 있다. 양 볼, 입술, 코 그리고 눈과 눈썹도 인식하자. 판단하는 데 집중하지 말고 그저 알아차리기만 하자. 이제 목과 머리 뒤를 다음으로 머리 전체를 인식하자. 따뜻한 미소로 얼굴과 머리 전체에 감사하는 마음을 느껴보자. 이 감사의 마음을 숨으로 들이쉬고, 이 감정을 얼굴에서 몸으로 보내며 숨을 내쉬자.

3. 다음으로 어깨, 위팔, 팔꿈치, 아래팔, 손목, 손바닥, 손등, 손가락을 인식하자. 그리고 감사를 느끼자. 감사의 감정을 숨으로 들이마시고, 진심 어린 미소로 어깨부터 손가락까지 팔이 하는 모든 일에 감사를 보내자. 미소로 감사를 표현하고, 숨을 내쉴 때 이 미소를 어깨, 팔, 손에도 보내자.

4. 가슴, 명치, 배, 엉덩이와 골반에도 관심을 보내자. 그리고 몸통, 허리 등도 인식하자. 그리고 이 전체에 감사의 기분을 들이마시고 숨을 내쉬면서 이 기분을 더 깊은 곳으로 보내자. 얼굴에 미소를 머금자. 그리고 숨을 내쉬면서 이 미소를 가슴의 앞과 뒤, 명치, 배, 엉덩이, 몸통으로 보내자.

5. 이제 허벅지, 무릎의 앞과 뒤, 종아리, 발목, 발꿈치, 발바닥, 발가락을 인식하고 위의 연습을 그대로 반복하자.

6. 이제 머리끝부터 발끝까지 전체를 인식하자. 몸 안으로 들어왔다가

나가는 숨을 느끼며 숨이 하는 모든 일에 감사하자. 삶이 지속되는 내내 우리를 지탱하고 끌어나가는 호흡. 우리가 만지고, 느끼고, 보고, 냄새 맡고, 듣고, 맛보고, 살고, 사랑할 수 있게 해주는 호흡. 숨을 들이쉴 때마다 감사의 기분이 커지면, 숨을 내쉴 때마다 우리 몸의 모든 세포가 재설정된다.

7. 몸이 늘 우리와 함께 있듯 감사하는 마음도 마찬가지다. 우리 몸의 일부에 감사를 느끼기 위해 거창한 사건이 필요치 않다. 그저 감사를 연습하라. 좋아하는 부분, 아주 좋아하지는 않는 부분, 열심히 일하는 부분, 특별한 목적이 없어 보이는 부분에까지 모두 감사하라. 당신의 몸은 늘 최선을 다하고 있다.

8. 조심스레 이 연습을 내려놓고 부드럽게 눈을 떠라.

✦ 감사가 우리 몸에 주는 이로움 ✦

감사는 우리 몸에 내장된 항우울제인 세로토닌을 공급하는데, 이것은 우리가 과거에 이룬 중요한 성과나 잘 흘러가고 있는 것 (또는 잘 흘러간다고 생각하는 것)을 성찰할 때 분비된다. 강사이자 카이로프랙터(척추를 중심으로 건강 문제를 다루는 대체의학 의사-옮긴이) 연구자이며 저자인 조 디스펜자Joe Dispenza 박사의 새 연구에 따르면 우리는 미래에 감사할 수도 있다. 실제로 사건이 일어나기도 전에 감사하는 마음을 느낄 수 있다는 의미다. 그렇게 함으로써 우리 몸은 우리가 바라는 미래의 사건이 지금 일어나고 있거나, 이미 일어났다고 믿는다. 이 연습은 실제로 열매를 맛보기도 전에 몸과 마음이 정신적으로 감사의 상태를 느끼게 하는 기회를 준다. 좋은 꿈을 꿀지, 악몽을 꿀지는 우리 선택이다. 무엇을 택하든 몸은 그것에 맞게 반응한다.

심박수와 뇌 스캔을 사용한 디스펜자 박사의 연구는 15분씩 하루에 두세 번 분노, 두려움, 좌절, 초조함 같은 감정을 감사로 바꿨을 때 몸의 자연적 '감기 주사'인 면역글로불린A가 50퍼센트 더 생산된다는 사실을 밝혔다. 사랑, 기쁨, 감사 같은 감정을 내면에 받아들이면 교감신경계에서 부교감신경계로 신호가 바뀐다. 먹잇감을 찾는 상어 같은 스트레스 호르몬은 줄고 웰빙 호르몬이 높아지면, 외부 환경에서 느끼는 위협 정도도 줄어들어 치유력을 강화하고 면역력을 증가시킨다.

감사 연습은 심장이 뇌로 보내는 메시지와 그 리듬을 바꿔 행복한 기분을 유발하고 자율신경계가 두려움에서 벗어나게끔 신호를 보낸다. 웃음 효과 에너지를 활성화하고 감사의 미소를 머금을 때 우리 몸은 감정을 받아들인다는 사실을 깨닫게 된다. 그러면 심박수가 일정해지고, 다른 사람에게도 감사가 전해진다. 그리하여 좋은 에너지는 더 널리 퍼져나간다.

15분 연습이 부담스럽게 느껴질 수도 있다. 그러면 하루의 감정적 분위기를 정하고 좋은 에너지를 깊게 뿌리내리기 위해 일어나자마자 감사를 받아들여보면 어떨까. 부드러운 미소를 입에 띠우고 나와 다른 사람에게 감사할 점을 세 가지(더 많아도 좋다) 떠올려보자. 그리고 하루를 보내며 자주, 조금씩 감사를 떠올리자. 밥을 먹을 때, 명상할 때, 산책할 때, 일기를 쓸 때, 의도적으로 좋은 순간을 찾아 집중하자. 이미 가진 좋은 것을 확장하자. 그러면 이따금 감사한 일을 체험하는 수준을 뛰어넘어, 감사한 삶을 사는 방향으로 나아갈 것이다.

감사는 이상하고도 아름다운 방법으로 되돌아온다. 매사추세츠주 노스이스턴대학교에서 진행한 연구는 105명의 학부생들에게 컴퓨터로 특정 과제를 완료하도록 지시하고 과제를 끝낼 때쯤 컴퓨터가 고장 나도록 설계되었다. 실험 진행 중 컴퓨터가 고장 나자, 학생들은 기술 문제를 해결하려면 컴퓨터를 재부팅해야 한다는 이야기를 관계자에게 들었다. 그때 '기술자'인 척 연기하는 배우가 문제를 해결하러 들어왔다. 아마 '컴퓨터를 껐다가 켜봤어요?' 같은 뻔한 질문을 했으리라. 그가 버튼 하나를 누르자 컴퓨터가 다시 켜졌고, 학생들이 작업하던 과제가 저장되었다는 사실이 드러났다. 그러자 대부분의 학생이 배우에게 감사를 표했다. 실험 후 3주 동안 그들의 감사 정도가 측정되었다. 컴퓨터 고장 사건 동안 감사를 더 많이 느낀 학생은 그 후에도 감사하는 감정이 더 높았다. 연구에 참여한 시간에 대한 사례금을 받을 때도 덜 감사한 학생은 적은 돈이라도 당장 받고 싶어

자기에게 쓰는 감사 편지

모든 일에 고마움을 표하는 감사 편지를 써보자. 진심에서 우러나는 감사함이 우리 몸을 적시도록 스스로 허락하자. 이 기회를 이용해 코의 모양이나 흉터(감정적이든 물리적이든) 같은 주관적 불완전함을 수용하자. 진정으로 넉넉하게 감사를 확장하는 한 예시를 소개한다.

나 자신에게.
내가 너를 포기했을 때도, 너는 나를 포기하지 않아줘서 고마워.
평생 보고, 듣고, 느끼게 해줘서 고마워.
받아들이기 힘들 때도 있었지만 내게 수많은 경험을 보내줘서 고마워.
친구, 가족, 지인, 삶의 든든한 지원자들이 있어서 고마워.
내 전부를 받아들여주고, 판단하지 않아줘서 고마워.
내가 듣고 싶지 않아 할 때도 나와 함께 있으며 무한한 지혜를 전해줘서 고마워.

사랑과 감사를 담아,
나 자신이

했고, 감사함을 더 느낀 학생은 기다렸다가 더 많은 돈을 받겠다고 대답했다.[3]

개인을 위한 감사 연습

감사 연습은 회복력을 증진하고 번아웃의 부정적 영향을 막도록 돕는다. 이 이유로 나는 학생의 삶을 개선하는 효과적인 방법에 늘 감사를 포함하고 있다. 내 학생 스티브는 큰 IT 회사에서 장기 휴직 상태인, 심신이 지친 중간 관리자였다. 그는 좌절스러운 상황에서 벗어나려고 긍정 회복 코칭을 받고 싶어 했으나, 나는 그에게 감사 연습을 권했고, 그가 어떻게 받아들일지 확신이 들지 않았다. 생각보다 진지하지 않다고 느낄까 봐 우려도 됐다. 그럼에도 감사가 축 처진 그의 기분과 정신을 되살리는 데 중요하다는 사실을 직감했다.

그가 생각하는 감사의 관점을 전환하는 것이 첫 단계였다. 단순한 고마움을 넘어 삶에 의미와 가치를 주는 것들을 향한 인정과 존중으로 감사의 개념을 확장해야 했다. 나는 감사를 촉진하는 데 가장 효과적이라고 증명된 감사 일기를 강조했다. (일기에 관해서는 10장에서 더 자세히 다루겠다.) 그의 스트레스 정도를 감안해 심장 질환을 앓는 환자 집단에 관한 연구를 보여주었다. 한 집단은 8주 동안 거의 매일 두세 가지에 관해(배우자, 자녀, 반려동물, 친구, 직장) 감사 일기를 적었고, 다른 집단은 의사의 처방만을 따랐다. 연구를 종료할 무렵, 감사 일기를 적은 환자 집단은 기분, 수면의 질, 피로감, 심장 건강과 관련된 요인 모두에서 더 나은 결과를 보였다.[4] 두 달 뒤 다시 건강 상태를 측정했을 때도 일기를 계속 적은 환자들은 염증 수치가 훨씬 낮고 심장박동도 향상되어 심장병 위험 정도가 감소했다는 사실이 드러났다.

번아웃 탓에 스티브는 가장 가까운 사람들과의 관계마저 큰 타격을 입었다. 자신이 힘들 때는 다른 사람에게 감정적으로 투자하기가 쉽지 않다. 캘리포니아대학교 심리학 교수이자 긍정심리학 연구자인 로버트 에먼스Robert Emmons에 따르면, 우리가 다른 사람에게 지지와 격려를 받고 있다는 사실을 알면 감사하게 되고 그 감사는 결국 관계를 강화한다. 사랑하는 사람들에게 감사를 표현하면 그들의 기분이 좋아지고, 따라서 그 모습을 보는 우리도 기분이 좋아진다. 스티브는 사랑하는 사람들에게 그들을 얼마나 소중하게 생각하는지, 그들의 사랑과 격려를 얼마나 감사하게 여기는지 보여줘야 했다. 그는 웃음 효과를 활성화해 서로 격려하고 부추기는 긍정적 행동에 기름을 부어야 했다.

스티브와 진행한 수업은 감사하는 사람들이 삶과 주변을 더욱 낙관적으로 바라본다는 사실을 이해하는 데 바탕을 두었다. 또한 그런 사람들은 부정적인 사람들보다 생각이 유연한 경향이 있다. 어느 연구는 감사 일기 연습이 낙관적인 태도를 5~15퍼센트 증가하게 했다고 밝혔다.[5] 스티브는 절망에 빠져 낙관적인 마음이 사라진 상태였기에 미래를 향한 긍정적 전망을 키우는 것이 그를 번아웃에서 건져내는 중요한 열쇠였다. 첫 수업이

웃음 수업

끝날 때쯤 그는 감사 연습에 도전해보겠다고 했다. 다음 수업까지 할 숙제(손목시계를 반대편 손목에 차기, 감사 일기 작성하기, '세 가지 좋은 것' 연습으로 확장하기)를 내줄 완벽한 순간이었다.

그 후 한두 달간 스티브의 변화는 가히 대단했는데, 충실하게 임한 감사 연습과 분명 관련이 있었다. 규칙적으로 그리고 진심으로 좋은 것에 집중함으로써 부정적인 생각을 낮추도록 뇌를 성공적으로 재프로그래밍했다. 긍정으로 향하는 신경망은 더

감사 일기 쓰기

감사 일기를 한번 써보면 어떨까? 순조롭게 흘러간 세 가지 일과 그 이유를 쓰면서 그날의 긍정적인 점을 포착하자. 떠오르는 사건은 상대적으로 작은 일일 수도 있고(아무개와 즐겁게 대화했다) 큰 일일 수도 있다(꿈의 직장에 다니게 되었다). 당신이 한 일 또는 한 말(다른 사람도 연관된다면 그들이 한 일이나 한 말까지)을 비롯해, 일어난 일을 가능한 한 자세하게 적어라. 이 사건이 일어났을 때 느낀 기분과, 그 후의 기분을 모두 주시하라. 마음속으로 또는 실제로 웃었는가? 부정적인 감정으로 향할 때, 좋은 일에 다시 집중하며 긍정적 마음이 흐르도록 하자. 감사의 기분이 몸의 어느 부분에서 느껴지는지 주목하고, 그곳에 미소를 보내며 웃음 효과의 에너지가 더 깊이 스며들도록 하자. 이 연습은 일상의 좋은 점을 주목하고 흡수하도록 뇌를 훈련하는 좋은 방법이다. 세부 사항을 모두 따르지 않더라도 결국에는 자연스럽게 감사를 느끼게 될 것이다.

욱 고무되어 관계, 돌아갈 직장, 삶 전반을 더욱 낙관적으로 바라보게 되었다. 그는 내면과 외면 모두에서 미소를 더 많이 짓게 되었다고 말했다. 몇 년 후, 길에서 우연히 마주친 스티브는 신나는 표정으로 손목시계를 가리켰다. 여전히 반대편 손목에 시계를 차고 있었다. 나는 그 연습을 계속하지 않아도 된다고 했지만, 그는 이것이 감사하는 마음을 상기하는 방법이라서 좋다고 말했다. 직장으로 돌아간 그는 동료들과 감사를 나눌 기회를 열심히 찾으며, 팀원들과 작은 승리와 성과를 자주 축하한다고 전했다.

고마운 일터

일터는 스트레스의 주된 원인이 될 때가 많다. 우리는 지금껏 유머, 웃음, 놀이를 이용해 웃음 효과가 사회적, 감정적, 심리적 웰빙을 강화하는 방법을 살펴보았는데, 감사를 표현하는 집단 문화도 이 역할을 할 수 있다. 하지만 연구에 따르면 사람들은 다른 곳보다 일터에서 감사를 표현할 가능성이 적다고 한다. 감사 표현이 나약함으로 보일 수도 있고 무심코 동료를 곤란하게 만들 수 있다고 생각해 표현을 망설이는 사람들이 있기 때문이

웃음 수업

다.[6] 평생 일에 쏟아붓는 시간을 고려하면, 일터야말로 감사의 자애롭고 부드러운 손길이 절실히 필요한 곳이다.

일터에서의 감사는 직원들의 정신 건강, 스트레스 정도, 이직률에 엄청난 긍정적 영향을 미칠 수 있다. 단순히 업무적인 환경이 아니라 관계를 존중하는 환경이 되도록 도와주며, 동료와 직원의 소중함을 보여주는 훌륭한 수단이기도 하다. 스트레스가 많은 직업이라 하더라도 감사할 점을 찾으면, 직업에서 오는 부작용으로부터 직원들을 보호할 수 있다.[7] 번아웃을 줄이려면 리더십과 관리자 측에서 끊임없이 감사 습관을 구축하며 이를 가볍게 여기지 않을 때 가장 효과가 있다. 그러고 나면 학교, 지방 정부, 기업, 지역사회 단체 등 조직의 규모나 환경과 상관없이 감사 문화가 위에서 아래로 내려오게 된다. 감사 표현은 돈이 할 수 없는 방법으로 집단을 통합하고 북돋우며, 결국 집단 전체에 감사의 태도가 형성된다.

일터의 감사 또한 전염성이 강하다. 조직 전체에서 감사가 더 표현되고 확장될수록 직원들도 감사를 교환할 가능성이 커진다. 이는 친사회적이고 (개인이 아닌) 우리를 중심에 둔 행동을 칭찬하여 진정한 선의의 파급력을 일으키는 수단으로, 결국에는 CEO와 관리자들이 원하는 업무 능력, 생산성, 직원 유지 향상까지 불러온다. 감사를 '세계 감사의 날World Gratitude Day'에만 표현할 것이 아니라 조직의 핵심 가치로 받아들인다면 그 효과는 막대할 것이다.

나는 노인 거주 시설에서 진행한 첫 웃음 요가 프로그램을 확장해, 그곳에서 웃음 활동을 직접 진행할 수 있도록 직원들을 위한 훈련 프로그램을 준비했다. 내가 방문한 적이 없는 어느 노인 거주 시설에서 그 프로그램을 진행해달라고 요청해왔다. 본격적인 훈련을 시작하기 전에 한 친절한 직원이 시설 곳곳을 소개해주었다. 복도의 밝고 명랑한 분위기가 바로 내 눈에 들어왔고, 직원들과 거주자들이 나누는 미소와 재잘거림이 울렸다. 지금껏 내가 가본 어느 시설보다 훨씬 분위기가 좋았다. 훈련을 시작하기 전, 차를 한잔하려고 직원 식당으로 가니 벽 한 면이 알록달록한 포스트잇으로 꽉 차 있었다. 동료에게 감사의 메시지를 전하는 '감사의 벽'이었다. 왜 분위기가 밝은지 고개가 끄덕여졌다. 그 벽은 직원들이 일터에서 일을 더 잘 수행하고, 더 깊이 나아가 충만한 사람이 되도록 권장하는 시각적 자극제 역할을 했다.

부정적인 면을 부각하는 다른 수많은 일터와 반대로, 그곳은 긍정적인 면을 기념했다. 칭찬과 감사의 표현을 권장한 결과, 직원들의 행복도와 만족도가 증가했다. 그렇다고 그들처럼 감사의 벽을 꼭 만들 필요는 없다. 감사 문화를 심는 방법은 아주 다양하니까.

봉사 활동을 하면서 돕는 자가 느끼는 웰빙의 수많은 이점을 만끽하자. 주는 사람과 받는 사람 사이의 감사 순환을 만들어 내 긍정을 두 배로 발생시키자. 19세기 초《피터 팬》의 창작자인 스코틀랜드의 소설가이자 극작가 제임스 매슈 배리 경 Sir James Matthew Barrie은 이런 말을 남겼다. "다른 사람의 삶에 빛을 비추는 사람은 그 자신도 빛을 받을 수밖에 없다."

감사의 언어 유창하게 말하기

감사의 언어를 배워 충만과 축복, 은혜를 말하는 데 능숙해지면 유리한 점이 많아진다. 웃음 효과는 단순히 **웃는 행동**을 넘어 **마음**으로 느낌으로써 감사 언어를 유창하게 하며, 이미 주어진 삶과 사랑에 빠지도록 유도한다. 우리 존재를 풍성하게 하는 것들 그리고 살아 있는 크나큰 기적을 느끼도록.

감사 에너지에 몸을 흠뻑 적시고 나면 더 즐겁고 낙관적인 기분이 들 것이다. 감사에 다가갈수록 삶이 보람차다. 지금 순간의 긍정에 집중하고 그 힘을 받아들일수록 내면의 미소가 더욱 잦

감사 확언하기

다음은 내가 아주 좋아하는 확언들이다.

나는 지금, 이 순간에 감사한다.
나는 모든 숨결에 감사한다.
나는 모든 축복에 감사한다.
나는 내 삶에 감사한다.

당신만의 확언을 적고 난 후, 온몸으로 미소를 지으며 그 말들을 꾹꾹 눌러 담고 규칙적으로 반복하자.

아질 것이다. 이것이 바로 웃음 효과다. 정신과 마음이 감사로 가득할 때, 자신에게 만족하게 되고 다른 사람에게 더 잘 베풀 수 있다. 그러면 감사가 자라 눈에 보이든 보이지 않든 파급 효과를 불러올 것이다. 조금이라도 의심이 든다면 잠깐 멈추고 스스로에게 물어보자. '지금 이 순간, 내가 감사할 수 있는 것은 무엇일까?' 언제가 되었든 감사할 것은 늘 있기 마련이다. 에크하르트 톨레Eckhart Tolle가 단언했듯, "이미 가진 좋은 것을 알아차리는 것이 모든 풍요의 기본이다."

감사 수프를 만드는 비법

1960년대, 통조림 수프를 작품에 등장시킨 앤디 워홀Andy Warhol 덕분에 캠벨 수프는 누구나 아는 상품이 되었다. 2001년, 더글러스 코넌트Douglas Conant가 캠벨 수프의 CEO로 영입되었을 때 그는 대단한 수완을 발휘했다. 당시 재정 상황은 형편없었고 신뢰도도 낮았으며 직원들의 사기는 바닥을 쳤고 해고도 잦았다. 게다가 전 세계 주요 식품 회사들 중 실적이 가장 낮다는 평가를 받았기에 그 오명을 하루빨리 벗어야 했다. 근무 환경도 너무나 좋지 않아서 여론조사 기관 갤럽의 어느 관리자는 '〈포춘〉 선정 500대 기업 중 역대급 최악'이라는 평가를 내리기도 했다.[8]

사교적인 사람인 코넌트는 직원과 대화하기를 우선순위 중 하나로 정했다. 그는 벨트에 만보기를 차고, 최대한 많은 직원과 의미 있는 대화를 하며 하루에 만 보 걷기를 목표로 삼았다. 뉴저지주에 있는 본사든, 외국에 있는 생산 공장이든, 어디를 가든 수리 직원부터 간부까지 가리지 않고 인사하고 대화했다. 이에 더해 직원들에게 줄 메모를 매일 최대 스무 개까지 써서 구체적인 기여 사항을 칭찬했다. 총 직원 수는 2만 명이었으나, 그가 CEO로 활약한 10년 동안 메모는 3만 개에 달할 정도였다. 손수 쓴 "당신을 잘 보고 있습니다", "감사합니다", "내가 당신의 가치를 잘 압니다" 같은 메모 덕분에 지어진 수많은 미소가 상상이나 가는가?

코넌트와 그의 팀은 대단한 성과를 이뤄냈다. 매출액과 수익이 상승세를 타며 사업이 번창했고, 직원 참여도는 세계적인 수준에 달했다. 감사 메모는 2009년 그가 심각한 자동차 사고를 당하자 전혀 예상하지 못한 방법으로 되돌아왔다. 전 세계에 있는 캠벨 수프 지사에서 쾌유 기원 편지가 물밀듯 밀려온 것이다. "병실에 앉아 아내와 함께 그 많은 편지를 읽으니 회복이 빨라지는 듯했습니다. 직원들이 보내온 축복의 편지를 보며, 다른 사람에게 힘을 실어줄수록 그만큼 돌려받는다는 사실을 다시 한 번 깨달았죠."[9]

30년 경력을 바탕으로 코넌트는 감사하는 세 가지 비법을 전수해주었다.

1. 초기에 개인적 관계를 구축하라. 당신이 솔직하고, 진실하고, 믿음직스러운지 동료들은 대번에 알아차린다. 당신이 진실하다면 신뢰를 쌓을 것이고, 그렇지 않다면 신뢰를 쌓지 못한다. 관계를 쌓는 좋은 수단은 자신의 성장 배경, 가치, 리더십 철학, 기대, 심지어 좋아

웃음 수업

하는 인용구까지 만나는 사람들과 공유하는 것이다. 그리고 그들에게도 무언가를 공유해달라고 요청하라.

2. 축하할 기회를 찾아라. 코넌트와 비서들은 하루에 30~60분씩 편지와 사내 웹사이트를 둘러보며 캠벨에 변화를 가져온 사람들의 소식을 살폈다.

3. 펜을 꺼내라. 당신이 사람들에게 관심을 기울이고 있으며 그들의 성과에 감사한다는 사실을 알려라. 당신 회사와 협력하면서 성공을 돕는 사람들에게도 편지를 써라. 손으로 편지 쓰기는 시간 낭비처럼 보일지 모르나, 코넌트의 경험에 따르면 호의를 표현하고 생산성을 높이는 훌륭한 방법이다.[10]

최근에 40년을 함께 산 배우자를 떠나보낸 이후, 감사한 것이 한 가지도 없는 날이 더러 있습니다. 감사함을 느끼는 것이 가짜처럼 느껴지기도 합니다. 어떻게 해야 할까요?

상실감이 남긴 커다란 구멍에서 이제 나와도 괜찮다고 스스로에게 허락하면, 그때부터 일상의 좋은 점이 보이기 시작할 거예요. 대단한 것을 찾으려 하기보다는 감사한 것을 작은 크기(안락한 침대, 기분 좋은 따뜻한 샤워, 배우자와의 아름다운 기억)로 잘게 잘라보세요. 아니면 내면을 바라보며 이런 어려운 시기를 헤쳐 나가도록 도와주는 자신의 장점을 찾아봐도 좋답니다.

미소로
자기 배려하기

The Laughter Effect

내가 나를 위하지 않으면 누가 나를 위하리?

남을 위하지 않으면 나는 무엇을 하리?

지금 하지 않으면 언제 하리?

● 랍비 힐렐 Rabbi Hillel

웃음 효과는 완벽함에 집착하는 세상이 만들어낸 정신 문제를 어느 정도 막는 방패 역할을 한다. '미소로 자기 배려하기'는 긍정, 낙관, 행복은 높이고 불안감과 우울감은 낮추므로 수많은 웰빙 효과와 관련이 있다. 어린 시절 나도 이런 능력을 배우며 자랐다면. 나 자신에게 따뜻한 미소를 지으며 있는 그대로의 나를 받아들일 수 있었다면. 그러나 나에게는 선천적으로 타고난 '주는 병'이 있다. 독자 여러분도 아마 들어본 적이 있을 것이며, 이와 비슷한 병을 지닌 사람도 있을 것이다. 늘 좋은 일을 해야 한다는 만성적인 강박관념부터 적극적이지는 않아도 좋은 일을 해야 한다는 약간의 책임감까지 증상의 범위는 넓은데, 자신을 희생하고서라도 타인에게 베푸는 것이 기본 공통점이다. 이런 행동에는 '내가 대접받고자 하는 대로 남을 대접하라'라는 바람직한 도덕적 가치가 내재되어 있다. 현명한 조언으로 들리지만, 일방통행으로 이뤄질 때가 많다는 점이 문제다. 남을 대하는 만큼 **자신**에게도 성의껏 대했을까.

　장담컨대 '주는 병'은 우리 집안 가계도에서 몇 세대에 걸쳐 추적할 수 있는 유전병이다. 나는 이 병을 어머니와 아버지 집안 모두에게서, 특히 각 집안의 여자들에게서 물려받았다. 어린 시절, 저녁 식사 때마다 이런 기질은 내 안에 깊숙이 뿌리박히게 되었다. 어머니는 가족들을 모두 먹이고 나서, 살이 거의 붙어 있지 않은 닭 뼈라도 먹는 것에 만족하는 듯했다. 만성적 '박애주의자'였던 어머니는 지역 유대교 회당에서 진행하는 모금 행사를 위해 당신이 제작한 요리책의 모든 요리법을 시도했으니 우리는 그야말로 이타심의 열매를 먹고 자랐다. 어머니의 선함은 수십 년간 열성 회원으로 활동한 비나이 브리스B'nai B'rith(유대인들의 로터리 클럽이라고 할 수 있다)를 비롯해 다양한 곳에서 흘러넘쳤다. 타인을 섬기고 도와주는 것이 어머니 삶의 목적이었기에, 그런 열성을 자신에게 쏟는다는 생각은 어머니에겐 가당찮았다.

　내게 다른 역할 모델은 없었으므로 자기 배려 실천은 가장 어려울 수밖에 없었다. 자기 배려 **성공**이 아니라 **실천**이라고 한 점에 주목하라. 실천은 행동의 완료가 아닌, 지속하는 과정이다. 성인이 되었을 때도 나는 건강한 음식 섭취나 운동 같은 자기 돌봄 활동에 비해 자기 배려는 거의 실천하지 못했다. 자신을 '오냐오냐' 하는 것보다 더 중요한 것들이 있다고 '확신'했기 때문이다. 자기 배려의 중요성을 알았다면 엄청난 고통을 고스란히 겪지는 않았으리라. 자신을 사랑하고 소중하게 여기는 마음이 흔들릴 때 다른 사람의 폭풍에 말려들기 마련이고, 사소한 말이나 행동까지 기분 나쁘게 받아들여 결국 그 폭풍의 희생자가 된다. '자기 배려 마음 방식'은 이런 사고에서 자신을 보호할 뿐 아니라, 내면의 난류에 휘말리지 않도록 지켜주기도 한다.

내가 자주 빠지는 함정은 점점 물 밑으로 가라앉는 상황에서도 수영하고 있다고 스스로 확신하는 행동이다. 대장암 수술을 하고도 수년 동안 친구들이 나를 위해 정성껏 만들어 보내준 음식이 떨어지면 억지로라도 부엌에 가서 요리하려고 했다. 도움을 요청하거나 배달 음식을 주문해도 되는데 말이다. 내가 답답한 사람이라는 것은 나도 잘 안다. 하지만 그런 쉬운 행동을 할 정도의 자기 배려 능력도 없었다. 내가 더 저렴하게 음식을 차릴 수 있는 상황이라면 남에게 불편을 끼칠 바에 차라리 고통을 받는 편이 나았다. 자기 배려라는 개념이 있는지도 몰랐는데 어떻게 자신을 보살필 수 있다는 말인가?

비밀을 하나 알려주자면 나는 신통력을 부릴 수 있다. 당신이

당신의 배려심은 어느 정도일까?

당신이 타인에게 보여주는 배려심을 1에서 10까지 점수로 매겨보자. 배려심이 전혀 없으면 1, 아주 배려심이 깊으면 10으로 측정하라. 이제 같은 기준을 이용해 자기 배려심을 점수로 매겨보자. 이 두 점수가 얼마나 다른가?

여성이라면, 자기 배려보다 타인 배려 점수가 훨씬 높을 것이다. 내 말이 맞는가? 그렇다 해도 혼자만의 문제가 아니니 걱정하지 마시라. 연구에 따르면 평균적으로 남자보다 여자가 타인을 배려하는 정도가 높고, 자신을 배려하는 정도는 낮다고 한다. 통계 상 여자는 자기 욕구를 만족시킬 권리가 있다고 느끼는 정도가 낮으며, 자기희생으로 타인의 필요를 채워야 가치를 인정받는다고 느낀다.[1] 이는 사회구조와 수천 년간 행해져온 모성 역할의 산물로, 우리는 아직도 그것을 받아들이며 살고 있다. 물론 통계가 모든 여성과 남성에게 적용되지는 않는다.

만약 자기 배려가 가족이나 친구에게서 배운 행동이 아니라면 어디서 나타난 것일까? 고등학교 졸업 시험에 자기 배려 과목이 있는 것도 아닌데. 나는 개인적 탐색보다는 직업적 호기심으로, 웰빙을 강화하는 기술이자 개념으로 어쩌다 자기 배려를 알게 되었다. 아직 삶에 필요한 중요한 기술로 자기 배려가 손꼽히지는 않지만, 반드시 그렇게 되어야 한다.

자존감 vs. 자기 배려

행복과 그 이유Happiness and Its Causes 연례 회의에서 텍사스대학교

웃음 수업

오스틴 캠퍼스의 교육심리학 부교수인 크리스틴 네프Kristin Neff
는 자기 배려의 세 가지 핵심 요소(친절, 공통된 인간성, 고통스러운
감정을 의식적으로 알아차리기)를 설명했다. 회의에 참석하기 전까
지 나는 자기 배려에 관해 겨우 기초적인 지식밖에 없었다. 네프
는 자기 배려가 방종이나 자존감self-esteem과 관련이 있다는 가장
흔한 오해를 쉽게 풀어주었다. 다른 사람과 비교해 자신을 평가
하는 자존감과 달리 자기 배려는 평가하지 않는다. 또한 심하게
다치지 않으면서 어려움과 고통을 이겨내게 하는 내적 회복력
이다. 상황이 어려울 때 우리가 멈추는 지점이 아니라 시작하는
지점이며, 좌절 후에도 따뜻한 보살핌과 힘을 주는 행동이다. 자
신이 못나 보일 때나 힘든 시기를 겪을 때조차 스스로에게 인정
을 베풀 수 있다. 비슷한 일을 겪는 사람을 볼 때 그의 행동, 말,
상황에 동의하지 않아도 도울 수 있는 것처럼.

　네프는 긍정적으로 자신에게 공감하는 방법을 자기 배려라
고 설명했다. 즉, 자기 판단과 비판으로 일어나는 내면의 혼란을
완화하는 방법이다. 나는 상황을 망친 자신을 받아들이기보다
는 비판하기가 더 쉽다는 네프의 설명을 듣고 고개를 끄덕였다.
자기 배려는 어려운 시기에 자신을 따뜻하게 대하며 실수가 사
람됨의 일부라는 점을 인정하는 태도다.

　나는 편안하게 앉아 발표를 열심히 받아 적었고, 드디어 이론
을 실전으로 옮길 차례가 되어 세 단계의 자기 배려를 실행해보
았다. 이 과정 5분 내내 칠판 긁는 소리를 듣듯, 마음속으로 소리

없는 아우성을 질렀다. 첫째, 네프는 작은 고통을 떠올리라고 했다. '고통'을 말하는 순간 동물의 곤추선 털처럼 저항감이 곤두섰고, 내면의 소리는 이런 저항감을 느끼는 나를 꾸짖었다. '고통'이라는 단어가 조금 극단적으로 들리기도 했다. 나는 고통받는 사람이 아닌데. 고통은 특권을 누리는 중년의 백인 여성이 아니라 궁핍한 사람, 가정 폭력 피해자, 노숙자 등이 써야 할 말이 아닌가.

네프는 더 멀찍이서 의식적으로 자신의 고통을 지켜보도록 지도했다. 이 '고통'을 생각하며 어디에서 비롯되었는지 알아차리되 판단은 내려두라고 했다. 잠깐, **판단**은 내가 중요하게 생각하는 기준으로 책임감을 유지하는 방법이 아닌가. 내 내면이 공허해질까 봐 두려웠다. 그럼에도 나는 판단하지 않고, 따뜻한 마음으로 한 걸음 물러서서 내 고통을 의식적으로 알아차려야 했다.

네프의 말들은 나를 감싸는 보호막을 뚫고 들어와 정신을 건너뛰고 가슴에 바로 파고들었다. 내면의 악마가 발가벗겨지며 겁에 질렸고, 강당에 있는 수많은 사람이 이런 모습을 보기라도 할까 봐 두려웠다. 침을 꼴깍 삼켰다. 그때 모든 상황이 분명해졌다. 타인을 향한 배려심은 아주 훌륭했지만 자기 배려 수준은 엉망이라는 사실이.

공통된 인간성을 자신의 상황에 적용하는 두 번째 단계에서 내 마음이 조금씩 풀어지기 시작했다. 우리는 실패하고, 실수하

웃음 수업

고, 어려움을 맞닥뜨린다. 누구도 완벽하지 않고, 완벽한 삶을 사는 사람은 없다. '우리 모두 고통받고, 병을 치르고, 사랑하는 사람을 잃는구나……. 휴우, 내가 아주 실패자는 아니었어. 우리는 **완벽하게 불완전한** 존재니까.'

세 번째 단계는 자신에게 친절함 표현하기였다. 이 단계에서는 가혹하게 자신의 결점을 비판하기보다 이해하고 보살피는 것이 중요하다. 부드럽게 포옹하거나 달래는 말을 하며 조건 없이 자기 자신을 받아들이는 것. 이 모든 과정이 편치 않았다. 네프는 내 마음을 읽기라도 한 듯, 사랑하는 사람이 비슷한 상황에 부닥쳤을 때 건넬 따뜻한 말을 생각하라고 제안했다. 좋은 말을 찾기만 하면, 우리는 그 말에 의지해 살아갈 수 있다.

자기 배려 vs. 자기 연민

네프 박사의 발표가 끝난 후, 만약 고통이 자기 판단과 비판에서 비롯된다면 나는 그 순간을 여러 번 경험했다는 생각이 들었다. 이를 악물고 무턱대고 앞으로 나아가며 고통이라고 인식하지 못했을 뿐. 일례로 나는 첫째를 낳은 뒤 수유를 계속하라는 수간호사의 조언만 듣고는 젖꼭지가 갈라지든, 가슴이 붓고 멍이 들든 고통스럽게 모유 수유를 한 적이 있다. '어머니가 되었으니 어떻게든 우유를 짜내자!'라는 마음이었을까. 힘들게 한두 주를 보내고 통증을 견딜 수 없게 되었을 때야 염증 치료를 시작했다. 나는 '아이고, 나 죽네' 하는 소리를 하지 않았고, 불편함을 표현하는 방법이 있다는 사실조차 몰랐다. 엄마가 된다는 것은 선물이자 축복이었다. 내가 선택한 길인 데다 열심히 도와주는 가족들이 옆에 있고 최고의 병원에서 출산했는데, 어떻게 불만을 터뜨릴 수 있단 말인가? 나는 자기 배려를 자기 연민으로 오해했다. 갓 엄마가 된 나 자신에게 배려심을 보인다는 생각은 갓 태어난 아기가 자신이 인간이라는 사실조차 모르는 것과 마찬가지로 너무나 낯설었다. 무조건적 사랑은 내가 아닌 아들에게 쏟아부을 법한 감정일 뿐이었다.

인간은 생존 본능을 타고난다. 상황이 힘들어지면 우리는 최대한 잘 처리하기 위해 해결사가 되려 한다. 잠시 걸음을 멈추고 쉬거나, 상황이 얼마나 어려운지 확인하거나, 스스로를 달래고 격려하는 일은 거의 없다. 외부의 도움이나 지원을 받는 보살핌에 훨씬 익숙하므로 스스로 돌보는 방법은 자연스럽지 않다고 느낀다. '그저' 자기 자신일 뿐인데 어색하거나 불편한 감정을 느끼지 않으려고 자기 보살핌을 피하려 드는 것이다. 하지만 보살핌을 타인에게 위탁하는 방법이 늘 해결책은 아니다. 게다가 나 자신은 필요할 때면 언제든 보살필 수 있지 않은가.

웃음 수업

언행일치

크리스틴 네프 박사에게서 자기 배려 개념을 소개받고 나서 나는 이를 행동으로 옮기기 시작했다. 거울을 보며 판단하지 않고 따뜻하게 나 자신에게 미소를 지으며 한 걸음씩 앞으로 내디뎠다. 민망함을 피하려고 노력도 했고, 사랑하는 사람에게 하듯 내 눈을 바라보며 인사했다. 여드름 하나쯤이야! '엄마, 이 포스트 잇은 다 뭐예요?' 하는 질문을 피하려고 내 침대 옆, 내 책상 그리고 나만 볼 수 있는 곳에 하트 모양을 잔뜩 그린 포스트잇을 붙여놓았다. 또 나는 **아름답다, 나는 잘하고 있다, 나는 나 자신을 사랑한다** 같은 긍정 확언으로 하루를 마무리했다. 이 연습이 쉬웠고, 억지로 하는 느낌도 들지 않았으며, 막힘없이 입에서 술술 나왔다고 하고 싶지만, 자기 배려심이 깊어지는 과정이라고 스스로 상기해야 할 때가 많았다. 다른 모든 사람처럼 나도 미완성 작품이니까. 그렇지만 내면의 배려 연습 중 몇 가지는 쉽게 다가왔다. 원하는 대로 순조롭게 진행되지 않은 일을 보고 따뜻하게 웃거나 미소 짓는 연습은 수월했다. 자기비판이나 비난으로 빠지기 전에 보살피는 마음을 가지려는 노력도 했다. 나 자신에게 괜찮다고, 모든 것이 괜찮다고 말하며 나를 다독이는 연습은 익숙해지는 데 확실히 오랜 시간이 걸렸다.

날마다 명상할 때는 말, 감정, 촉감, 만트라(기도나 명상 때 외우는 주문 또는 진언-옮긴이)로 내 감정적 요구를 받아들였다. 마음의 인도를 따라가며, 나 자신과 삶 전반을 향해 기쁨, 만족감, 긍정적인 감정을 더욱 많이 느끼기 시작했다. 어떤 하루를 보내든 밝은 면을 보고 느끼게 된 획기적인 시점이었다.

자신감이 붙으면서 나 자신과 기업체 고객들에게 자기 배려를 고정적인 훈련 방법으로 적용하기 시작했다. 고객이 누가 되었든 나는 타인과 스스로에게 얼마나 배려심이 깊은지 비교하는 질문을 던진다. 몇 번을 물어도 사람들은 타인에게는 엄청난 배려심을 보이는 데 반해 자기 배려 정도는 형편없을 때가 많다. 나는 한쪽 배려심을 빼앗아 다른 쪽으로 모두 주자는 의도가 아니라는 점, 자신을 판단하지 않는 것은 타인을 향한 배려심을 높이는 데 좋은 연습이라는 점을 누차 강조한다. 고객의 교육 수준에 상관없이 그들 내면의 대화는 비협조적인 수준을 넘어 스스로를 괴롭히고 못살게 굴 때가 많다. 뚜렷하게 드러난 한 가지 양상은 개인적, 직업적으로 타인을 향한 배려심이 높을수록 자기 배려 수준은 현저하게 낮았다는 점이다.

크리스틴 네프 박사를 만난 내 첫 경험과 비슷하게 자기 배려 연습을 하고 나면 어색한 침묵이 흐른다. 그래서 내면의 벼랑에 매달린 그들을 끌어올리기 위해 부드럽게 달래는 작업을 한다. 멜버른의 한 대형 병원 소속 간호사는 아버지의 꾸짖는 목소리에 자기 내면의 목소리가 묻혀 있었음을 깨닫고 충격을 받았다.

이렇듯 일부 간호사들은 실패라고 여기는 자신의 행동을 자책하는 경향이, 선생님들은 자신을 바보라고 빠르게 판단하는 경향이 높았다. 나와 마찬가지로 그들 또한 특정 방식으로 행해진 가정교육의 희생자들이었다. 즉 강인하고 굳센 태도가 어려움을 이겨낸다고 믿고 그렇게 행동해야 칭찬받았던 것이다. 자신의 강점과 약점을 받아들이기보다 스스로가 부족한 실패자라는 생각이 마음 깊이 침투되어 있었다.

우리가 아이였을 때 익힌 배움의 방식은 어른이 된 후에도 행동의 기반이 된다. 어릴 적 엄한 훈육과 냉정한 목소리에 익숙해진 사람이라면 나중에도 그런 행동을 반영할 경향이 매우 높다. 설령 자녀에게 그런 태도를 보여주지 않더라도 자신에게는 여전히 엄격할 것이다. 한편 나약하게 보일 수도 있는 친절이라는 날개를 타고 높이 날아오르는 사람들을 보면 놀라울 따름이다.

내가 진행한 어느 프로그램은 우리가 그동안 배운 교육 체계의 실체를 낱낱이 보여주었다. 참가자들은 '나의 싫은 점 열 가지'를 적는 연습을 했다. 쉽다고 생각하겠지만 반전이 있다. 이 목록을 옆 사람과 바꿔 타인이 내 실패나 결함을 읽어야 하는 활동이기 때문이다. 어이쿠!

- '내 외모가 싫다.'
- '나는 자격이 없다.'
- '나는 늘 일을 망친다.'

- '나는 형편없는 엄마다.'
- '나는 나쁜 아들이다.'
- '나는 멍청하다.'
- '나는 매력적이지 않다.'

우리야말로 우리 자신의 원수인데 다른 적수가 왜 필요하겠는가? 물론 나는 자기혐오로 망연자실한 참가자들을 두고 프로그램을 끝내지는 않는다. 다음으로는 '나의 좋은 점 열 가지'를 적는 연습을 하는데, 이 목록은 옆 사람과 바꿀 필요가 없다. 어떻게 보면 더 어려운 과제이지만 적어도 남들 앞에서 부끄러워하지는 않아도 된다.

자기 배려인가, 자기 비교인가?

나는 자기 배려와 타인 배려의 불평등이 자기 배려를 존중하지 않는 사회적 현상과 어느 정도 연관성이 있는지 궁금했다. #실패! #루저 #인스타루저 같은 해시태그로 가득한 소셜 미디어는 '완벽'이라는 환상이 지배하는 곳이다. 완벽한 치아, 완벽한 배우자, 완벽한 집, 완벽한 차, 완벽한 직업, 완벽한 가슴. 이런 환상은 완벽한 올가미가 될 뿐이다! 실패할 수도 있는 경우(이를테면 원하는 만큼 '좋아요'를 받지 못하는 상황)를 피하고자 우리는 모험하지 않는다. 시도하지 않으면 실패할 일도 없고 내면의 악마도 잠잠하니까.

완벽주의는 자기 지향 완벽주의Self-Oriented Perfectionism(자기를 향한 기대가 지나치게 높은 경우), 사회 부과 완벽주의Socially Prescribed Perfectionism(사회적 기대가 지나치게 높은 경우), 타인 지향적 완벽주의Other-Oriented Perfectionism(타인을 향한 기대가 지나치게 높은 경우)로 나눌 수 있다.[2] 이 중 사회 부과 완벽주의가 정신 건강에 가장 파괴적인 형태로 나타났다. '결함'이 있는 깨진 도자기를 금으로 이어 붙여 더 강하고 아름다운 작품으로 탄생시키는, 일본의 전통 예술 형태인 킨츠기Kintsugi를 우리 삶에 녹여낼 수만 있다면.

자기 배려 접근법은 완벽주의의 일종인 '비교 병' 치료에도 강력한 해결책이 된다. 늘 다른 사람과 비교해 평가한다면 우리는 진정으로 빛날 수 없다. 높은 자존감과 달리 내면의 깊은 배려는 사회적 비교, 타인 의식, 반추(지난 일을 반복적으로 되새김질하며 생각하는 것-옮긴이), 분노, 정해진 결과에 집착하는 행동에서 멀어지게 할 수 있다.[3] 실패를 삶의 일부이자 배우는 기회로 보기 때문이다. 자기 배려는 자기를 향한 긍정적인 감정을 키우고 '좋음' 또는 '나쁨'이라는 딱지 붙이기에서 거리를 둠으로써 부정적 감정에서 벗어나게 한다.

캘리포니아대학교 버클리 캠퍼스의 사회심리학자들이 실행

한 다양한 실험은 자기 배려가 개인적 단점 수정, 도덕적 일탈 방지, 시험 성적 향상에 동기부여가 된다는 점을 증명했다. 자기 배려는 우리를 게으르고 안일하게 만드는 것이 아니라, 오히려 더 좋은 결과와 높은 성과를 낳게끔 도와준다.[4]

자기 배려 vs. 자기비판

누구에게도 변화는 벅차고 어려울 수 있으나, 자기 배려 관점은 그 과정을 조금이나마 수월하게 해준다. 설령 실패하더라도 스스로 힘이 되어줄 수 있기 때문이다. 과장된 자기 평가가 필요한 자존감과 달리, 자기 배려는 소모적인 자기비판을 막아준다. 손에서 놓기 힘들 정도로 재미있는 책인 《마음을 치료하는 법》에서 로리 고틀립Lori Gottlieb이 기술하듯, 자기 배려는 '내가 인간일까?'라고 질문하는 반면, 자존감은 '내가 잘하나, 못하나?'라고 따져 묻는다. 우리가 자신을 배려할 때, 자기 계발에서 아주 중요한 면인 정직하게 스스로 평가하기를 실행할 수 있다. 그럼 자기 전체를 비난하기보다는 단점을 발견해 그것을 개선할 용기가 생긴다. 또 자존감과 비교해 자기 배려는 자기 가치를 알게 하고 자기도취에서 빠져나오게 하므로 모든 인간관계에서 매우

내면의 배려심을 키우는 가슴 호흡 명상

우리 가슴의 에너지 중심은 흉부 가운데에 있다. 잠깐 가슴 호흡을 연습해보자.

1. 주의를 집중하도록 한 손을 가슴 중심에 얹자. 호흡할 때마다 긍정적인 에너지를 가슴 중심으로 모으며 숨을 들이쉬자.

2. 잠깐 숨을 멈추고 사랑의 맥박을 전하는 가슴을 느껴보자. 숨을 내쉬며 이 사랑 에너지를 더욱 깊은 곳까지 보내자.

3. 호흡할 때마다 더 깊이 숨을 들이쉬고 내쉬며 에너지 중심에 집중하자. 숨을 내쉴 때마다 원하지 않는 생각이나 에너지를 놓아주자. 계속해서 가슴으로 호흡하자. 배려의 샘이자 당신의 나침반인 이 사랑 중심부를 더욱 넓혀가자.

중요한 요소다.[5]

자기 배려 성장 마인드셋

자기를 배려할 때 실패나 좌절에서 더 잘 회복되는 까닭은, 연습과 노력으로 개인이 성장할 수 있다는 사실에 있다. 스탠퍼드대학교 심리학 교수이자 《마인드셋》의 저자인 캐롤 드웩Carol Dweck은 성격이나 능력이 변할 수 있다는 성장 마인드셋을 보여준다. 반대로 성격과 능력이 정해져 있다고 생각하는 고정 마인드셋을 지닌다면, 현재 모습과 10년 후 모습이 같다고 생각할 것이므로 성장할 여지가 없다.

성장 마인드셋을 지닌 사람은 부정적인 피드백이나 상황에 맞닥뜨리더라도 더 나아지려고 노력한다. 그러므로 늪에 빠지거나 감정적 소용돌이에 휘말릴 가능성이 적다. 한편 능력이 고정되어 변하지 않는다는 믿음은 노력을 헛된 일로 믿는 것이나 마찬가지다. 판단을 멈추면 자신의 부정적인 면을 직면하기가 쉬워지고, 부정적 피드백으로 의기소침해지지도 않으므로 상황을 개선하려고 노력하게 된다. 즉, 자신을 존중하고 배려하는 태도로 행동을 고칠 수 있다.

✦ 자기 배려와 진정성

자기 배려와 진정성 사이에도 연관관계가 있는데, 삶을 쟁취하지 않아도 이미 우리는 가치 있게 태어났다는 믿음을 토대로 한다. 멤피스대학교가 진행한 어느 연구의 참가자들은 일주일 동안 자기 배려('오늘 나는 나 자신에게 친절함과 이해심, 배려심을 보여주었다')와 진정성('오늘 나는 다른 사람과의 소통이 진정성 있고 진실하다고 느꼈다') 정도를 평가했다. 참가자들이 다른 날보다 자기 배려 정도를 높이 평가한 날에는 진정성도 높이 평가한다는 결과가 나왔다.[6] 자기 모습대로 진정성 있게 행동한다고 느낄 때, 우리는 사회의 인정에 연연해하지 않는다. 내면의 평화와 기쁨이 한자리에 있음을 느끼기 때문이다. 네프는 이 모습을 "자기 배려의 따뜻한 포옹으로 자신의 고통을 감쌀 때, 긍정적인 감정이 일어나 부정적 감정과 균형을 맞추며 더 즐거운 마음 상태를 지닐 수 있다"라고 설명했다.[7] 스스로 내면의 만족감을 느낄 때 마음의 평정을 찾으며 타인도 이를 감지하게 된다.

우리는 진정한 태도와 '척하는' 태도를 느낄 수 있다. 앞서 말했듯 '척하는' 태도는 누가 해도 보기 좋은 모습이 아니다. 타인과의 소통에서 진정성을 느낄 때 끈끈한 관계가 형성된다. 친밀한 사이에서도 만족감이 커지고, 일터에서도 존중과 지지를 보여주며 더불어 배려심이 넘치게 된다. 연구는 리더가 진실한 모습을 보일 때, 일터에서 진정성 있는 분위기가 조성된다는 사실을 밝혔다.[8] 시험대에 오르거나 정체성이 비판받는다고 해도, 우리 자신을 미완성의 작품으로 본다면 직업적, 개인적 정체성을 확실하게 구축하는 데 도움이 된다.

자기 배려 관찰하기

아래의 질문에 대답하다 보면 자기 배려 정도를 판단할 수 있을 것이다. 이따금 확인하며 잘하고 있는지 평가해봐도 좋다. 1은 '전혀 아니다', 5는 '매우 그렇다'이다.

1. 다른 사람과 자신을 비교하는 행동을 멈출 수 있다.

1	2	3	4	5

2. 완벽해야 한다는 생각을 내려놓을 수 있다.

1	2	3	4	5

3. 어려운 시기를 겪을 때 나 자신에게 친절하게 대할 수 있다.

1	2	3	4	5

4. 나는 충분하다.

1	2	3	4	5

5. 나는 가치 있는 사람이다.

1	2	3	4	5

6. 나는 매력이 있다.

1	2	3	4	5

7. 있는 그대로의 내 모습을 받아들일 수 있다(나쁜 점까지 모두).

1	2	3	4	5

3점 아래로 대답한 영역을 보며 스스로 질문해보라. '어떻게 해야 점수를 올릴 수 있을까?' 잠시 시간을 들여 자기를 더 배려하면 어떤 느낌이 들지, 다른 사람과의 관계에 어떤 영향을 미칠지 상상해보자.

거울아, 거울아

자기 배려는 나 같은 '전문가'에게도 쉽지 않은 영역이다. 나도 다른 사람을 보살피느라 나 자신은 잊을 때가 많다. 타인의 요구에 짓눌려 유머 감각을 잃을 뿐 아니라 돌보고자 하는 마음마저 잠잠해질 때가 있다. 수년간 읽은 책, 내가 들은 강연, 직접 한 강연, 참석한 회의를 통해 흡수한 모든 지혜도 나를 부활시키지 못했다.

자기 배려에 관한 한, 나는 진짜보다는 값싼 가짜를 늘어놓았다는 생각이 들었다. 자기 배려의 미덕을 극찬하면서 나를 돌보고 있다고 믿었다. 매일 30분씩 명상을 했고, 일주일에 한 번 외식도 했으며, 걸음을 멈추고 장미 향도 맡았으니까. 의무를 다하는 엄마, 딸, 언니, 친구, 아내, 직원, 좋은 시민이면서 나 자신도 잘 챙기고 있다는 착각에 빠져 있었다. 그러나 수년간 여기저기

나를 필요로 하는 곳에 불려 다니는 동안 '나'는 너무나 작아졌다. 이 모두는 팬데믹 동안 재택근무에 적응하고, 이 책을 집필하고, 침울했던 일상을 견디고, 단조로운 집안일을 하는 상황에서 생긴 일이다. 게다가 폐경기 덕에 얼굴이 화끈거리고 잠을 자지 못하는 증상도 겪고 있었다(그때 이후로 폐경기를 '월경 휴식'이라고 재미있게 바꿔보았다). 봉쇄 정책에 익숙해지며 여기저기 날아다니는 나비에서 갇힌 누에고치로 변했다. 지친 상태에 넌더리가 나는 상황도 지겨운 변명이 되었다.

그때 '주는 병'이 나를 삼키고야 말았다. 나는 내 신체적, 감정적 건강을 대수롭지 않게 생각하는 데 너무나 익숙해져, 벌어진 상처에 반창고만 자꾸 붙이고 있었다. 스스로에게 더 친절하고 배려심 있는 사람이 되기 위한 내 첫 단계는 나를 도와줄 수 있는 사람에게 찾아가는 것이었다. 내 주치의는 약이나 보충제는 내 건강의 30퍼센트 정도만 채워줄 수 있으니, 나머지 70퍼센트는 내게 달렸다고 말했다. 오랜 진료가 끝나고 의사가 작별 인사 끝에 한 말, "뭘 해야 하는지 아시잖아요"가 나를 파고들었다. 나는 '아니요, 잘 모르겠어요'라고 속으로만 생각하며 문을 향해 걸어갔다. "자기 자신에게 다정하게 대하세요." 그 순간 눈물이 흘렀다.

그간 내 마음의 나침반은 방향을 잃은 상태였다. 아니, 무단외출을 하고 말았다. 작동하는 나침반이 없으니 내면의 배려심이 시들시들해진 것이었다. 너무 오랫동안 스스로를 희생시키고 있던 나는 급진적인 해결책이 필요했다. 지름길이나 단기 처방전은 없었다. 내가 사랑하는 일, 즉 다른 사람에게 베푸는 일을 다시 하려면 내 마음의 요구를 들어줄 차례였다. 이것만이 내가 할 수 있는 가장 친절한 일이었다. 연료가 바닥난 내 정신을 다시 배불리 먹이고, 내 영혼의 목소리를 들어 용기를 소환하고, 자연과 햇빛, 내면의 미소를 다시 만나며 나 자신부터 돌봐야 했다. 내면의 목소리를 치유하기 위한 시간과 공간이 필요했다. 나를 찾아 떠난 파노스 퀸즐랜드 여행이 문제 해결의 실마리가 되어주었다. 마음에 햇빛과 물을 주는 것은 결국 내게 달려 있었다.

일단 내 상황을 인정하고 받아들이자 자기비판의 벽이 무너져 내렸다. 나는 다시 미소 모드로 서서히 돌아섰다. 심리학자이자 명상 지도자인 타라 브랙Tara Brach의 저서 《끌어안음》에 나오는 구절이 내 눈에 들어왔다. 선 수행자인 샬럿 조코Charlotte Joko의 말이었다. "용서할 능력이 없는 것은 삶에서 기쁨을 즐기는 능력과 직접적인 관련이 있다."9 즐거움으로 돌아가는 여정은 내가 생각한 내 잘못을 진심으로 용서하면서 시작되었다. 앞으로 나아가 과거의 나 자신을 풀어주며, 비난을 멈추고 고통과 트라우마(내가 자초한 경우와 다른 사람에 의한 것 모두)에서 해방되고 싶었다. 비록 상급 수준이라고 한때 스스로를 속인 적이 있지만, 내면의 목소리에 배려와 친절함을 불러들이기 위해 나는 자기배려를 공부하는 '학생'일 뿐이라는 사실을 받아들이고 싶었다.

자기 배려 (생각하기가 아닌!) 느끼기

연구에 따르면, 따뜻한 손길이 코르티솔 수치를 낮추고 웰빙을 신장하는 옥시토신, 세로토닌 같은 신경전달물질 분비를 유발한다. 친구나 가족이 옆에 없다고 해도 스스로 비슷한 결과를 만들어낼 수 있다.

1. 가슴이나 신체에서 아픈 부위에 손을 얹어 스스로 안아주며 팔을 쓰다듬자.

2. 이 상태로 적어도 15초 동안 가만히 있으며 어떤 기분이 드는지 살펴보자. 안도감이나 긴장이 풀어지는 느낌이 드는가? 그렇다면 그 상태로 조금 더 있으면서 이 느낌을 더 넓게 확장하자. 신체적으로 우리 몸을 위로하는 행동은 사랑과 부드러움을 느끼는 좋은 방법이다.

3. 생각은 내려놓고 사랑, 친절함, 수용의 자기 배려에 흠뻑 젖도록 시간을 할애하자.

자기 배려 '대실패'의 경험을 공유하는 이유는 자기 성장은 여정이라는 점을 독자 여러분이 이해하길 바라는 마음에서다. 책을 읽고 나서 '이해 완료'라고 한다고 끝이 아니다. 이 책의 여러 주제와 마찬가지로 배려는 내면에서 일어난다. 사고방식 mindset이며 또한 마음 방식heart-set이다. 당신만큼 자기 배려를 할 수 있는 사람은 없으며 관심과 의도, 반복이 필요하다. 그러지 않으면 다른 자원과 마찬가지로 깊은 땅속에 묻혀 침묵을 지킬 것이다.

진정으로 자기 배려를 하려면 우리의 필요와 욕구를 듣고 존중해야 한다. 이는 **배척**이 아닌 수용을 하기 위해서다. 물론 나처럼 '극단적'으로 안식일을 지킬 필요는 없지만, 평생에 걸친 내면의 목소리, 믿음, 방식을 바꾸기란 복잡한 일이다. 관계의 실패, 재정적 난관, 건강, 무슨 문제가 되었든 우리는 끊임없이 시험대에 오르므로 삶은 사랑과 지원이 있어도 힘들다. 그러나 우리가 자신의 가장 친한 친구가 될 때 가장 필요한 사랑은 결국 내면에서 찾을 수 있다.

주위 사람과 가족이 아무리 중요해도 당신보다 중요한 사람은 없다. 이해했는가? 혹시 대충 읽고 지나갔을까 봐 다시 굵은 글씨로 강조하겠다.

주위 사람과 가족이 아무리 중요해도, 당신보다 중요한 사람은 없다.

완벽한 사람은 어디에도 없다. 우리는 모두 어리석은 일을 저지른다. 맞다, 당신이 잘못해 망친 일도 있다. 사기꾼, 심지어 실패자라고 느낄 수도 있다. 그러나 내면의 파괴자를 잠재워라. 부끄러워하거나 방어 태세를 취하는 대신, 불완전함을 수용하자. 그리고 그 불완전함의 가면을 버리고, '나는 완벽하다'라는 뜻을 재구성해 받아들여보자. 당신 **전체**를 비난하는 일은 제발 멈추길 바란다.

자기 배려를 하려면 일단 **시작해야** 한다. 진정한 친구, 멘토,

아니면 더 높은 존재를 떠올려도 좋다. 그들은 당신에게 어떤 말을 해줄까? 당신에게 적절하고 진실하다고 느껴지는 방법으로 실험해보자. 흔들리지만 넘어지지는 않을 정도로 연습하고 또 연습하자.

내 경험과 마찬가지로, 시간이 흐를수록 당신도 더 자주 미소 지으며 내면의 기쁨과 만족을 느낄 것이다. 그리고 당신의 불완전함에 미소와 웃음을 보내며, 주관적 결점에 관해서도 마음이 가벼워질 것이다. 미소를 동반한 자기 배려는 내면의 비난을 즐거움으로, 혐오를 사랑으로, 슬픔을 감사로 대체할 강력한 기회를 준다. 웃음 효과에 자기 배려를 더하면 우리 모두가 원하는 마음가짐을 지니게 되며, 다양한 형태의 사랑을 받아들이고 확장할 수 있다. 내면의 배려를 기르는 것은 스스로에게 줄 수 있는 가장 자상한 선물이다. 기르면 기를수록 단점이든 뭐든 당신이 더 소중해지기 때문이다. 작가이자 강사인 고故 루이스 헤이 Louis Hay는 이렇게 말했다. "지금까지 수년간 자기 자신을 비난했는데 효과가 있었나요? 이제 자신을 인정하고, 어떤 일이 일어나는지 지켜보세요."

웃음 수업

즐거운 일기 쓰기와
긍정적 재구성

The Laughter Effect

글을 쓰면 모든 근심을 떨칠 수 있다.

슬픔은 사라지고 용기가 생긴다.

● 안네 프랑크 Anne Frank

스트레스를 줄이고 자신의 이야기를 풀어내기 위한 글쓰기는 힘든 감정을 토닥이고 내면의 성장을 들여다볼 수 있는 강력한 수단이다. 또한 부정적 감정을 털어낼 수 있는 방법이기도 하다. 그렇다면 글쓰기가 긍정적 감정을 불러일으키고 삶의 좋은 면을 더욱 풍성하게 할 수도 있을까? 웃음 효과는 일기의 치유력에 또 다른 요소를 더해 자연스럽고 진실한 방법으로 긍정적 감정을 확장할 뿐 아니라 우리가 더 즐겁고 멋진 모습으로 발전하게끔 내면의 습관을 재구축한다. 생각은 마음에서 만들어지지만, 즐거운 일기 쓰기는 마음과 몸을 조화롭게 하고 정신 건강과 웰빙을 촉진하므로 언제나 중요하다. 특히 삶이 뒤죽박죽일 때는 더욱 그렇다.

즐거운 일기 쓰기는 일반적 일기 쓰기와 다르다. 웃음 효과를 글쓰기와 통합해 유머, 웃음, 흥미로 이어지는 신경망을 강화하는 수단이며, 개인의 긍정적 성장과 심리적 회복력을 위한 의도적인 방법이다. 역경을 부정하거나 소셜 미디어에서처럼 겉으로만 쾌활한 척하는 것이 아니라, 우리 속에 영원히 눌러앉으려는 부정적 감정을 밀어내기 위해 최선을 다하는 활동이다. 그렇게 하지 않으면 '문제가 곧 내'가 되어버리고 만다.

이 방법은 부정적인 생각 따위를 절대 용납하지 않는 극단적 변화를 요구하지 않는다. 다만 확연히 드러나지 않는 이로운 생각을 향해 우리를 살살 밀어주며, 둥둥 떠다니는 긍정적인 감정을 잡아 확대해 보여주기도 한다. 즐거운 일기 쓰기는 어떠한 상황에서도, 아무리 작은 빛이라도 찾아서 그것을 확장하는 능력을 연마하게 한다. 일단 가벼움의 문이 열리고 나면, 생각이 주는 메시지를 읽고 그것을 받아들일지 걸러낼지 선택할 수 있다. 이 과정에서 자기 발견의 길이 시작되며, 우리에게 도움이 되는 자질을 확장하고 개발할 수 있다.

몸과 마음은 감정과 기억의 보관소 역할을 한다. 가장 깊숙한 곳에 있는 우리 생각을 언어로 펼쳐내면 정신 건강이 향상된다. 기쁜 일이나 순조롭게 흘러간 일을 생각하면 평화롭고 차분한 마음이 든다. 깊은숨이 쉬어지고 긴장이 풀리며 심지어 미소가 지어진다. 이것이 바로 웃음 효과다. 한편 힘들었던 사건을 적으면 몸도 동일하게 긴장으로 반응해, 치아와 턱이 경직되고 심장이 빠르게 뛰며 호흡이 불규칙해진다.

잠깐 책을 내려놓고 스스로 질문해보자. **지금 내 몸은 어떤 상태인가? 어디에 긴장이 모여 있으며, 어떻게 풀 수 있을까?** (생각

　　　　　　　　　　　　　　　　　　웃음 수업

하거나 직접 적어보자.) 때로는 알아차리기만으로도 끈적거리는 감정을 떼어낼 수 있다.

다른 질문도 해보자. **기쁨을 느끼는 곳은 어디이며 어떻게 해야 더 많이 느낄 수 있을까?** 이 물음은 감정에 초점을 맞출 기회를 준다. 몸은 생각하지 못하므로, 몸의 언어가 자기 방식대로 표현하게끔 두자. 앞서 이야기했듯 감정이 오래 머물수록 몸의 생리에 미치는 영향이 더욱 커지는데 이는 좋은 영향일 때도, 그렇지 않을 때도 있다.

대조적인 감정이 우리의 관심을 차지하려고 경쟁한다. 이는 〈두 마리 늑대 이야기〉라는 마법 같은 우화에서 잘 드러난다. 손자에게 삶을 가르치는 할아버지의 이야기를 들어보자.

"내 마음속에서는 다툼이 일어나고 있단다. 두 마리 늑대가 늘 싸우거든. 한 마리는 악한 늑대야. 분노, 질투, 슬픔, 후회, 욕심, 교만, 자기 동정, 죄책감, 원망, 열등감, 거짓말, 헛된 자존심, 우월감 그리고 자만이지.

다른 한 마리는 선한 늑대야. 즐거움, 평화, 사랑, 희망, 고요함, 겸손, 친절, 자비, 공감, 관대함, 진실, 배려, 믿음이지. 이 다툼은 네 안에서도, 다른 모든 사람 안에서도 일어나고 있어."

손자는 잠시 생각하더니 할아버지에게 물었다. "어떤 늑대가 이기게 되나요?"

할아버지가 대답했다. "네가 먹이를 주는 늑대가 이기지."

10장 즐거운 일기 쓰기와 긍정적 재구성 **285**

당신은 어떤 늑대에게 먹이를 주고 있는가? 부정적 생각이 드는 것은 정상이다. 그러나 악한 늑대가 우리의 관심을 독차지하면 정신 건강과 기분에 불리한 영향을 미치며 에너지가 모두 소진될 수도 있다. 지금껏 살펴보았듯 생각은 우리를 무너뜨리고 무력감과 부족감의 씨앗을 뿌리는 최악의 적이 될 수도 있다. 부정적 감정은 당장의 위협이나 문제를 처리하도록 관심, 인식, 생리적 반응을 한곳으로 집중시킨다.[1] 이는 감당하기 벅찬 감정이다. 그렇기에 우리는 고통을 이해하기 위해 힘든 일에 관해 적는 경향이 있다.

즐거운 일기 쓰기는 먼지와 거미줄에 가려진 긍정을 드러내도록 도와준다. 긍정이 과연 있기나 할지 의문이 들지도 모른다. 긍정적 생각은 일시적이라는 특징이 있어 포착하기 어렵기 때문이다. 또한 긍정적 생각은 큰 소리가 아닌 속삭임이므로 중요하지 않다는 오해를 불러일으킨다. 생일, 승진, 결혼기념일처럼 긍정이 분명하게 드러나는 날이 아니면 거의 알아차리지도 못하기에 더 관심을 가져야 한다. 따라서 즐거운 의도로 쓰는 일기는 부정적 생각을 길들이는 효과적인 방법이다.

선한 늑대에게 먹이를 주면 삶의 다양한 어려움을 이겨낼 사회적, 심리적, 실용적 자원 구축에 필요한 긍정적 감정 창고가 생기며, 다양한 지능(신체 지능, 지적 지능, 정서 지능, 영적 지능)을 알아차리게 된다. 물론 고민을 쏟아내는 글쓰기에도 장점은 있지만, 긍정의 빛을 불러들이지 않으면 불한당처럼 우리를 공격

웃음 수업

악한 늑대의 먹이는 무엇일까?

→ 긍정적 변화의 가능성에 고개를 절레절레 흔들어버린 적이 있으면 이야기해보자.

→ 두려움, 분노, 실망 때문인가?

→ 지금도 그 경험을 생각하면 긍정적 변화에 대한 저항감이 유지되는 가? 그렇다면 이를 해결할 계획을 세워보자.

→ 현재 저항감이 드는 무언가가 있는가? 그 감정에 항복한다면 당신 의 이야기가 어떻게 변할까?

→ 삶 전반에서 두려움이 당신을 저지하는 경우는 얼마나 자주 일어나 는가? 그것이 열정, 좋은 관계, 참다운 나의 실현을 막고 있지는 않은 가?

하고 말 것이다.

상황을 돌아볼 때 형성되는 객관적 거리로 자신의 이야기를 인지하게 된다. 사실이든 거짓이든, 부정적이든 긍정적이든. 작가 마크 마토우세크는 《깨달음을 위한 글쓰기: 진실, 변화, 자기 발견의 여정》에서 일기 쓰기 과정의 '목격자'가 되는 방법을 설명했다. 의식적(마음 챙김) 렌즈는 새로운 가능성과 관점을 보게 함으로써 감정, 직관, 정서 지능을 담당하는 우뇌를 가동시킨다. 다시 말해, 일기 쓰기는 자신에게 조언을 주는 방법이다. 목격자를 성장시킴으로써 우리 자신은 이야기 자체가 아닌 이야기꾼이라는 사실을 깨닫는다. 일기 쓰기는 의식의 감춰진 면을 드러내는 **아하**와 **하하**의 순간인, 자기 이해의 새로운 통찰력을 얻게 하는 토대를 닦는다. "문제를 만들어낸 동일한 의식 수준으로는 어떤 문제도 풀지 못한다"라고 한 아인슈타인의 말처럼, 일기 쓰기가 주는 깨달음은 값진 자원이다.

또한 마토우세크는 순수한 초심자의 마음으로 편견 없이 매 순간을 만나는 방법을 주장한다. 판단과 냉소로 흐려져 새로운 가능성과 관점을 보지 못하는 전문가와 달리, 초심자의 마음은 무시되거나 당연시되는 삶의 크나큰 부분을 깨닫도록 도와주므로 수많은 가능성을 열어준다. 그리하여 우리 의식에 자연스럽게 들어오지 않던 생각, 믿음, 감정을 호기심과 기쁨으로 받아들일 수 있게 된다. 처음으로 기차를 타서 흥분을 감추지 못하는 아이처럼, 글쓰기는 한 선로로만 달리던 마음에 다양한 길을 보여주어 당신을 즐겁게 해줄 것이다.

부정적 생각을 사라지게 할 수는 없더라도 시간과 공을 들여 잠잠해지게 할 수는 있으며, 긍정을 알려주는 수단으로 활용할 수도 있다. 어두운 방을 밝히는 작은 성냥을 생각해보라. 우리 생각도 마찬가지다. 분노가 목소리를 내도록 기회를 주면 억눌린 감정이나 근본 원인이 드러난다.

갈등을 일으키는 두 마음을 동시에 품기란 신체적으로 불가능하므로 의식적, 의도적으로 분위기를 바꿀 수 있다. 메건 헤이스Megan Hayes는 《행복하길 원하면 써라: 긍정적 일기의 기술Write Yourself Happy: The Art of Positive Journalling》에서 이렇게 썼다. "긍정적인 감정 느끼기가 절대 의무는 아니나 하나의 가능성이다." 긍정적 글쓰기는 우리 모두가 내릴 수 있는 결정이다.

●

《빅터 프랭클의 죽음의 수용소에서》의 저자 빅터 프랭클은, 자신의 태도를 선택할 때 피해자가 될 수 없다고 현명한 이야기를 남겼다. 피해의식은 비정하고 탐욕스럽게 우리를 휘두를 때가 많다. 나도 대장암 진단을 받았을 때 피해의식에 사로잡힐 수 있었다. 그러나 조금이나마 주도권을 되찾도록 펜과 종이를 집어 들라는 내 영혼의 목소리에 귀 기울였기에 감정의 나락에서 벗어날 수 있었다. 일기 쓰기 연습 초창기에 생각이 기분을 좌지우지함에도 불구하고 주도권은 내게 있다는 사실을 깨달았다. 두려움과 좌절에 집중하면 두려움과 좌절감이 몰려왔고, 조금이라도 긍정적인 부분을 생각하면 내 생각과 감정은 그곳으로 향했다.

긍정이라는 유리한 지점에 서면 나는 선택해야 했다. 더 희망적인 공간에 계속 남느냐, 아니면 절망과 무력감이라는 부정적인 감정에 굴복하느냐. 긍정적 의도와 관심은 새로운 통찰력의 빛으로 나에게 도움이 되지 않는 믿음, 감정, 생각을 비춰주었다. 그 빛은 나를 도전과 변화 또는 포기라는 갈림길에 서게 했다. 선택은 오로지 내 몫이었다. 성찰의 침묵 속에서 직관적이고 현명한 자아가 깨어났고, 의도적으로 더 원대한 질문을 던질 수 있는 신성한 공간에 들어섰다. 희망의 감정을 우연에 맡기는 대신, 웃음 효과를 활용해 글을 쓴 첫 경험이었다. 그리하여 부정적 '안전' 지대에서 벗어나게 되었다. 머릿속에서 나온 글이지만, 연습과 집중으로 인해 한 문장, 한 문장이 내 몸과 영혼을 뚫고 들어왔다.

✦ 내면의 목소리에 귀 기울일수록 더 많이 듣게 된다 ✦

성찰하는 글쓰기에 친절함, 수용, 웃음을 더 자주 적용할수록 얻는 것이 많아진다. 웃음 렌즈를 통해 가슴에서 나오는 말들을 적으면 여러 차원이 드러나고, 자신을 겸손과 유머로 받아들이게 되며, 더 나아가 그런 마음을 즐기는 수준에 이른다. 그러면 우리가 거의 관심을 두지 않던 측면(재능, 강점, 현재의 나를 있게 한 여러 사람과의 경험)도 생각하게 된다. 성찰하는 글쓰기는 신체적, 감정적으로 오랜 과거에 길든 우리 몸에 집중하도록 돕고, 용기와 즐거움, 열정이 넘치는 삶을 눈앞에 두고도 지금껏 늘어놓은

웃음 수업

슈퍼파워 작동! 원대한 꿈을 품자

→ 당신의 슈퍼파워, 즉 강점과 재능은 무엇인가?

→ 있었으면 하는 슈퍼파워는 무엇인가? 원하는 이유는 무엇이며 어떻게 사용하고 싶은가?

→ 일상에서 어떤 식으로 발휘했을 때 당신이 삶의 목적과 의미를 이루며, 더 강해진다고 느낄까?

변명을 반성할 공간을 만들어준다. 종이 위의 펜과 키보드 위의 손가락은 우리가 삶을 운영하는 방식을 결정하는 지휘봉이 되리라.

★ ✦ ★
주의를 기울이는 곳에 에너지가 흐른다
-웃음 효과로 재구성하기
★ ✦ ★

메건 헤이스는 "긍정적 글쓰기는 세상이 장밋빛으로 보이는 안경을 쓰는 것이 아니라, 더러운 안경을 벗는 것이다"라고 말했다. 웃음 효과를 적용한 일기 쓰기의 중요한 측면은 고통스럽고 힘든 상황을 재구성한다는 점이다. 웃음 마음가짐을 발휘해 트라우마를 안겨줬거나 힘들었던 사건을 다른 관점으로 바라보면, 뇌는 그것을 다른 시각으로 기억하며 고통을 덜어준다. 또한 통찰력을 얻는 배움의 기회로 문제를 전환함으로써 다르게 생각하는 방법을 보여주기도 한다. '나는 이런 기분을 느껴야 해' 또는 '이런 기분을 느끼면 안 돼'와 같은 '의무' 병을 고쳐줄 수도 있다. 그러므로 가볍게 재구성하기 또는 재미 찾기는 회복력과 정신적 자유를 높이고, 신체와 스트레스 면역력에도 좋은 영향을 미친다. 내 삶뿐 아니라 내 학생들의 삶에도 아주 큰 영향을 끼친 활동이다.

내 삶에서 가장 멋졌던 재구성은 암이 직장의 아주 작은 부분에만 있다는 사실을 인지하며, '바위'만 한 암을 '돌멩이' 정도로 바라보기로 한 것이다. 내 몸의 대부분은 건강하고 괜찮았다(적어도 그러길 바랐다). 내 감정적 짐을 줄이니 치유와 웰빙이 들어올 자리가 생겼고, 그 과정에서 아들들도 도움이 되었다. '바위'만 한 암이 아니니 더 큰 희망이 보였고, 우리 모두 미래도 밝아졌다. '돌멩이' 정도라면 상대할 수 있었다.

후에 대장 수술을 앞두고 나는 '대장 재결합'이라는 용어로 바꿔보았다. 대수롭지 않게 보는 사람도 있겠지만 내게는 큰 역할을 한, 긍정을 불어넣는 나만의 용어였다. 앞으로 살아갈 날들을 위해 잘 봉합된 장과 함께 새 출발할 가능성을 찾고 싶었다. 심지어 사무용 컴퓨터의 비밀번호를 '재결합@120'으로 바꾸기도 했다(120세까지 건강하고 행복하게 살기를 기원하는 유대인 전통에서 따왔다). 이런 작은 행동이 수술실에 들어가는 불안감을 훨씬 덜어주었고, 또 한 번 의사의 칼날에 휘둘리는 무력한 기분을 극복하고 조금이나마 주도권을 찾게 해주었다.

감사로 재구성하는 연습을 하며 외부에서 언제, 어떤 일이 일어나든 의도적 웃음 효과를 활용해 내부 환경만은 바꿀 수 있다는 사실을 깨달았다. 내면의 목소리에 도전장을 내밀며 값진 통찰력을 얻었다. 이 트라우마가 **나에게 일어났다**가 아니라 **나를 위해 일어났다**로 보게 되었고, 큰 변화를 일으켰다. 우리 시대의 현명한 철학자 호머 심슨(애니메이션 〈심슨 가족〉의 그 심슨이 맞다)은 이런 상황을 위기 안의 기회the opportunity within a crisis, 즉 "위회 crisitunity"라고 말했다. 선물은 충격적인 상황이 한창 벌어질 때보다는 최악의 순간이 지나고 나면 보이는 법이다. 어떤 사람에게는 깨달음으로 나타나고, 어떤 사람에게는 **아하** 하고 깨닫는 순간이 웃음 효과와 함께 **하하**가 되어 앞으로 다가오기도 한다. 어떻게 발견되든 바로 거기에 치유의 기회가 있다. 그 기회가 삶을 새로운 방향으로 이끌어 피해의식에서 벗어나게 해줄 것이다.

충격적인 사건을 그저 이야기하는 것만으로는 완고한 고통을 떨쳐낼 수 없다. 긍정적으로 뇌를 재배치하려면 용기와 자기성찰, 연습과 노력, 반복적인 실천이 필요하다. 가벼움으로 돌아서는 아주 사소한 시작이라도 관점의 변화는 일어날 수 있다. 결국에는 긍정과 즐거움의 신경망이 더욱 굵고 강해져 감정, 정신, 신체로 흐르게 될 것이다.

고통 재구성하기

어렵고 힘든 일을 겪을 때면 그 순간의 괴로움에 빠져, 더 넓은 시각으로 상황을 바라보지 못할 때가 많다. 종이 위에 힘들고 고통스러웠던 시기나 사건을 적어보자. 너무 심각하지 않은 사건을 선택해 시작하는 것이 가장 바람직하다.

1. 이 일을 되돌아보며 긍정적인 면을 최대한 많이 적어보자. 감사할 수 있는 면은 무엇일까? 성장이나 배움의 기회를 찾을 수 있는가? 감사는 과거, 현재, 심지어 미래 중심으로도 쓸 수 있다는 점을 기억하자.

2. 현재의 관점으로 그 사건을 돌아볼 때, 조금이나마 재미있거나 가벼운 점을 찾을 수 있는가?

3. 당신이 찾아낸 긍정적인 면을 인식하며 그 사건을 다시 써보자. 이 과정을 거치면 그 사건을 기억할 때 뇌의 감정적 고통이 조금 줄어들 것이다.

왜 굳이 악한 늑대에게 먹이를 주는가?

감사, 희망, 호기심, 평온, 사랑, 경외, 즐거움에 초점을 둔 질문을 활용함으로써, 우리는 으르렁거리는 악한 늑대의 접근을 막을 수 있다. 그러나 글쓰기가 모든 사람에게 쉽지 않다는 점은 인정한다.

학교 선생님에게 어떤 이야기를 들었든 일기 쓰기에 옳고 그름은 없다. 그저 적어라. 그럼 당신 고유의 목소리와 방법을 찾을 것이다. 산문, 엉뚱한 생각, 의식의 흐름, 강조 사항, 어떤 형식이든 괜찮다. 아침 일찍이든 자기 전이든, 시간도 중요치 않다. 자기 전에 하는 즐거운 일기 쓰기는 우리 마음을 긍정적인 방향으로 돌려놓아, 무의식과 꿈에도 이로운 영향을 미친다는 점을 염두에 두자.

전자 기기로 일기를 쓸 때 자동 고침 기능이 있더라도 문법이나 맞춤법에 지나치게 주의를 기울일 필요는 없다. 욕구를 완전히 파악하고 표현하며, 마음속에서 떠오르는 생각들이 자유롭게 드러나도록 하는 것이 훨씬 중요하다.

일기 쓰기는 의식적으로 잠깐 멈춰 내 생각을 알아차림으로써 내재된 부정적 편견에서 벗어나 주도권을 되찾게 한다. **이런 생각, 믿음, 감정이 내게 도움이 될까, 방해가 될까?** 하고 스스로

물을 기회를 준다. 더 나아가 글을 쓰면서 신체 감각(호흡을 참는지, 심장이 더 빨리 뛰는지, 복부, 목, 가슴의 반응은 어떤지)을 관찰하면 내면의 소리가 더욱 선명하게 들릴 것이다.

이 과정에서 인내심을 가지고 자신에게 따뜻하게 대하기를 바란다. 한 단어만 겨우 쓸 날도 있을 것이다. 이때 '틀렸어'라고 자신을 비난하거나 판단하며 몰아붙이지 말자. 내면의 저항이 느껴질 때는 긍정 확언으로 **가볍게 쓰기**를 시도해보라. 단순히 '나는 즐거운 일기 쓰기가 좋다'라고만 써도 글쓰기 욕구를 돋울 수 있다. 확언은 목표를 이룰 용기를 주는 치어리더가 되기에. 마음속으로든 소리를 내서든 규칙적으로 반복해 읽으면 뇌는 문장을 있는 그대로 받아들인다. 이러한 새로운 진실은 뇌에 단단히 박혀 더 통제력을 가지고 긍정을 구체화할 수 있다.

긍정적으로 글을 쓰기가 조금 벅차다면, 상상을 써 내려가는 과정으로 재구성해도 좋다. 마음껏 놀 수 있는 놀이터라고 생각해보라. 뛰어난 스승들의 방법을 참고해도 좋다. 예술가, 시인, 극작가, 소설가, 영화 제작자이자 《아티스트 웨이, 마음의 소리를 듣는 시간》의 저자인 줄리아 캐머런Julia Cameron은 매일 아침에 의식의 흐름을 세 쪽씩 적는 '모닝 페이지'라는 방법을 제시한다. 마음에 떠오르는 것을 편견 없이 내쏟는 이 방법으로 원치 않는 생각을 종이 위에 버림으로써, 하루의 분위기를 정하고 명료함을 키울 수 있다. 종이 위는 나를 비롯한 전 세계 수많은 사람에게 변화를 불러오고, 깨달음의 순간을 낳는 풍요로운 공간

웃음 수업

이다.

물론 자유롭게 써 내려가는 글은 즐거운 일기 쓰기와 다르다. 즐거운 일기 쓰기는 희망적인 내면 환경 조성을 우선시하지만, 일반적 일기 쓰기는 늪에서 우리를 빼내기보다 부정적인 마음에 빠지게 할 위험이 있다. 역경의 진흙을 마구 휘저으면 오히려 마모될 수 있으며, 온종일 퀴퀴한 냄새를 내뿜기도 한다. 한편 즐거운 일기는 아무리 대단한 사건이라도 그 한 가지가 우리 전체를 규정하지 못하며, 우리에게 변화를 꾀할 힘이 있다는 사실을 상기하는 강력한 도구다. 내 학생 수전이 그 증인이다. 이 과정은 우리 마음의 흙탕물은 가라앉히고 명료함을 표면으로 떠오르게 한다. 종이 위에서 슬픔이 감사로, 두려움이 사랑으로, 약함이 강함으로, 자기 비난이 이해로, 원한이 은혜로, 어둠이 빛으로, 제한된 믿음이 무한한 가능성으로 변화한다. 행복과 마찬가지로 사고방식의 변화도 내면의 작업이다. 극작가이자 시나리오 작가이며 《글쓰기로 치유하라Heal Yourself with Writing》의 저자인 캐서린 앤 존스Catherine Ann Jones는 다음과 같이 기술했다. "작은 씨앗에 행복한 기억으로 물을 주어 나무가 되게 하라."

꾸준히 연습하면 몸의 변화를 느낄 것이다. 긍정과 즐거움이 차오르며 웰빙의 필수 조건인 삶의 주도권을 되찾게 되리라.

작가들처럼 우리도 용기를 주는 희망적인 이야기로 다듬으면 된다. 마음속 깊이 있는 희망과 욕구에 긍정의 화답을 하자. 달콤한 꿈을 현실로 만들자. 내 이야기가 바뀌면 주변 세계도 바뀌는 법이다. 영국의 시인 윌리엄 워즈워스William Wordsworth는 "가슴에서 나온 숨으로 종이를 채워라"라고 했다. 바로 그 순간, 무한한 가능성으로 진정한 마법이 시작된다. 당신이 "당신 영혼의 조종사"(멋진 가사를 쓴 엘턴 존에게 감사를!)일 때, 한계는 사라진다. 자, 어떤 늑대에게 먹이를 줄 것인가? **당신에게는 선택권이 있다는 사실을 기억하라.** 즐거운 일기 쓰기로 진흙탕에서 금을 캐내자. 당신의 이야기와 삶이 바뀔 것이다.

일기 쓰기 활동

다음 활동들은 긍정적 일기 쓰기 습관을 시작하는 데 도움을 줄 것이다. 먼저 몇 가지 기본 원칙을 소개하겠다.

- 복잡하게 생각하지 않길 바란다. 시작하기 전에 '완벽한' 일기장을 살 필요도 없다. 옳고 그른 방법은 없다는 점을 기억하자. 그저 써라!

- 긍정을 불러들이는 의식적 순간을 만들자. 오늘 순조롭게 흘러가는 일에 집중하며 좋은 점을 키워나가자.

- 초심자의 태도로 당신 생각과 감정의 목격자가 되자. 확언 적기 같은 단순한 연습도 괜찮다.

- 지금 어려운 시기를 겪고 있다면 일기에 미래를 앞당겨 써도 좋다. 마음의 눈으로 희망적인 상황을 그려보고, 미래의 더 즐겁고 수월한 날들을 바라는 감정을 표현하자.

웃음 수업

자기 배려에 집중하기

일기 쓰기는 자기 배려 근육을 키우는 데 도움을 준다. 다음은 진행을 위한 몇 가지 길잡이다.

- 실패하거나 실수했을 때 주로 어떤 생각이 드는가?

- 당신 내면의 목소리는 얼마나 비판적이며, 어떤 이야기를 주로 하는가? '약하게 굴지 마, 불평하지 마, 잘할 수 있어!' 중 무엇에 가까운가?

- 같은 상황을 겪는 친구나 가족에게는 어떤 말을 하겠는가?

- 모든 사람에게 단점과 실패의 경험이 있다는 사실을 인정하는가?

- 더 넓은 시각으로 부정적인 감정을 바라보는가?

- 친구와 사랑하는 사람에게 당신이 보여주는 배려와 친절을 모두 적어보자.

불편한 감정을 비롯한 모든 감정을 인지하자. 자신의 모든 부분 그리고 인간으로서 느끼는 모든 감정을 온전히 받아들이는 것이 치유의 열쇠다. 일기는 감정이 오간다는 사실을 드러내며, 감정은 당신을 규정하지 않는다.

감사 기르기

- 감사를 중심으로 삶에서 일어난 사건들을 적어보자.

- 자신의 어떤 면에 감사함을 느끼는가? 다른 사람이 당신에게 감사할 만한 점들로 확장해보자.

즐거움 써보기

- 삶에서 즐거움을 가장 많이 가져다주는 것(또는 사람)은 무엇이며, 어떻게 해야 즐거움을 더 많이 느낄 수 있을까?

- 이런 긍정적인 것에 초점을 맞출 때 정신적, 감정적, 신체적으로 어떤 기분이 드는가?

사랑에 가까워지기

- 몸에서 사랑을 느끼는 곳은 어디인가? 글을 쓰면서 흘러나오는 이 사랑을 더욱 깊이 느껴보자.

- 사랑하고 사랑받는 능력을 기르기 위해 어떤 연습을 할 수 있을까?

무아지경

- 상황에 완전히 몰입한 나머지 시간이 멈춘 듯했던 경험을 적어보자. 어떻게 해야 이런 상태를 더욱 자주 경험할 수 있을까?

호기심 엄선하기

- 당신의 호기심을 자극하는 것은 무엇인가? 어떤 것에 마음을 빼앗기는가?

- 무엇을 더 배우고 싶은가?

웃음 수업

기막힌 경외감

- 진정으로 경외감을 느낀 순간을 생각해보자. 어여쁜 노을, 아름다운 만남, 더 높은 존재와의 일체감, 무엇이든 좋다.

진정, 진정

- 삶에서 평정심을 유지하기 위해 무엇을 해야 하는지 적어보자. 자신을 비판하지 않는 자상한 방법으로 그 요구를 표현하자. 이를 실행하기 위해 꼭 필요한 단계를 알아내고 계획을 세우자.

열정에 불 지피기

- 삶에서 어떤 활동에 처음으로 열정을 느꼈는가? 그때 어떤 기분이 들었는가? 몸의 어떤 부분에서 그 감정이 느껴지는가? 그 활동을 지속하고 있다면 이유는 무엇인가? 지속하지 않는다면 그 이유는 무엇인가?

- 가슴에 열정을 일으키는 것들에 '네'라고 대답한다면 삶이 어떻게 달라질까? 구체적으로 적어보자.

재미 찾기

- 재미있는 경험을 되살려보자. 어린 시절도 좋다. 그 기억을 최대한 상세하게 적어 미소 짓거나 웃을 때까지 기분을 최대한 확장하자.

- 삶에서 재미와 흥미를 더 불러들일 방법을 생각해 계획을 세워보자.

내 삶 이야기 다시 쓰기

내 학생 수전은 겉으로 보기에 모든 것을 다 가진 사람이었다. 만족스러운 결혼, 성공적인 커리어, 풍족한 생활을 누릴 수 있는 재정 상황, 자녀, 최근에는 손주까지, 더 바랄 것이 없었다. 그러나 삶이 즐겁지 않았다. 슬프지는 않았지만, 기쁨은 그녀의 소관 밖인 듯했다. 수전에게 행복은 정당한 권리가 아니라 열심히 노력해 쟁취해야 하는 보상이었다. 수전의 창의력을 알아차린 나는 감사 연습, 의식적 호흡, 엔도르핀 자극 연습 외에도 긍정 일기 쓰기를 권했다. 좋은 일을 중심으로 삶 전체를 돌아보며, 즐거움이 넘쳤을 때와 부족했을 때를 살펴보는 연습이었다. 누구와 함께 있었는지, 무엇을 했는지, 그리고 몸이 어떻게 느껴졌는지도 자세히 적게 했다.

다음 수업에서 수전은 어릴 적 '나쁜 아이' 딱지를 달고 있었다는 사실을 깨달았던 순간에 관해 열변을 토했다. 나이가 비슷한 세 형제자매 사이에서 부모님의 관심을 받기 위해 자신이 할 수 있는 방식대로 행동했다고 한다. 그 후 오랜 세월 동안 수전은 자신이 하찮다는 감정을 달고 살았다. '나쁜 아이'는 행복할 자격이 없다고 생각했다. 웃음 효과를 활용한 일기 쓰기는 통찰력의 빛을 비추었고, 내면의 방해자와 안전하게 대면할 수 있는 곳에서 과거의 침체되고 고인 에너지를 모두 풀어주었다. 과거의 '나쁜 아이'를 '마땅한 사랑과 관심을 갈구한 여자아이'로 재구성함으로써, 더 즐겁고 낙관적인 미래로 향하는 토대가 마련되었다. 즐거움을 정당한 권리로 받아들이는 능력은 수업마다 빠르게 개선되었고, 몇 주 동안 나는 수전의 가벼워진 마음이 그대로 드러나는 엄청난 변화에 놀랄 따름이었다.

재구성과 일기 쓰기

마케팅 회사 중역인 30대 초반 남성 벤은 애인이 다른 사람에게 떠나면서 최악의 시기를 경험하고 있었다. 실연으로 삶의 재미를 모두 잃은 그는 내게 도움을 요청했다. 이별의 상처가 너무 컸기에 처음에는 긍정적인 면을 거의 찾지 못했다. 그러나 몇 주에 걸쳐 진행한 긍정적 재구성과 즐거운 일기 쓰기는 그의 관점을 넓혀주었고, 결과적으로 기분과 마음가짐도 달라지게 했다.

나는 수업을 시작하며 이 활동들의 목적이 힘든 상황(상처받은 마음, 애인을 향한 그리움)을 부정하는 데 있지 않고, 감정 상태의 주도권을 알아차리는 데 있다고 설명했다. 관계가 남긴 쓴맛만을 선택하면, 결국 그 면만 보게 될 것이다. 약간의 지도를 받으며, 그는 이별을 세상의 끝에서 그저 한 막의 끝으로 바라보기 시작했다. 긍정적 일기 쓰기를 하며 한 문이 닫힘으로써 생기는 수많은 기회를 보게 되었고, 수동적으로 다른 문이 열리기를 기다리기보다는 스스로 새 문을 열고자 했다. 그렇게 새로운 사람

웃음 수업

들을 만나고, 애인과 함께 보낸 시간에 감사하는 마음을 가지며, 그 관계에서 배우고 얻은 것(이를테면 정서적 지능을 키워야 한다는 사실을 깨닫게 된 점)을 성찰했다. 그는 드디어 미소 짓게 되었고, 나는 심지어 애인에게 함께한 시간이 감사했다는 편지를 써보라고 제안하기도 했다. 실제로 부치지는 않더라도 말이다.

성장과 새로운 시작의 기회로 이별을 재구성하자, 그의 과거와 미래 모두 한층 밝게 보였다. 처음에 자신을 '실패자'로 묘사했던 벤은 글쓰기 과정을 거치며 자신이 사랑의 위험을 감수할 정도로 용감하고 매력적인 사람이라는 신선한 관점을 지니게 되었다. 그렇게 몇 주 만에 그는 관계뿐 아니라 삶의 어떤 어려움도 헤쳐 나갈 수 있는 내면의 자원을 개발했다. 의식적 연습으로 슬픔의 눈물은 서서히 기쁨의 눈물로 바뀌었다. 그의 마음이 아프지 않은 것은 아니었다. 그러나 이별에 웃음 효과의 원리를 적용함으로써 벤은 더 낙관적이고 밝고 강한 사람으로 태어났다.

저는 글을 잘 쓰는 사람이 아닙니다. 고등학교 영어 선생님도 제게 그렇게 못을 박으셨지요. 제가 과연 일기 쓰기를 할 수 있을지 확신이 들지 않습니다.

어떤 말은 한 귀로 흘러가버리는데 어떤 말은 수년이 지나도 마음에 남는다니, 놀랍지 않나요? 다행히 일기를 점수로 매길 사람은 아무도 없답니다. 그리고 다른 사람이 하는 말을 모두 믿을 필요는 없어요. 독자님이 타인의 말에 신경 쓰는 경향이 있다면, 좋은 말에 집중하라고 말해주고 싶군요. 일기 쓰기는 의식적 또는 무의식적 생각, 재밌는 생각, 뒤죽박죽 얽힌 생각 모두를 종이로 옮기는 수단이에요. 문체에 상관없이 글쓰기 과정은 도움이 되지 않는 생각 패턴을 알아차리도록 자신과 거리를 두게 한답니다. 일단 시작하고 종이 위에 펼쳐지는 것들을 보세요. 틀린 답은 없어요. 그 영어 선생님이 심은 믿음에 도전장을 내밀어보는 것도 좋은 출발점이 될 거예요!

마지막
웃음

The
Laughter
Effect

삶은 웃을 때 더욱 밝아진다.

● 로스 벤-모셰

웃음 효과의 여정을 당신과 함께할 수 있어서 기쁘고 영광일 따름이다. 이 책에 실린 다양한 방법으로 당신뿐 아니라 주변 사람들의 삶까지 풍요와 생기가 넘치게 되길 바란다. 올바른 의도, 관심, 연습으로 긍정적이고 낙관적인 내면을 가꾸어 행복한 감정을 더욱 굳힐 수 있다. 몸과 마음을 연결하는 이 연습은 삶이 평탄하지 않은 순간에도 기운이 북돋도록 개인적 자원 구축과 확장을 돕는다.

웃음 효과가 하루를 더 많이 채울수록 가정과 일터뿐 아니라 어디에서도 즐겁게 소통하고, 관계를 쌓고, 성과를 내는 능력이 강해진다. 반복해서 연습하면 우리의 마음은 힘들이지 않아도 활기가 차오르고, 작든 크든 긍정적인 에너지가 행동으로 나타나며, 웃음이 삶에 들어올 것이다.

장애물을 맞닥뜨릴 때도 있을 것이다. 곳곳에 기계와 기술이 만연한 현대인의 삶에서 사람됨을 되찾으려면, 이 책에서 언급한 활동들을 더 많이 적용해야 할 때도 있을 것이다. 그리고 재미있고 유머스러운 내용을 공유할 때는 아주 중요한 사회적 측면도 염두에 두어야 한다. 재미를 전달하는 수단이 실제로 환히 웃는 사람이 아니라 핸드폰이나 컴퓨터 화면이라면 뇌의 환호는 줄어든다. '하하하', '너무 웃겨서 배꼽 빠짐' 같은 문자나 댓글은 실제 배가 아플 정도로 바닥을 구르며 웃는 행동을 따라가지 못한다. 물론 기술이 주는 이점이 없다는 말은 아니다. 지구 반대편에 있어도 다른 사람의 얼굴을 보면 거울 신경세포가 켜지고, 미소나 웃음이 어우러질 때는 웰빙 호르몬을 분비한다. 그리고 대화에서 웃음의 구두점 효과가 잠재력을 발휘할 수도 있다.

웃음 효과 실천에 대해 지레 겁을 먹거나 당황할 필요는 없다. 최상의 결과를 내려면 삶에 서서히 엮어 넣을 활동을 직접 고르면 된다. 하루가 끝날 무렵 즐겁게 일기를 쓸 기분이 나지 않는다면 코미디 프로그램을 봐도 좋다. 미소 명상을 할 기분이 아니라면 힘을 주는 팟캐스트를 들어도 된다. 긴 웃음 요가 수업에 참석하지 못한다면 10초 동안 파워 웃음을 터뜨려도 좋다. 바로 다음 장에서는 양육을 더 즐겁게, 관계를 더욱 재미있고 보람차게, 병마와 어려움을 더 견딜 만하게, 일터를 더 행복하게, 삶을 더 매력적으로 바라보게끔 도와주는 다양한 활동을 볼 수 있다.

웃음 효과를 활용한다고 세상의 아픔이 사라지지는 않겠지만, 사랑과 더욱 가까워지며 그 물결이 더욱 널리 퍼지리라 본

웃음 수업

다. 지금껏 살펴보았듯 몸, 마음, 정신의 치유를 불러오려면 사고방식과 마음가짐 모두의 긍정적 변화가 필요하다. 웃음 효과는 '휴-우'와 '아아'를 '아하'와 '하하'로 변화시키는 전략으로, 우연한 계기를 무작정 기다리기에는 너무나 중요하다. 그러니 웃음과 기쁨을 누릴 시간을 정하라. 항상 자기 자신을 사랑하고 감사하라. 그리고 이 가르침을 혼자만 알고 있지 않길. 웃음으로 함께할 때 세상은 더 아늑하고 사랑이 넘치게 된다. 사랑을 아니 웃음을 공유하라. 가장 현명한 박사인 닥터 수스는 "우리 머리에는 뇌가 있다. 신발 안에는 발이 있다. 그러니 선택하는 어떤 방향으로도 갈 수 있다"라고 말했다. 웃음 효과를 선택하라.

시간을 내어 이 책을 읽어주어서 감사하다는 말을 전한다. 넘치는 사랑과 즐거움, 행복이 함께하길.

로스 드림

웃음 효과 직접 해보기

●

이제 웃음의 이론과 연습에 대해서는 익숙할 테니, 삶에서 웃음 효과가 가장 필요한 측면을 파악하여 계획을 짤 시간이다. 서서히 시작해도 괜찮지만 적어도 한 가지를 선택해 매일 가정에서 또는 일터에서 적용하면 전반적인 웰빙에 매우 이로울 것이다. 무엇이든 마음에 드는 방법을 골라 시도해보자. 신체적, 사회적, 감정적, 정신적, 영적 필요에 따른 내면의 목소리에 귀를 기울이자. 그날그날의 상태와 분위기가 다르다는 점에 유의하자.

✦ 웃음 효과와 함께하는 양육 ✦

하루를 밝게 해줄 간단하고 재미있는 팁들을 모았다. 소소하고 다양한 팁이 즐겁고 사랑이 넘치는 가족 관계를 쌓도록, 양육에서 오는 불가피한 스트레스를 잘 다루도록 도와줄 것이다. 시간이 지나면 웃음 효과는 양육 방식에 완전히 녹아들어 '다 자란 자녀'와 어린 자녀를 더욱 행복하게 해줄 것이다.

- **유머 능력을 기르자** : 하루 동안 보고 들은 재미있는 것들을 식사 시간에 가족과 공유하자. (자세한 내용은 유머에 관해 다룬 5장을 참고.)

- **몸을 쓰라** : 몸을 활용하는 코미디(웃긴 표정이나 우스꽝스러운 걸음걸이 같은 이상한 몸동작)는 어린 자녀에게 잘 통한다. 자녀가 성장하면 언어유희를 발휘하거나 독창적이고 창의적인 장난을 칠 기회를 잡아라.

- **코미디나 시트콤을 함께 시청하는 시간을 정하라** : '재미있는 일요일 밤' 또는 '신나는 금요일 밤' 같은 이름을 붙이고, 함께 소파에 앉아 즐거움을 나눠라.

- **호들갑은 피하고 코미디언이 되어라** : 자녀가 반응하는 태도는 부모의 영향을 어느 정도 받는다. 그러니 작은 일에 유머로 반응하면 호들갑을 떠는 상황이 줄어든다. 자녀가 넘어지면 '저 나무가 네 다리를 걸었니? 나쁜 나무네!'라고 가볍게 농담해보자.

- **넓은 관점으로 바라보라** : 아이가 여러 시기를 거치듯 똥 유머도 그저 한 시기일 뿐이다.

- **게임을 계획하라** : 숨바꼭질처럼 즉흥적인 게임이든, 애플 투 애플 Apples to Apples 같은 정식적인 보드게임이든 웃음을 유발하는 게임을 선택하라. 단 심한 경쟁을 불러일으키거나 너무 진지한 게임은 피하자.

- **가족끼리만 부르는 재미있고 사랑스러운 별명을 만들자** : 우리 가

족들의 별명을 누설하면 내가 곤란해질지도 모른다. 어쨌든 우리는 지금까지도 여러 별명을 만들고 있다.

- **특이한 특징을 특별하게 대우하라** : 가족의 특이한 점을 웃으며 재미있게 농담해, 그들이 완벽하게 불완전하다는 점을 알려주고 이를 거뜬히 회복할 방법까지 전수하라.

- **자신을 너무 진지하게 생각하지 마라** : 때로는 재미있는 실수를 해 자녀를 웃게 하자. 조금 우스꽝스러워도 괜찮다.

- **웃는 표정 배지나 스티커로 보물찾기 놀이를 하자** : 보물찾기를 할 때는 모두가 승자다. 가족들이 찾은 배지나 스티커를 최대한 많이 달고 다니게 하자.

- **따뜻한 미소로 착한 행동이나 성과를 보상하자** : 자녀나 배우자가 잘한 점을 인정하고, 이를 말할 기회를 절대 지나치지 마라.

- **함께 즐기고 웃을 기회를 만들자** : 보통 언제 가족과 즐겁게 지내는가? 소풍, 테마가 있는 저녁 식사, 여행, 명절, 언제가 되었든 친목을 도모할 기회를 정하자.

- **아침에 일어나자마자 얼굴에 미소를 띠워라** : 사랑하는 가족들, 특히 뾰로통한 가족 구성원과 미소를 나눠라! (생각이 잘 나지 않으면 미소를 다룬 7장 참고.)

- **잠자리에 들기 전 재미있는 이야기를 즉흥으로 만들어내고 자녀도 동참하도록 부추기자** : 자녀가 음향효과까지 낸다면 아주 재미있는 일상이 될 수 있다.

- **동물을 입양하자** : 개나 고양이는 가족들의 동심과 즐거움을 되찾

아주는 대단한 역할을 한다. 팬데믹이 시작되었을 때 우리는 초콜릿 빛 갈색을 띠는 래브라도 강아지를 입양해 '롤라LOLA'라는 이름을 붙였다. 전설적인 록 밴드 킹크스의 노래 〈롤라〉가 아니라 '늘 신나게 웃어라Laugh Out Loud Always'의 약자다. 롤라의 장난과 어리광이 봉쇄로 지속된 나날을 밝혔고, 우리 가족은 롤라 덕분에 훨씬 가까워졌다.

- **감사를 연습하자** : 감사 항아리를 정해 자신이 받거나 관찰한 감사의 행동을 쪽지에 적어 넣자. 매주 항아리에 담긴 쪽지들을 서로에게 읽어주자. (더 자세한 팁은 8장 참고.)

- **친절한 행동은 보상해주자** : 자녀가 다른 사람의 필요를 우선시하거나 남에게 관대히 베풀면 그 행동을 칭찬하자.

✦ 관계를 위한 웃음 효과 ✦

전쟁이 아닌 웃음을 일으켜라. 앞서 말했듯 유머 감각은 배우자를 고를 때 '꼭 필요한' 미덕으로 꾸준히 꼽히는 요소다. 살아갈수록 스트레스와 장애물에 가로막힐 때가 많아지기에 함께 웃음을 터뜨리는 순간도 점점 시들해진다. 따라서 배우자에게 유머 감각을 바라는 것이 이뤄지지 못할 소망처럼 느껴지기도 한다. 이럴 때 웃음 효과는 애초에 왜 상대를 사랑하게 되었는지, 진정 중요한 것이 무엇인지 일깨우도록 돕는다. 웃음은 평정심을 유지하게 하고 스트레스를 줄이며 사랑의 불꽃을 타오르게 하는 강력한 방법이다.

- **미소를 지으며 눈 맞춤을 하자** : 하루의 리듬은 잠에서 깨어 눈을 뜨고 새날의 에너지를 들이마실 때 보통 정해진다. 얼굴에 웃음을 띠고, 배우자에게 받고자 하는 행동을 몸소 보여주자. (7장에서 다룬 거울 신경세포를 상기하자.)

- **함께 웃을 시간을 달력에 표시하자** : 두 사람 모두 좋아하는 시트콤을 골라서 시청하거나, 재미있는 팟캐스트를 듣거나, 코미디 공연을 보러 가자.

- **유머를 공유하자** : 재미있는 일이 있으면 혼자만 즐기지 말자. 유머의 힘은 공유할 때 더욱 커진다.

- **서로 현재에 집중하자** : 함께 있을 때는 핸드폰을 내려놓자. 지금 현재를 함께할 때, 즐거운 순간을 공유할 가능성이 훨씬 커진다.

- **기운을 북돋우고 웃음을 안겨주는 친구나 가족과 시간을 보내라** : 늘 가능한 일은 아니지만, 기회가 있으면 반드시 잡아라.

- **미소 거울 게임을 해보자** : 서로 마주 보고 앉아 얼굴을 바라보며 누가 미소 짓지 않고 오래 버티는지 내기를 해보자. 미소가 웃음이 되어 터질 것이다.

- **되도록 서로 화가 난 채로 잠드는 상황은 피하자** : 긴장감이 팽팽한 상황이면 반감을 누그러뜨리는 유머를 찾으려고 노력하자. 아니면 '나중에 이 상황을 돌아보면 분명 재미있을 거야'라고 말해보자. 이

전략은 전기 차단기처럼 갈등을 차단함으로써 더 현명한 의사소통으로 이어지게 한다. 쉽지 않을 때도 있겠지만 연습해두면 좋은 웃음 기술이다.

- **장난스러운 행동을 해보자** : 알다시피 이런 행동이 늘 웃음으로 이어지지는 않는다. 그러나 즐거움을 공유하고 삶의 밝은 면으로 다가갈 수는 있다.

- **둘만 아는 재미있는 우스갯소리나 농담을 만들자** : 이런 이야기를 해도 될지 모르겠지만, 대니와 나는 사람들을 그들과 닮은 동물로 분류하는 재미있는 습관이 있다. '골든리트리버', '비버', '앨버트로스', '기린'과 만난 이야기를 하면서 우리는 키득키득 웃곤 한다.

- **배우자가 웃음 효과를 활용하면 칭찬하라** : 이 기술을 함께 키워 나가면 그 영향이 개인에게는 물론 커플에게도 훨씬 커진다.

- **서로 친절하게 대하라** : 진심 어리고 관대한 친절은 내면과 외면의 미소를 끌어낸다. 매일 작은 순간들을 의미 있게 여기자. 배우자에게 차나 커피를 만들어주거나 가사를 분담하자.

- **재미있는 순간들을 다시 살려내자** : 마음은 회상과 현재의 경험을 잘 구분하지 못한다. 옛날 사진을 꺼내서 보자. 재미있는 일이 일어났던 곳에 다시 가보는 것도 좋다.

- **서로 사랑스럽고 재미있는 애칭을 지어주자** : 애칭이 얼마나 오래 지속되는지를 보면 참 놀랍다. 남편과 내가 부르는 애칭 중 하나는 아들이 태어나기도 전에 선물 받은 커다란 곰 인형에서 따온 것이다.

- 게임을 준비하라 : 퀴즈 게임, 스크래블, 바나나그램스, 루미큐브, 그 외 무엇이든 두 사람 모두가 좋아하는 게임을 하는 날을 정하라. 놀이가 있는 곳에 웃음이 있다.

- 감사를 키우자 : 하루에 일어난 좋은 일 또는 배우자에게 감사한 행동을 세 가지씩 공유하는 습관을 키우자.

- 단조로운 일상에 웃음을 자주 불러들일 방법을 찾자 : 즉흥적인 행동을 해보면 어떨까. 배우자를 깜짝 놀라게 해주자. 음악을 틀고 북채로 쓸 만한 식기를 찾아 부엌을 댄스 교실로 꾸며보자. 그리고 내일이 오지 않을 듯이 노래하고 춤추자.

- '치약 뚜껑 사건'을 줄이자 : 배우자가 치약을 짜고 뚜껑을 닫았는지가 말싸움의 원인이 되어 관계 전반에 관한 싸움으로 번질 수 있다. 규칙적으로 웃음 효과를 활성화하면 작은 일에 대한 짜증이나 좌절감 감소에 도움이 된다. 빨간색 마즈다를 기억하자(8장 참고). 자신이 집중하는 것이 자주 눈에 들어오기 마련이므로, 결국 스스로에게 달렸다. 치약 뚜껑 사건을 택할 것인가, 싱긋 웃음을 택할 것인가.

✦ 질병이나 힘든 일을 겪는 시기에 웃음 효과 활성화하기✦

병마와 싸우거나 힘든 일을 겪는 시기에도 긍정적인 면을 확장하면 기분이 나아질 것이다. 웃음 사고방식 활성화는 치유 가능성을 최대한 높일 수 있다. 웃음 효과의 행복한 에너지는 몸, 마음, 정신에 질병 대신 건강을 심어주고 빛을 두드러지게 해 어려운 시기를 극복해 나가도록 돕는다.

- **긍정 일기 쓰기를 시작하라** : 순조롭게 흐르는 부분을 부각할 기회로 삼자. 아직 제 기능을 잘하는 신체 부위, 당신을 응원하는 사람들, 감사하게 생각하는 주변 환경, 만족스러운 작은 순간들 등 뭐든 좋다. 긍정적인 어조로 적어라. 사소한 것에서라도 빛을 더욱 확장할 기회를 찾아라. (긍정 일기에 관한 팁은 10장 참고.)

- **힘을 싣는 언어로 역경을 재구성하자** : 긍정과 희망의 언어를 사용하자. 현 상황에 도전장을 내밀고, 새롭게 희망의 빛을 비춰 이야기를 다시 쓰자. 이 과정에서 트라우마가 줄어들며 한결 마음이 가벼워질 것이다. (재구성에 관한 팁은 10장 참고.)

- **자신과 타인에게 미소를 짓자** : 미소는 우리 몸의 통증 관리 장치인 엔도르핀이 분비되게 해 웰빙 감정을 높이고 통증은 낮춘다. 일정을 정해 충분한 시간을 들여 얼굴에 미소를 띠자. 명상에 포함하거나, 미소 명상으로 내면과 외면의 미소를 심도 있게 연습하자. (미소 명상은 7장 참고.)

- **기운을 북돋아주는 사람을 곁에 두라** : 상황을 더 낙관적으로 보는 사람들과 되도록 많은 시간을 보내라. 같이 '평범한' 대화를 나누며 긴장을 풀고 웃을 수 있는 친구와 가족을 만나라. 잠시나마 곤경과 문제를 잊고 자신으로 돌아오게 하는 그런 사람들 말이다.

- **자신에게 파워 웃음을 선물하라** : 건강을 위한 10초 파워 웃음은 좌절, 두려움, 불안의 감정을 바꾸는 놀라운 효과가 있다. 1분을 목표

로 조금씩 늘려가자. 알람 시계를 맞추고 웃어라! 깊은 호흡을 포함하고 싶다면 웃음 인터벌 훈련을 시도해보라. (3장 참고.)

- **자신에게 친절함을 베풀고, 자기 배려로 위로하라** : 가슴에 손을 얹고 자신에게 따뜻한 격려의 말을 해주거나, 진심 어린 내면의 미소를 지어보자. 실천하기 어렵다면, 가까운 사람이 비슷한 일을 겪을 때 해줄 말을 상상해보며 그런 태도를 자신에게 보여주자.

- **호흡하라** : 매일 호흡을 관찰하라. 얼마나 얕은지, 깊은지, 빠른지, 느린지를 보라. 들이쉴 때보다 조금 더 오래 내쉬며 산소를 최대한 효율적으로 교환하자. 3초 동안 들이마시고 4초 동안 내쉬기를 하는 것도 좋은 방법이다. 호흡 주기를 반복하고 나면 이완 반응이 시작되며, 안정과 평온함을 느끼도록 부교감신경에 신호가 갈 것이다. 가슴 중심으로 들어오고 나가는 호흡에 집중하라. 그 신성한 공간에 호흡이 들어오고 다시 빠져나가는 기분을 느끼자. 그때마다 가슴에 에너지가 확장될 것이다. 평온함에 빠져들수록 마음과 몸의 반응이 어떻게 변화하는지 주목하자. 이 연습에 긍정적인 의도를 추가해도 좋다. 신선함, 치유, 기쁨은 들이쉬고 부정, 스트레스, 질병은 내쉬자.

- **주어진 축복에 감사하자** : 하루에 일어난 좋았던 일을 알아차리고 잠시 멈춘 채 이를 흡수하자. 감사한 일을 매일 최소한 세 가지씩 적거나 떠올리자. 바라는 결과를 미리 앞당겨 감사해도 좋다. 미래의 감사함을 현재 순간에 진정으로 느끼고 체험하자. 감사한 일을 더 많이 찾을수록 더 많이 보게 될 것이다. (감사 연습은 8장 참고.)

- **재미를 찾아라** : 힘든 일을 겪을 때 우리가 흔히 빠지는 함정은 유머 감각 상실이다. 현재 상황에서 재미있는 요소를 찾지 못하겠거든 밖을 보라. 인터넷과 소셜 미디어에서 재미를 찾거나, 언제나 당신에

웃음 수업

게 웃음을 선사하는 코미디를 시청하라.

- **소리 내어 깔깔 웃어라** : 웃음 요가 클럽(온라인이든 대면이든)에 가입하거나 가벼운 내용의 프로그램, 팟캐스트, 코미디를 선택하라. 자신이든 타인이든 의식하지 말고 웃어라. 거울에 비친 자신을 보고 웃어도 좋고 화장실이나 자동차 안에서 웃어도 좋다.(의도적 웃음 연습은 3장 참고.)

- **죄책감을 버려라** : 기쁨과 자신감, 만족감을 주는 것들을 일상에 최대한 많이 포함하라. 마사지를 받거나 소중히 생각하는 영화를 보거나 좋아하는 음식을 마음껏 먹거나 즐거운 팟캐스트를 들어라. 정신을 풍요롭게 하는 것은 무엇이든 하라.

- **감사 바디 스캔을 실행하라** : 따로 말하지 않아도 날마다 열심히 일하는 몸에 감사를 보내며 몸 곳곳을 충분히 느끼자. (8장 참고.)

병마와 싸울 때 또는 힘든 일을 겪을 때 웃음 사고방식을 발전시키는 자세한 방법을 알고 싶다면 내 회고록이자 치유 안내서인《암을 향해 웃어라: 사랑, 웃음, 마음챙김으로 치유하는 방법Laughing at Cancer: How to Heal with Love, Laughter and Mindfulness》을 읽으면 도움이 될 것이다. 가장 절실한 시기에 웰빙과 긍정을 높이는 간단한 기술과 전략을 가득 담은 책이다.

✦ 일터에서의 웃음 효과 ✦

일터에서 웃음 효과를 적용하면 창의력, 의사소통, 업무 능력을 높이는 데 도움이 된다. 재택근무를 하는 사람이라도 하루의 즐거움을 향상하는 웃음 연습이 아주 많다.

- **회의에서 유머를 활용하자** : 가볍고 긍정적인 농담을 하는 시간을 정하거나, 가정이나 직장을 포함해 어디에서든 재미있는 일을 말해 줄 사람을 구하자. 사람을 차별하지 않고 다양성을 존중하는 긍정적 인 유머인지 확인하자.

- **동료와 고객에게 따뜻하고 관대한 미소를 보내자** : 출퇴근길과 직장에서 미소를 나누자. 사무실에서 '미소 전담반'을 시작하자. 비웃지 마시길. 2000년대 초반, 빅토리아주 경찰은 지역에 긍정적인 분위기를 조성하기 위해 실제로 미소 전담반을 만들었다.

- **미소 다과회를 주최하자** : 점심시간에 웃음을 주제로 한 모임을 주최해보자. 웃음 요가, 웃음이나 미소의 과학, 웃음 명상 모두 모임 주제로 제격이다.

- **재미 위원회를 조직하자** : 아마 가장 즐거운 위원회가 아닐까. 요리 대회, 퀴즈 게임, 보물찾기, 갖가지 토너먼트 경기, 코미디 영화 보기, 화상으로 하는 게임 대회를 비롯해 무엇이든 할 수 있으며 웃음의 잠재력도 무한하다. 웃음과 연대감을 모두 잡는 훌륭한 방법이다.

- **수다와 웃음을 장려하자** : 대부분의 웃음은 대화 중에 발생한다는 웃음의 구두점 효과를 기억하는가(2장 참고). 일상적인 대화를 나눌

기회를 만들자. 동료들과 함께 음식을 가져와 나누는 점심 식사도 좋고, 점심시간을 활용한 산책이나 활동도 좋다.

- **단합하는 기회에 서먹서먹한 분위기를 깨는 활동을 포함하자** : '두 가지 진실과 한 가지 거짓', '나는 누구일까요?' 같은 게임은 놀이와 웃음을 모두 만족시키는 활동이다. 누군가가 웃음을 터뜨릴 때까지 참가자들이 원을 그리며 돌거나, 일직선으로 걸으며 한 사람씩 차례로 **'하하하'** 하고 외치는 '웃지 마세요' 게임도 재미있다.

- **무작위로 친절한 행동을 하자** : 동료의 책상 위에 웃는 얼굴을 그린 포스트잇을 붙여놓거나 커피 한 잔을 선물하자. 누군가의 하루를 밝게 할 방법을 찾아보자. 고된 하루를 보내고 있는 동료라면 더욱 신경 쓰자. 칭찬을 해주고 맛있는 간식을 책상에 올려두자. 진심으로 누군가의 걱정을 들어주고, 기운을 북돋우거나 재미있는 문구를 공유하자.

- **스트레스가 심한 상황은 최대한 긍정적으로 재구성하자** : 특정한 상황을 다른 관점으로 바라보며, 의도적이든 아니든 조금이라도 재미있거나 긍정적인 결과를 찾으면 어떨까? (재구성은 10장 참고.)

- **일터를 감사의 공간으로 만들자** : 감사 나무를 꾸며보자. 동료의 책상에 감사와 고마움을 표하는 포스트잇을 남기자. 익명으로 남겨도 좋다. 과거 함께 일한 동료에게든, 현재 동료에게든 손수 고마움의 메모를 쓰자. 자주 감사하다고 말하고, 감사의 벽을 만들어보자. (감사 문화 구축은 8장 참고.)

- **좋은 것은 말하자** : 긍정적인 피드백은 속으로만 생각하지 말고 동료나 상사에게 이야기하자.

- 기쁨 대사를 선정하자 : 매달 이 역할을 교대로 하며 새롭고 신선한 태도를 유지하자.

- 출퇴근길에 희망적이거나 재미있는 팟캐스트를 청취하자 : 스트레스를 줄이고 마음을 가볍게 함으로써 동료, 가족, 친구와 함께 있을 때 긍정적인 태도를 유지할 수 있는 훌륭한 방법이다.

✦ 삶을 위한 웃음 효과 ✦

웃음 효과를 매일 적용하다 보면 삶을 바꿀 능력을 키우게 된다. 더 자주 연습할수록 더 깨닫는 점이 많아질 것이다. 유머, 웃음, 긍정으로 가득한 '행복한 공간'을 만들자.

- 소셜 미디어에서 재미있는 문구나 밈을 공유하자 : 친구들 또는 가족과 단체 채팅방을 만들거나, 주로 유머를 이야기하는 온라인 그룹에 가입하자. 가입할 만한 단체는 아주 많다. 재미와 웃음을 공유하자.

- 온라인으로든 대면으로든 웃음 요가 클럽에 참여하자 : 다양한 형태의 모임이 아주 많으며, 온라인 모임도 있으므로 전 세계 어디서든 참여할 수 있다.

- 나중에 볼 수 있게 재미있는 시트콤이나 영화 목록을 만들자 : 가족 구성원이 언제든 추가할 수 있게끔 누구나 볼 수 있는 곳에 목록을 두자. 우리 가족은 냉장고에 목록을 붙여둔다. 함께 코미디를 시청하면 깔깔 웃는 순간이 많아질 것이다.

웃음 수업

- **웃음/유머/놀이 시간을 정하자** : 당신 내면의 아이와 당신의 즐거운 면이 되살아나는 활동은 무엇인가? 우연히 웃을 수 있다고 생각하지 마라. 장난을 계획하고 놀이를 우선시함으로써 웃음을 만끽하자.

- **유머 일기나 스크랩북을 만들자** : 감사 일기와 비슷하나, 재미있는 것을 집중적으로 수집하는 활동이다. 그날 일어난 재미있는 일을 적어도 좋고 만화, 문구, 밈을 찾아도 괜찮다. 기분이 울적한 날 이 유머 창고를 훑으며 웃음을 되살려라.

- **함께 웃을 짝을 정하라** : 매일 잊지 않고 웃음 보약을 섭취하는 훌륭한 방법이다. 대화할 필요도 없이 시간을 정해 몇 분 동안 의도적으로 웃기만 해도 된다. 웃음짝을 정하면 책임감도 느끼게 될 것이다.

- **웃음을 운에 맡기지 마라** : 아침에 일어나자마자 거울을 보고 웃으면서 자기 자신에게 인사하자. 그리고 할 수 있을 때마다 소리 내어 웃기로 결심하자. 생각만 하지 말고, 웃음을 겉으로 내뿜어라.

- **미소 명상으로 평온함을 되찾자** : 내면의 미소와 웰빙의 샘을 더 자주 찾을수록 미소가 확장될 것이다. 규칙적으로 연습하면 하루 내내 진정한 미소를 짓는 결과도 보게 될 것이다. (7장 참고.)

- **이따금 뉴스를 보지 않는 날을 즐기자** : 뉴스를 하루 놓친다고 세상이 무너지지는 않지만, 하루도 빠짐없이 뉴스를 보면 당신이 무너질 수도 있다. 즐거운 소식을 찾는 '응원의 스크롤링'을 시도해보자. 불행한 뉴스 찾기보다는 훨씬 나을 것이다.

- **기분을 좋게 하는 것에 집중하자** : 유익한 감정, 만남, 경험을 성찰하는 시간을 정하자. 잠시 멈춰서 그 좋은 에너지를 받아들이자. 하루의 작은 순간들에 집중할수록 더 좋은 면을 보게 될 것이다.

- **늘 자신과 타인에게 친절한 마음을 갖자 :** 친절한 행동을 보일 기회를 찾자. 상대방뿐 아니라 당신도 기분이 좋아질 것이다.

- **자기 배려를 실천해 내면의 평정심을 찾자 :** 줄 것이 없는데 어찌 남에게 베풀 수 있겠는가. 내면의 목소리가 자신을 배려하는지, 아니면 비판하는지 귀를 기울여보자. (자기 배려 연습은 9장 참고.)

- **유머나 가벼움으로 일상의 스트레스를 다른 관점에서 바라보자 :** 실제 일어난 사건보다 자기 목소리가 오히려 감정적으로 훨씬 큰 타격을 줄 수 있다. 일기와 긍정적 재구성을 활용해 이야기를 바꾸고, 새로운 관점과 시각으로 사건을 가볍게 만들 수 있다.

- **감사를 키우자 :** 더 많은 사람에게 감사를 표현하자. 사랑하는 사람들뿐 아니라 지인들, 그리고 아무리 작은 일이라도 우리에게 서비스를 제공하는 사람들에게 감사를 보여주자. 손수 쓴 메모, 문자 메시지, 이메일로 감사를 전하자. 마음속에 있는 긍정을 키우고 이를 확장하며, 날마다 감사하는 일을 머릿속에 적거나 직접 기록하자. 자기 자신에게 감사하기도 잊지 말자. (감사 연습은 8장 참고.)

- **기쁨을 확언하자 :** 웰빙과 기쁨을 강화하는 확언을 적자. 자주 소리 내어 말하거나 마음속으로 확언 목록을 읽자.

- **엔도르핀 분비를 자극하자 :** 기쁨의 원천을 찾아내 삶을 그에 맞게 조정하자. 그리고 그 소중한 것을 당신의 하루에 최대한 많이 포함하자. 내면의 미소를 일으키는 자극제가 변하는지 정기적으로 확인하고 지켜보자. 기쁨의 원천이 더욱 활성화되도록 상상력을 동원하자. (엔도르핀 자극 연습, 엔도르핀 보드 만들기는 7장 참고.)

웃음 수업

삶에서 웃음 효과를 증대하는 여러 가지 방법을 적어보자.

웃음 용어

•

- **웃음보따리** : 웃음을 많이 일으키는 이야깃거리
- **배꼽 웃음** : 배꼽이 빠질 정도로 큰 소리로 마음껏 웃는 웃음
- **폭소** : 세게 터져 나오는 웃음
- **너털웃음** : 크게 소리를 내어 웃는 웃음
- **대소** : 크게 웃음
- **깔깔 웃음** : 재미있어서 웃는 웃음
- **빙그레 웃음** : 소리 없이 조용히 웃는 웃음
- **광대공포증**Coulrophobia : 광대를 두려워하는 공포증
- **포복절도** : 배를 부둥켜안고 넘어질 정도로 열심히 웃는 웃음
- **웃음학** : 심리학과 생리학 관점으로 웃음 효과를 연구하는 분야
- **젤로토필리아**Gelotophilia : 웃음거리가 되는 것을 즐기는 성향
- **젤로토포비아**Gelotophobia : 웃음거리가 되는 것을 두려워하는 성향
- **해죽해죽 웃음** : 귀엽게 살짝 웃는 웃음

웃음 수업

- 기글링 거티Giggling Gertie : 자주 들떠서 웃는 아이를 설명할 때 사용하는 말(참고로 남자아이에게는 쓰지 않는다)

- 가가대소 : 소리 내어 크게 웃는 웃음

- 호메로스식 웃음 : 아주 시끄럽게, 주체하지 못할 정도로 웃는 웃음 호메로스 문학에 등장하는 신들의 웃음처럼 몸 전체가 떨린다

- 웃음판 : 여러 사람이 함께 즐겁게 마구 웃어대는 자리

- 웃음 쇼크 : 넘어갈 듯 웃고 난 다음 느끼는 희열. 아드레날린이 솟아날 때와 비슷한 효과가 있다

- 선웃음 : 남의 환심을 사려고 꾸며서 웃는 웃음

- 코웃음 : 코로 재밌는 소리를 내는, 또는 비웃듯 콧김으로 웃는 웃음

- 킬킬 웃음 : 억지로 참으면서 웃는 웃음

- 환호성 : 기쁨과 신남으로 외치는 소리

재미있는 사실: 인터넷 사전에서 가장 많은 네티즌이 뽑은 웃음의 정의
⇒ '웃음은 미소가 오르가슴을 느낄 때 터지는 것'

✦ 줄임말 ✦

- 관의반 : 관심, 의도, 반복

- 웃터 : 웃음을 터뜨리다

- 웃멈없 : 웃음을 멈출 수 없다

- **웃의떨** : 웃다가 의자에서 떨어지다

- **참웃** : 참으로 웃기다('개웃기다'보다 예의를 차린 표현)

- **머아웃** : 머리가 아플 정도로 웃기다

- **소웃** : 소리 내어 웃다

- **속웃** : 속으로 웃다

- **혼웃** : 혼자 웃다

- **웃침떨** : 웃다가 침대에서 떨어지다

- **바떼웃** : 바닥에서 떼굴떼굴 구르며 웃다

- **늘미** : 늘 미소 짓다

- **속미** : 속으로 미소 짓다

- **겉미** : 겉으로 미소 짓다

- **현웃** : '현실 웃음', 즉 실제로도 웃고 있다는 의미

- **빵 터짐** : 아주 재미있어서 웃음이 크게 터졌다는 의미

- **웃프다** : '웃기면서 슬프다'의 줄임말로 겉으로는 웃기지만 실제로
  는 슬프거나 안타깝다는 의미

- **웃안웃** : '웃긴데 안 웃긴다'의 줄임말로 우스운 상황이지만 마냥 재
  미있지는 않다는 의미

웃음 수업

✦ 웃음 표현 목록 ✦

- 웃기니? : '농담하니?'라는 뜻
- 웃자고 하는 말 : 재미로 하는 말
- 웃음 사냥꾼(배꼽 도둑) : 다른 사람들을 잘 웃기는 사람
- 너무 웃어서 눈물이 찔끔 나오다 : 주체하지 못할 정도로 웃다
- 웃는 낯에 침 뱉으랴 : 표정이 밝은 사람에게는 매정할 수 없다
- 배꼽이 빠지다 : 몹시 재미있다
- 파안대소하다 : 매우 즐겁게 활짝 웃다
- 웃음거리 : 놀림거리
- 웃음거리극 : 웃기기 위해 만든 연극
- 웃을 일이 아니다 : 아주 심각하고 진지한 일이다
- 웃어넘기다 : 상황을 가볍게 하고자 좋지 않은 일을 웃음으로 지나쳐 보내다
- 최후에 웃는 자 : 마지막 순간에 이기는 자
- 우스워 죽겠다 : 아주 재미있다
- 웃으면 복이 온다 : 웃다 보면 행복해진다
- 우스갯소리 : 남을 웃기려고 하는 말
- 포복절도하다 : 배를 그러안고 몹시 웃다
- 웃고 말다 : 어이가 없고 어려운 상황에서 웃고 넘어갈 때 하는 말

도움이 될 만한 자료

행복, 감사, 자기 배려, 낙관주의 전파를 위해 설립된 국제 웃음과 유머 협회 및 네트워크들

- Action for Happiness (www.actionforhappiness.org)

- Association for Applied and Therapeutic Humor: AATH (www.aath.org)

- Center for Mindful Self-Compassion (https://centerformsc.org)

- Centre for Optimism (www.centreforoptimism.com)

- Clowns without Borders (https://clownswithoutborders.org/about-us)

- Greater Good Science Center (https://ggsc.berkeley.edu)

- International Positive Psychology Association (www.ippanetwork.org)

- International Society for Humor Studies: ISHS (www.humorstudies.org)

- Laughter Yoga Australia (http://laughteryoga-australia.org)

- Laughter Yoga International (https://laughteryoga.org)

- Museum of Happiness (www.museumofhappiness.org)

- Project Optimism (www.projectoptimism.com.au)

- The Home of Laughter Wellness, Laughter Online University (www.laughteronlineuniversity.com)

- The Humour Foundation (www.humourfoundation.org.au)

• 감사의 말 •

이 책을 집필하며 삶에서 잊지 못할 즐거움을 느꼈다. 독자 여러분과 그 즐거움을 함께 나누게 되어 꿈만 같다.

넘치는 사랑과 격려를 퍼부어준 남편 대니, 멋진 두 아들 조시와 잭에게 무한한 감사를 보낸다. 나와 내 일을 믿어준 것, 서너 달간 무작정 집필 여행을 떠나기로 한 내 결정을 지지해준 것에 고마운 마음뿐이다. 대니는 날카로운 눈으로 원고를 살피며 귀중한 피드백을 해주었고, 조시는 창의적인 감각을 더해주었으며, 잭은 내가 방향을 잃었을 때 개인 비서가 되어 궂은일을 모두 해주었다. 우리 가족 덕분에 내 삶은 헤아리지 못할 정도로 풍성하다.

내가 잘 성장하도록 수많은 기회를 준 사랑하는 나의 부모님 브리짓과 시릴에게 이 책을 바친다. 시어머니 릴리언은 웃음을 사랑하는 마음과 현명한 말로 집필에 영감을 주었고, 시아버지 헨리와는 웃음꽃이 피는 모험들을 함께했다. 지금은 고인이 된

두 분께도 이 책을 바친다. 무조건적인 사랑과 지지를 아끼지 않은 양가 부모님이 있어서 진정한 축복이었다.

멀리서 나를 응원해준 친척들과 친구들에게도 진심으로 감사를 전한다. 나를 사랑해주고, 일렁이는 삶의 파도를 오르내릴 때 나를 지탱해준 친구들이 있어서 얼마나 다행인지 모른다. 국제 웃음 요가와 응용 및 치료 유머 협회AATH 가족들, 타인에게 용기를 주고 웃음의 물결을 퍼뜨리는 당신들을 보며 얼마나 신이 나는지. 가장 유쾌하고 떠들썩한 친구 상을 수여하노라.

초고 집필 과정에서 조언과 아이디어를 준 소중한 친구이자 웃음 동료인 헤더 조이 캠벨에게도 무한한 감사의 말을 전한다. 미들 네임 '조이'(기쁨)가 멋진 당신에게 꼭 어울린다.

나를 자신들의 사적인 세상으로 초대해 개인적 경험을 공유해준 아름다운 사람들이 없었다면 《웃음 효과》는 태어나지 못했을 것이다. 그리고 지혜와 웃음 이야기, 삶의 변화를 공유함으로써 엄청난 영감을 준 많은 전문가와 관계자에게도 감사를 전한다. 이 책을 집필하며 웃음과 유머를 진지하게 연구한 수많은 연구자에게 엄청난 빚을 졌다. 앞으로도 어떤 웃음 연구들이 쏟아질지 기대된다!

뜻밖의 행운으로 블랙 출판사Black Inc.의 소피 윌리엄스를 만나게 되었고, 처음부터 적극적으로 내 아이디어를 수용해주었다. 편집과 관련해 소중한 피드백을 주고 나를 편하게 대해준 케이트 모건, 그리고 헌신과 열정을 보여준 블랙 출판사 팀 전체에 감사한다. 그들 덕분에 웃음 효과를 전하고자 하는 내 사명을 함께 나눌 수 있게 되었다.

　마지막으로 이 책을 집어 든 소중한 독자인 당신에게 감사한다. 웃음 효과로 삶에서 재미와 즐거움을 마음껏 누리길 바란다.

주석

1장

1   Mohamed Ben Mansour, 'Laughter in Islam', Books and Ideas, https://booksandideas.net/Laughter-in-Islam.html.

2   Warner 1964: 312, in Pearl Duncan, 'The Role of Aboriginal Humour in Cultural Survival and Resistance', PhD thesis, University of Queensland, 2014.

3   Sally L.A. Emmons, 'A Disarming Laughter: The Role Of Humor In Tribal Cultures. An Examination of Humor in Contemporary Native American Literature and Art', University of Oklahoma, 2000, https://shareok.org/bitstream/handle/11244/5983/9975786.PDF?sequence=1&isAllowed=y.

4   Anne Cameron, Daughters of Copper Woman, Press Gang Publishers, Vancouver, 1981, p. 109.

5   'Indigenous Games for Children', High Five.org, Ontario, Canada, https://intranet.csf.bc.ca/wp-content/uploads/sites/2/2019/12/ressources/EA_indigenous-games-for-children-en.pdf.

6   Nicole Beaudry, 'Singing, Laughing and Playing: Three Examples from the Inuit, Dene and Yupik Traditions', The Canadian Journal of Native Studies, Université du Québec à Montréal, vol. 8. no. 2, 1989.

7   'World's Oldest Joke Traced Back to 1900 BC', Reuters, 1 August 2008, www.reuters.com/article/us-joke-odd-idUSKUA14785120080731.

8   Thomas Fuller, The History of the Worthies of England, J. Nichols (ed.), Cambridge Library Collection – British and Irish History, Cambridge University Press, 2015, Doi:10.1017/CBO9781316136270.

9   Denise Selleck, 'On the Trail of Jane the Fool', On the Issues, Spring, 1990, www.ontheissuesmagazine.com/1990spring/Spr90_selleck.php.

10   Anna Kelsey-Sugg, 'The Laughing Gas Parties of the 1700s – and How They Sparked a Medical Breakthrough', ABC News, 20 February 2019, www.abc.net. au/news/2019-02-20/laughing-gas-parties-discovery-of-anaesthesia/10811060.

11   Charles Darwin, C., The Expression of the Emotions in Man and Animals, John Murray, London, 1872, https://doi.org/10.1037/10001-000.

2장

1   Judith Kay Nelson, 'What Made Freud Laugh: An Attachment Perspective on Laughter', The Sanville Institute for Clinical Social Work and Psychotherapy, California, USA, 2012, p.16.

2   Caspar Addyman, Charlotte Fogelquist, Lenka Levakova, Sarah Rees, 'Social Facilitation of Laughter and Smiles in Preschool Children', Frontiers in Psychology, vol. 9, 2018, p. 1048.

3   Nelson, 'What Made Freud Laugh' study.

4   Sonja Lyubomirsky, The How of Happiness: A Scientific Approach to Getting the Life You Want, Penguin Press, New York, 2007, p.21.

5   Lea Winerman, 'A Laughing Matter', American Psychological Association, June 2006, https://www.apa.org/monitor/jun06/laughing.

6   Robert Provine, 'The Science of Laughter', Psychology Today, 1 November 2000, https://www.psychologytoday.com/intl/articles/200011/the-science-laughter.

7   Provine, 'The Science of Laughter'.

8   Karl Grammer and Irenäus Eibl-Eibesfeldt, 'The Ritualisation of Laughter', in Natürlichkeit der Sprache und der Kultur, Brockmeyer, 1990, pp. 192–214.

9   Grammer and Eibl-Eibesfeldt, 'The Ritualisation of Laughter', pp. 192–214.

10   Kurtz and Algoe, 'Putting Laughter in Context: Shared Laughter as Behavioral Indicator of Relationship Well-Being', Journal of the International Association for Relationship Research, vol. 22, no. 4, December 2015, pp. 573–90.

11   Laura E. Kurtz and Sara B. Algoe, 'Putting Laughter in Context', pp. 573–90.

12   Doris G. Bazzini, Elizabeth R. Stack, Penny D. Martincin and Carmen P. Davis, 'The Effect of Reminiscing about Laughter on Relationship Satisfaction', Motivation and Emotion, vol. 31, no. 1, 2007, pp. 25–34.

13   Freda Gonot-Schoupinsky and Gulcan Garip, 'Prescribing Laughter to Increase Well-Being in Healthy Adults: An Exploratory Mixed Methods Feasibility Study of The Laughie', European Journal of Integrative Medicine, vol. 26, February 2019, pp. 56–64.

3장

1   'Mental Health-Related Prescriptions', Australian Institute of Health and Welfare, https://www.aihw.gov.au.

2   Norman Cousins, An Anatomy of an Illness as Perceived by the Patient: Reflections on Healing and Regeneration, W.W. Norton, New York, 1979, p.43.

3   Thea Zander-Schellenberg, Isabella Collins, Marcel Miché, Camille Guttmann, Roselind Lieb and Karina Wahl, 'Does Laughing Have a Stress-buffering Effect in Daily Life? An Intensive Longitudinal Study', PLOS One, vol. 15, no. 7, July 2020.

4   Kei Hayashi, Ichiro Kawachi, Tetsuya Ohira, Katsunori Kondo, Kokoro Shirai, Naoki Kondo, 'Laughter Is the Best Medicine? A Cross-Sectional Study of Cardiovascular Disease Among Older Japanese Adults',

Journal of Epidemiology, vol. 26, no. 10, October 2016, pp. 546–52.

5   Masao Iwase et al., 'Neural Substrates of Human Facial Expression of Pleasant Emotion Induced by Comic: A PET Study', Neuroimage, vol. 17, no. 2, October 2002, pp. 758–68.

6   Mikaela M. Law, Elizabeth A. Broadbent and John J. Sollers, 'A Comparison of the Cardiovascular Effects of Simulated and Spontaneous Laughter', Complementary Therapies in Medicine, vol. 37, April 2018, pp. 103–09.

7   Kaori Sakurada et al., 'Associations of Frequency of Laughter with Risk of All-Cause Mortality and Cardiovascular Disease Incidence in a General Population: Findings from the Yamagata Study', Journal of Epidemiology, vol. 3, no. 4, April 2020, pp. 188–93.

8   Mary P. Bennett, Janice M. Zeller, Lisa Rosenberg, Judith McCann, 'The Effect of Mirthful Laughter on Stress and Natural Killer Cell Activity', Alternative Therapies in Health and Medicine, vol. 9, no. 2, March 2003, pp. 38–45.

9   Lee S. Berk, David L. Felten, Stanley A. Tan, Barry B. Bittman and James Westengard, 'Modulation of Neuroimmune Parameters During the Eustress of Humor-Associated Mirthful Laughter', Alternative Therapies in Health And Medicine, vol. 7, no. 2, March 2001, pp. 62–76.

10   Sandra Manninen et al., 'Social Laughter Triggers Endogenous Opioid Release in Humans', Journal of Neuroscience, vol. 37, no. 25, June 2017, pp. 6125–31.

11   Adrián Pérez-Aranda et al., 'Laughing Away the Pain: A Narrative Review of Humour, Sense of Humour and Pain', European Journal of Pain, vol. 23, no. 2, September 2018, pp. 220–33.

12   Robert I. Dunbar et al., 'Social Laughter Is Correlated with an Elevated Pain Threshold', Proceedings of the Royal Society of Biological Sciences,

vol. 279, no. 1731, March 2012, pp. 1161–67.

13   Clinton Colmenares, 'No Joke: Study Finds Laughing Can Burn
      Calories', Vanderbilt University Medical Center's Weekly Newsletter,
      October 2005, https://reporter.newsarchive.vumc.org/index.
      html?ID=4030.

14   Gurinder Singh Bains et al., 'The Effect of Humor on Short-Term
      Memory in Older Adults: A New Component for Whole-Person
      Wellness', Advances in Mind-Body Medicine, vol. 28, no. 2, Spring
      2014, pp. 16–24.

15   Bernie Warren, 'Spreading Sunshine . . . Down Memory Lane: How
      Clowns Working in Healthcare Help Promote Recovery and Rekindle
      Memories'. In N.T. Baum, 'Come to Your Senses: Creating Supportive
      Environments to Nurture the Sensory Capital Within', Toronto, Canada,
      2009, pp. 37–44.

16   Lee-Fay Low et al., 'The Sydney Multisite Intervention of LaughterBosses
      and ElderClowns (SMILE) Study: Cluster Randomised Trial of Humour
      Therapy in Nursing Homes', BMJ Open, vol. 3, no. 1, January 2013.

17   Julie M. Ellis, Ros Ben-Moshe and Karen Teshuva, 'Laughter Yoga
      Activities for Older People Living in Residential Aged Care Homes: A
      Feasibility Study', Australasian Journal on Ageing, vol. 36, no. 3, July
      2017, pp. E28–E31.

18   David Watson, Lee Anna Clark and Auke Tellegen, 'Development
      and Validation of Brief Measures of Positive and Negative Affect: The
      PANAS Scales', Journal of Personality and Social Psychology, vol. 54,
      no. 6, 1988, pp. 1063–70.

19   Sonja Lyubomirsky and Heidi S. Lepper, 'A Measure of Subjective
      Happiness: Preliminary Reliability and Construct Validation', Social
      Indicators Research,vol. 46, no. 2, 1999, pp. 137–55.

20   Rosa Angelo Quintero et al., 'Changes in Depression and Loneliness

After Laughter Therapy in Institutionalized Elders', Biomedica: revista del Instituto Nacional de Salud, vol. 35, March 2015, pp. 90-100.

21 Mahvash Shahidi et al., 'Laughter Yoga Versus Group Exercise Program in Elderly Depressed Women: A Randomized Controlled Trial', International Journal of Geriatric Psychiatry, vol. 26, no. 3, year to come, pp 322-27.

22 Mohammad Reza Armat, Amir Emami Zeydi et al., 'The Impact of Laughter Yoga on Depression and Anxiety Among Retired Women: A Randomized Controlled Clinical Trial', Journal of Women & Aging, vol. 26, no. 3, March 2011, pp. 322-27.

23 C. Natalie van der Wal and Robin N. Kok, 'Laughter-Inducing Therapies: Systematic Review and Meta-Analysis', Social Science & Medicine, vol. 232, July 2019, pp. 473-88.

24 Paul N. Bennett, Trisha Parsons, Ros Ben-Moshe et al., 'Intradialytic Laughter Yoga Therapy for Haemodialysis Patients: A Pre-post Intervention Feasibility Study', BMC Complementary and Alternative Medicine, vol. 15, article no. 176, June 2015.

25 So-Hee Kim et al., 'The Effect of Laughter Therapy on Depression, Anxiety, and Stress in Patients with Breast Cancer Undergoing Radiotherapy', Journal of Korean Oncology Nursing, vol. 9, no. 2, August 2009, pp. 155-62.

26 Tahmine Tavakoli et al., 'Comparison of Laughter Yoga and Anti-Anxiety Medication on Anxiety and Gastrointestinal Symptoms of Patients with Irritable Bowel Syndrome', Middle East Journal of Digestive Diseases, vol. 11, no. 4, October 2019, pp. 211-17.

27 Takashi Hayashi et al., 'Laughter Up-regulates the Genes Related to NK Cell Activity in Diabetes', Biomedical Research, vol. 28, no. 6, 2007, pp. 281-85.

28 Shevach Friedler et al., 'The Effect of Medical Clowning on Pregnancy

Rates After In Vitro Fertilization and Embryo Transfer', Fertility and Sterility, vol. 95, no. 6, May 2011, pp. 2127-30.

29   Jocelyn Lowinger, 'Laughter Plays Tricks with Your Eyes', ABC Science online, 3 February 2005, https://www.abc.net.au/science/news/health/HealthRepublish_1294404.htm.

30   Anthony Rivas, '"Mirthful" Laughter Keeps Memory Loss at Bay, Benefits the Brain as Much as Meditation', Medical Daily, 28 April 2014, https://www.medicaldaily.com/mirthful-laughter-keeps-memory-loss-bay-benefits-brain-much-meditation-279254.

31   Nairán Ramírez-Esparza et al., 'No Laughing Matter: Latinas' High Quality of Conversations Relate to Behavioral Laughter', PLOS ONE, vol. 14, no. 4, article e0214117, April 2019.

32   Yudai Tamada et al., 'Does Laughter Predict Onset of Functional Disability and Mortality Among Older Japanese Adults?', Journal of Epidemiology, vol. 31, no. 5, 2021, pp. 301-07.

33   H. Kimata, A. Morita, S. Furuhata et al., 'Assessment of Laughter by Diaphragm Electromyogram', Eur J Clin Invest 2009, vol. 39, no. 1, pp. 78-9, in Ramon Mora-Ripoll, 'Potential Health Benefits of Simulated Laughter: A Narrative Review of the Literature and Recommendations for Future Research', Complementary Therapies in Medicine, vol. 19, no. 3, June 2011, pp. 170-77.

34   Dexter Louie, Karolina Brook and Elizabeth Frates, 'The Laughter Prescription: A Tool for Lifestyle Medicine', American Journal of Lifestyle Medicine, vol. 10, no. 4, September 2014, pp. 262-67.

4장

1.   Statistics from the government of Mexico City, Undersecretary of Penitentiary System, https://penitenciario.cdmx.gob.mx/poblacion-penitenciaria, obtained in May 2022.

1 Sigmund Freud, The International Journal of Psycho-Analysis, vol. 9, London, 1928, in 'Humor and Life Stress: Antidote to Adversity', Herbert M. Lefcourt and Rod A. Martin, Springer-Verlag, 1st edition, 1986.

2 Liane Gabora and Kirsty Kitto, 'Toward a Quantum Theory of Humor', Frontiers in Physics, vol. 4, no. 53, January 2017.

3 Steven M. Sultanoff, 'Levity Defies Gravity, Using Humor in Crisis Situations', Therapeutic Humor, vol. 9, no. 3, Summer 1995, pp. 1–2.

4 'Laughter May Be Best Medicine for Brain Surgery: Effects of Electrical Stimulation of Cingulum Bundle', Science Daily, 4 February 2019, https://www.sciencedaily.com/releases/2019/02/190204170932.htm.

5 Norman Cousins, Head First: The Biology of Hope, E.P. Dutton, New York, 1989, p. 126.

6 Rod A. Martin et al., 'Individual Differences in Uses of Humor and Their Relation to Psychological Well-being: Development of the Humor Styles Questionnaire', Journal of Research in Personality, vol. 37, no. 1, 2003, pp. 48–75.

7 William Larry Ventis, Garrett Higbee and Susan A. Murdock, 'Using Humor in Systematic Desensitization to Reduce Fear', Journal of General Psychology, vol. 128, no. 2, 2001, pp. 241–53.

8 VIA Survey of Character Strengths, Positive Psychology Center, University of Pennsylvania, https://ppc.sas.upenn.edu/resources/questionnaires-researchers/survey-character-strengths.

9 Liliane Müller & Willibald Ruch, 'Humor and Strengths of Character', The Journal of Positive Psychology, vol. 6, 2011, pp. 368–76.

10 Chaya Ostrower, It Kept Us Alive: Humor in the Holocaust, Yad

Vashem, Israel, 2014, p.60.

11   Ostrower, It Kept Us Alive: Humor in the Holocaust.

12   Wesley A. Kort, 'review of Redeeming Laughter: The Comic Dimension of Human Experience by Peter L. Berger', in Theology Today, vol. 56, no. 1, pp. 134–36.

13   Barbara L. Fredrickson, 'The Role of Positive Emotions in Positive Psychology: The Broaden-And-Build Theory of Positive Emotions', The American Psychologist, vol. 56, no. 3, March 2001, pp. 218–26.

14   Hilde M. Buiting et al., 'Humour and Laughing In Patients with Prolonged Incurable Cancer: An Ethnographic Study in a Comprehensive Cancer Centre', Quality of Life Research: An International Journal of Quality of Life Aspects of Treatment, Care and Rehabilitation, vol. 29, no. 99, April 2020, pp. 2425–34.

15   Hilde M. Buiting et al., 'Humour and Laughing In Patients with Prolonged Incurable Cancer: An Ethnographic Study in a Comprehensive Cancer Centre', pp. 2425–34.

16   Steven M. Sultanoff, 'Levity Defies Gravity: Using Humor to Help Those Experiencing Crisis Situations', Therapeutic Humor, vol. 9, no. 3, Summer 1995, pp. 1–2.

17   Robert Half, 'Is a Sense of Humour in the Workplace Good for Your Career?', Robert Half Talent Solutions, 27 March 2017, https://www.roberthalf.com.au/blog/jobseekers/sense-humour-workplace-good-your-career.

18   'Bell Leadership Study Finds Humor Gives Leaders the Edge', Business Wire, 20 March 2012, https://www.businesswire.com/news/home/20120320005971/en/Bell-Leadership-Study-Finds-Humor-Gives-Leaders-the-Edge.

19   Jennifer Aaker and Naomi Bagdanos, 'How to Be Funny at Work',

Harvard Business Review, 5 February 2021, https://hbr.org/2021/02/how-to-be-funny-at-work.

20 Karen O'Quin and Joel Aronoff, 'Humor as a Technique of Social Influence', Social Psychology Quarterly, vol. 44, 1981, pp. 349–57.

21 Brian Daniel Vivona, 'Humor Functions within Crime Scene Investigations: Group Dynamics, Stress, and the Negotiation of Emotions', Police Quarterly, vol. 17, no. 2, May 2014, pp. 127–49.

22 Jelena Brcic et al., 'Humor as a Coping Strategy in Spaceflight', Acta Astronautica, vol. 152, November 2018, pp. 175–78.

23 Joe A. Cox, Raymond L. Read and Philip M. Van Auken, 'Male–Female Differences in Communicating Job-related Humor: An Exploratory Study', Humor, vol. 3, no. 3, 1990, pp. 287–96.

24 Eiman Azim et al., 'Sex Differences in Brain Activation Elicited by Humor', Proceedings of the National Academy of Sciences of the United States of America, vol. 102, no. 45, November 2005, pp. 16496–501.

6장

1 Sigmund Freud, Jokes and Their Relation to the Unconscious, W.W. Norton, New York, 1963, p. 15.

2 Judith Kay Nelson, What Made Freud Laugh – An Attachment Perspective on Laughter, Routledge, New York, 2012.

3 Mary Beard, 'A History of Laughter – From Cicero to The Simpsons', The Guardian, 28 June 2014, https://www.theguardian.com/books/2014/jun/28/history-laughter-roman-jokes-mary-beard.

4 Sigmund Freud, Jokes and Their Relation to the Unconscious, p. 137.

5 Peter Derks et al., 'Laughter and Electroencephalographic Activity',

Humor: International Journal of Humor Research, vol. 10, no. 3, 1997, pp. 285–300.

6   P. Shammi and Donald Thomas Stuss, 'Humour Appreciation: A Role of the Right Frontal Lobe', Brain, vol. 122, no. 4, April 1999, pp. 657–66.

7   Paul E. McGhee, Health, Healing and the Amuse System: Humor as Survival Training, Kendall/Hunt Publishers, Iowa, 1999.

8   'Why Workplace Humour is the Secret to Great Leadership', Rise, 23 October 2018, https://risepeople.com/blog/why-workplace-humour-is-the-secret-to-great-leadership/.

9   Mindful Staff, 'Why Vulnerability Is Your Superpower', 20 November 2018, https://www.mindful.org/why-vulnerability-is-your-superpower/.

10   J.L.Teslow, 'Humor Me: A Call for Research', Educ Technol Res Dev vol. 43, pp. 6–28, 1995 in Brandon M. Savage, Heidi L. Lujan, Raghavendar R. Thipparthi, Stephen E. DiCarlo, 'Humor, Laughter, Learning, and Health! A Brief Review', Advances in Physiology Education, vol. 41, no. 3, July 2017, pp. 341–47.

11   Brandon M. Savage et al., 'Humor, Laughter, Learning, and Health! A Brief Review', pp. 341–47.

12   Kazunori Nakanishi, 'Using Humor in the Treatment of an Adolescent Girl with Mutism: A Case from Japan', Psychoanalysis, Self and Context, vol. 12, no. 4, September 2017, pp. 367–76.

13   Magda Szubanski, Reckoning: A Memoir, Text Publishing, Melbourne, 2015.

14   Lisa Wagner, 'The Social Life of Class Clowns: Class Clown Behavior Is Associated with More Friends, but Also More Aggressive Behavior in the Classroom', Frontiers in Psychology, vol. 10, no. 604, April 2019.

15   The UN Refugee Agency, https://www.unhcr.org/refugee-statistics.

16   Jaak Panksepp and Jeff Burgdorf, '"Laughing" Rats and the Evolutionary Antecedents of Human Joy?', Physiology & Behavior, vol. 79, no. 3, August 2003, pp. 533–47.

17   Elise Wattendorf et al., 'Exploration of the Neural Correlates of Ticklish Laughter by Functional Magnetic Resonance Imaging', Cerebral Cortex, vol. 23, no. 6, April 2012, pp. 1280–89.

18   Dacher Keltner and George A. Bonanno, 'A Study of Laughter and Dissociation: Distinct Correlates of Laughter and Smiling During Bereavement', Journal of Personality and Social Psychology, vol. 73, no. 4, 1997, pp. 687–702.

19   Ken Makovsky, 'Behind the Southwest Airlines Culture', 21 November 2013. https://www.forbes.com/sites/kenmakovsky/2013/11/21/behind-the-southwest-airlines-culture/?sh=2664c4263798.

20   Kristin Robertson, 'Southwest Airlines Reveals 5 Culture Lessons', Human Synergists International, 24 June 2022, https://www.humansynergistics.com/blog/culture-university/details/culture-university/2018/05/29/southwest-airlines-reveals-5-culture-lessons.

7장

1   Barbara Wild et al., 'Neural Correlates of Laughter and Humour', Brain, vol. 126, no. 10, October 2003, pp. 2121–38.

2   Guillaume-Benjamin-Amand Duchenne de Bologne, Mechanism of Human Facial Expression: Studies in Emotion and Social Interaction, Cambridge University Press, 1990, p. 31.

3   Mark G. Frank, Paul Ekman and Wallace V. Friesen, 'Behavioral Markers and Recognizability of the Smile of Enjoyment', Journal of Personality and Social Psychology, vol. 64, no. 1, 1993, pp. 83–93.

4   The Newsroom, 'One Smile Can Make You Feel a Million Dollars', The Scotsman, 4 March 2005, https://www.scotsman.com/health/one-smile-can-make-you-feel-million-dollars-2469850.

5   Alicia A. Grandey et al., 'Is "Service with a Smile" Enough? Authenticity of Positive Displays During Service Encounters', Organizational Behavior and Human Decision Processes, vol. 96, no. 1, January 2005, pp. 38–55.

6   Andreas Hennenlotter et al., 'The Link Between Facial Feedback and Neural Activity within Central Circuitries of Emotion: New Insights from Botulinum Toxin-Induced Denervation of Frown Muscles', Cerebral Cortex, vol. 19, no. 3, March 2009, pp. 537–42.

7   Sven Söderkvist, Kajsa Ohlén and Ulf Dimberg, 'How the Experience of Emotion Is Modulated by Facial Feedback', Journal of Nonverbal Behavior, vol. 42, no. 1, September 2017, pp. 129–51.

8   Ernest L. Abel and Michael L. Kruger, 'Smile Intensity in Photographs Predicts Longevity', Psychological Science, vol. 21, no. 4, February 2010, pp. 542–44.

9   LeeAnne Harker and Dacher Keltner, 'Expressions of Positive Emotion in Women's College Yearbook Pictures and Their Relationship to Personality and Life Outcomes Across Adulthood', Journal of Personality and Social Psychology, vol. 80, no. 1, 2001, pp. 112–24.

10   Matthew J. Hertenstein et al., 'Smile Intensity in Photographs Predicts Divorce Later in Life', Motivation and Emotion, vol. 33, no. 2, June 2009, pp. 99–05.

11   Barbara L. Fredrickson and Marcial F. Losada, 'Positive Affect and the Complex Dynamics of Human Flourishing', American Psychologist, vol. 60, no. 7, October 2005, pp. 678–86.

12   'First Impressions Are Everything: New Study Confirms People with Straight Teeth Are Perceived as More Successful, Smarter and Having More Dates', Cision PR Newswire, 19 April 2012, https://

www.prnewswire.com/news-releases/first-impressions-are-everything-new-study-confirms-people-with-straight-teeth-are-perceived-as-more-successful-smarter-and-having-more-dates-148073735.html.

13   Fritz Strack, Leonard L. Martin and Sabine Stepper, 'Inhibiting and Facilitating Conditions of the Human Smile: A Nonobtrusive Test of the Facial Feedback Hypothesis', Journal of Personality and Social Psychology, vol. 54, no. 5, 1988, pp. 768–77.

14.   Tom Noah, Yaacov Schul and Ruth Mayo, 'When Both the Original Study and Its Failed Replication Are Correct: Feeling Observed Eliminates the Facial-Feedback Effect', Journal of Personality and Social Psychology, vol. 114, no. 5, May 2018, pp. 657–64.

15.   Tara L. Kraft and Sarah D. Pressman, 'Grin and Bear It: The Influence of Manipulated Facial Expression on the Stress Response', Psychological Science, vol. 23, no. 11, September 2012, pp. 1372–78.

16.   Sven Söderkvist, Kajsa Ohlén and Ulf Dimberg, 'How the Experience of Emotion Is Modulated by Facial Feedback', Journal of Nonverbal Behavior, vol. 42, no. 1, September 2017, pp. 129–51.

17.   William Bloom, The Endorphin Effect: A Breakthrough Strategy for Holistic Health and Spiritual Wellbeing, Piatkus, London, 2011, p. 28.

8장

1   Rick Hanson, Hardwiring Happiness: The New Brain Science of Contentment, Calm, and Confidence, Harmony Books, New York, 2013.

2   Martin E.P. Seligman et al., 'Positive Psychology Progress: Empirical Validation of Interventions', American Psychologist, vol. 60, no. 5, July–August 2005, pp. 410–21.

3   Leah Dickens and David DeSteno, 'The Grateful Are Patient: Heightened Daily Gratitude Is Associated with Attenuated Temporal

Discounting', Emotion, vol. 16, no. 4, June 2016, pp. 421–25.

4   Paul J. Mills, 'A Grateful Heart Is a Healthier Heart', American Psychological Association, 6 April 2015, http://www.apa.org/news/press/releases/2015/04/grateful-heart.

5   Asif Amin et al., 'Gratitude & Self esteem Among College Students, Journal of Psychology & Clinical Psychiatry, vol. 9, no. 4, July 2018.

6   Summer Allen, 'The Science of Gratitude', Greater Good Science Center, May 2018, https://www.templeton.org/wp-content/uploads/2018/05/GGSC-JTF-White-Paper-Gratitude-FINAL.pdf.

7   Sheung-Tak Cheng, Pui Ki Tsui and John H.M. Lam, 'Improving Mental Health in Health Care Practitioners: Randomized Controlled Trial of a Gratitude Intervention', Journal of Consulting and Clinical Psychology, vol. 83, no. 1, pp. 177–86.

8   Christine Porath and Douglas R. Conant, 'The Key to Campbell Soup's Turnaround? Civility', Harvard Business Review, 5 October 2017, https://hbr.org/2017/10/the-key-to-campbell-soups-turnaround-civility.

9   Douglas R. Conant, 'Secrets of Positive Feedback', Harvard Business Review, 16 February 2011, https://hbr.org/2011/02/secrets-of-positive-feedback.

10   Kristin D. Neff, Kristen L. Kirkpatrick and Stephanie S. Rude, 'Self-compassion and Adaptive Psychological Functioning', Journal of Research in Personality, vol.41, no.1, February 2007, pp. 139–154.

9장

1   Marcella Raffaelli & Lenna L. Ontai, 'Gender Socialization in Latino/a Families: Results from Two Retrospective Studies', Sex Roles, vol. 50, 2004, pp. 287–99, in Lisa M. Yarnell et al. : 'Meta-Analysis of Gender Differences in Self-Compassion, Self and Identity', vol. 14, no. 5, 2015, pp. 499–520.

2   Joachim Stoeber, Alexandra Feast and Jennifer Hayward, 'Self-oriented and Socially Prescribed Perfectionism: Differential Relationships with Intrinsic and Extrinsic Motivation and Test Anxiety', Personality and Individual Differences, vol. 47, 2009, pp. 423-28.

3   Paul L. Hewitt et al., 'The Multidimensional Perfectionism Scale: Reliability, Validity and Psychometric Properties in Psychiatric Samples', Psychological Assessment, vol. 3, no. 3, 1991, pp. 464-68.

4   Juliana G. Breines and Sarina Chen, 'Self-compassion Increases Selfimprovement Motivation', Personality and Social Psychology Bulletin, vol. 38, no. 9, September 2012, pp. 1133-43.

5   Neff and Vonk, 'Self-compassion Versus Global Self-esteem: Two Different Ways of Relating to Oneself', pp. 23-50.

6   Jia Wei Zhang et al., 'A Compassionate Self Is a True Self? Self-Compassion Promotes Subjective Authenticity', Personality and Social Psychology Bulletin, 2019, https://self-compassion.org/wp-content/uploads/2019/08/ZhangJW_etal2019.pdf.

7   Kristin D. Neff and Andrew P. Costigan, 'Self-Compassion, Wellbeing and Compassion', Psychologie in Österreich, vol. 2, 2014, pp. 114-19.

8   Serena Chen, 'Give Yourself a Break – The Power of Self Compassion', Harvard Business Review, Sept-Oct 2018, https://hbr.org/2018/09/give-yourself-a-break-the-power-of-self-compassion.

9   Tara Brach, Radical Compassion: Learning to Love Yourself and Your World with the Practice of RAIN, Ebury Publishing, London, 2020.

10장

1   Leda Cosmides, John Tooby, 'Evolutionary Psychology and the Emotions', Handbook of Emotions, 2000, in Michael A. Cohn et al., 'Happiness Unpacked: Positive Emotions Increase Life Satisfaction by Building Resilience', Emotion, vol. 9, no. 3, June 2009, pp. 361-68.

웃음 수업

초판 1쇄 인쇄 2025년 1월 22일
초판 1쇄 발행 2025년 2월 12일

지은이 로스 벤-모셰
옮긴이 서미나
펴낸이 고영성

책임편집 김주연　**디자인** 이화연　**저작권** 주민숙

펴낸곳 주식회사 상상스퀘어
출판등록 2021년 4월 29일 제2021-000079호
주소 경기도 성남시 분당구 성남대로43번길 10, 하나EZ타워 307호
팩스 02-6499-3031
이메일 publication@sangsangsquare.com
홈페이지 www.sangsangsquare-books.com

ISBN 979-11-94368-05-2　03330